"十二五"职业教育国家规划教材

经全国职业教育教材审定委员会审定

老年服务与管理专业

LAONIAN FUWU YU GUANLI ZHUANYE

老年人

LAONIANREN
GOUTONG
JIQIAO

沟通技巧

主　编◎倪红刚　彭　琼　贾德利

副主编◎孙海燕　陈　旋　肖　艳

北京师范大学出版集团

BEIJING NORMAL UNIVERSITY PUBLISHING GROUP

北京师范大学出版社

图书在版编目(CIP)数据

老年人沟通技巧 /倪红刚，彭琼，贾德利主编. —北京：北京师范大学出版社，2015.8(2024.2重印)

"十二五"职业教育国家规划教材

ISBN 978－7－303－19206－9

Ⅰ. ①老… Ⅱ. ①倪… ②彭… ③贾… Ⅲ. ①老年人—心理交往—专业学校—教材 Ⅳ. ①C912.1

中国版本图书馆 CIP 数据核字(2015)第 153400 号

图 书 意 见 反 馈　gaozhifk@bnupg.com　010-58805079
营 销 中 心 电 话　010-58802755　58800035
编 辑 部 电 话　010-58808077

出版发行：北京师范大学出版社　www.bnupg.com
　　　　　北京市西城区新街口外大街 12－3 号
　　　　　邮政编码：100088
印　　刷：天津旭非印刷有限公司
经　　销：全国新华书店
开　　本：787 mm×1092 mm　1/16
印　　张：17.5
字　　数：400 千字
版　　次：2015 年 8 月第 1 版
印　　次：2024 年 2 月第 12 次印刷
定　　价：38.80 元

策划编辑：易　新　　　　　责任编辑：周光明
美术编辑：高　霞　　　　　装帧设计：高　霞
责任校对：陈　民　　　　　责任印制：陈　涛

赵　康（北京社会管理职业学院老年福祉学院老年服务与管理专业教研部主任、副教授、博士）

余运英（北京社会管理职业学院老年福祉学院护理专业教研部教授）

刘利君（北京社会管理职业学院老年福祉学院老年服务与管理专业教研部博士）

段　木（北京社会管理职业学院老年福祉学院老年服务与管理专业教研部博士）

柴瑞章（民政部职业技能鉴定指导中心副主任兼办公室主任）

孙钰林（民政部职业技能鉴定指导中心办公室副主任）

刘思岑（北京天思国际养老产业公司董事长）

王玉霞（赤峰市社会福利院院长、主任护师）

陈冀英（河北省优抚医院副院长、主任护师）

武卫东（河北仁爱养老服务集团公司董事长）

贾德利（河北石家庄银隆养老院院长、养老护理员技师）

田素斋（河北医科大学附属第二医院主任护师、博士）

索建新（东北师范大学人文学院福祉学院社会福祉系主任、教授）

任光圆（宁波卫生职业技术学院院长）

谭美青（山东颐合华龄养老产业有限责任公司、青岛市养老服务协会副会长）

张兆杰（山东省滨州市民政局局长）

周淑英（河南省荣军服务中心主任、高级讲师）

朱小红（河南省民政学校高级讲师）

袁云犁（湖南康乐年华养老投资连锁集团董事长）

黄岩松（长沙民政职业技术学院医学院院长、教授）

唐　莹（长沙民政职业技术学院教授）

蒋玉芝（长沙民政职业技术学院副教授）

张雪英（广东社会福利服务中心副主任护师、民政部养老技能大师获得者）

刘洪光（广西社会福利服务中心主任、广西社会福利院院长副主任医师）

刘洁俐（广西社会福利服务中心副主任、广西社会福利院副院长）

余小平（成都医学院院长）

肖洪松（成都市老年康疗院总经理）

张沙骆（长沙民政职业技术学院讲师）

倪红刚（成都市第一社会福利院院长）

彭　琼（成都市第一社会福利院主管护师）

总　序

自 1999 年进入老龄化社会以来，老年人口数量快速增长，2014 年底，我国 60 岁及以上老年人总数达到 2.12 亿，占总人口比重达到 15.5%。据预测，至 2025 年，老年人口数量将超过 3 亿；2030 年，中国 65 岁以上的人口占比将超过日本，成为全球人口老龄化程度最高的国家；2033 年，将超过 4 亿，达到峰值，一直持续到 2050 年。随着经济社会的发展变化，我国人口老龄化面临新形势。当前和今后一个时期，我国人口老龄化发展将呈现出老年人口增长快，规模大；高龄、失能老人增长快，社会负担重；农村老龄问题突出；老年人家庭空巢化、独居化加速；未富先老矛盾凸显等五个鲜明特点。

人口老龄化是我国的基本国情，老龄化加速发展是我国经济社会发展新常态的重要特征。人口老龄化问题涉及政治、经济、文化和社会生活各个方面，是关系国计民生和国家长治久安的重大社会问题，已经并将进一步成为我国改革发展中不容忽视的全局性、战略性问题。

"大力发展老龄服务事业和产业"是党的十八大积极应对人口老龄化作出的重大战略部署。"加快建立社会养老服务体系和发展老年服务产业"，是十八届三中全体会议积极应对人口老龄化作出的战略决策。新修订的《中华人民共和国老年人权益保障法》明确规定，"积极应对人口老龄化是国家的一项长期战略任务"。

新一代老年群体思想观念更解放，经济实力更强，文化程度更高，对养老保障措施、优待制度、服务水平等也有着更高的要求。为应对这种新的变化趋势，我国提出积极应对老龄化的对策——社会化养老服务。社会化养老服务一方面带来全社会共同参与养老服务的良好局面，另一方面也面临着老年服务与管理人才数量和质量短缺的困境。老年服务与管理是一项专业性强的技术工作，它既需要从业者具有专业护理、心理沟通、精神慰藉等方面的专业知识，更需要从业者具备尊老、爱老、敬老和甘于奉献的职业美德。老年服务管理者的管理理念、管理方法、管理水平在很大程度上决定了养老服务机构的发展方向和服务水平。

"行业发展、教育先行"，大力培养老年服务与管理专业人才不仅成为解决我国人口老龄化的基本支点，而且是"加快建立社会养老服务体系和发展老年服务产业"战略要求。然而，由于我国老年服务与管理专业起步晚，开设养老服务与管理专业院校少，前期发展缓慢，老年服务与管理专业教材和参考资料相对较少。本次编写的老年服务与管理专业系列教材是教育部"十二五"职业教育国家规划教材，旨在以教材推进课程建设和专业建设，进而提高老年服务与管理人才培养质量。在内容选取上，系列教材立足老年服务与管理岗位需求，内容涵盖老年服务与管理岗位人才需要掌握的多项技能，包括老年人生理结构与机能、老年人心理与行为、老年服务伦理与礼仪、老年人服务与管理政策法规、老年人生活照料、老年人心理护理、老年人康复护理、养老机构文书拟写与处理、老年人沟通技巧、老年人活动策划与组织、老年社会工作方法与实务等11个方面的内容。本教材是在北京师范大学出版社的积极推动之下，由全国民政行指委及其老年服务与管理专业指导委员会、中国养老产业与教育联盟（中国现代养老职业教育集团）联合全国各地在老年服务与管理专业建设优秀的职业院校、研究机构和实务机构一线人员联合编写的专业教材，并向全国职业院校和相关机构推荐使用。

"十年树木，百年树人"，人才队伍建设非一朝一夕可实现。在此，我要感谢参与编写系列教材的所有编写人员和出版社，是你们的全心投入和努力，让我们看到这样一系列优秀教材的出版。我要感谢各院校以及扎根于一线老年服务与管理人才教育的广大教师，是你们的默默奉献，为养老服务行业输送了大量的高素质人才。当然，我还要感谢有志于投身养老服务事业的青年学子们，是你们的奉献让养老服务事业的发展有更加美好的明天。

我相信，在教育机构和行业机构的共同努力下，我国的养老服务人才必定会数量充足且质量优秀，进而推动养老服务业走上规范化、专业化、职业化、可持续发展的健康道路。

前　言

进入 21 世纪，人口老龄化已成为全球关注的重大问题。我国是世界上老年人口最多的国家，到本世纪 40 年代后期，我国将形成老年人口高峰，届时每 3～4 人中就有一名老年人。2020 年、2050 年 80 岁以上高龄老年人口将分别达到 2200 万人和 5300 万人。那时候，老年人口基本上都是独生子女的父母，生活无法自理的空巢老人将会成倍增加，他们在生活中的照料、精神慰藉等问题，将更加突出，社会总体负担加重，建立社会养老服务体系，培养高质量的养老服务人才，确保老年人安度晚年是一个大问题。

老年人由于其各器官系统的衰老，视力、听力下降，行动能力减弱等因素导致老年人与外界的接触减少，社交圈缩小，沟通能力降低，孤独、寂寞、误会常常困扰着他们，接纳他人与自我接纳程度降低。对生活的幸福度感觉下降。沟通可以帮助老年人与老年人之间、老年人与子女之间以及与其他年轻人之间消除误会。学会与老年人进行有效的沟通是为老年人提供良好服务的前提，也是为老年人提供良好服务的保障。

本书作为养老专业学生用书，全书共分为十个章节，内容包括：绪论；了解老年人与人口老龄化；掌握老年人的身心特征；与老年人的沟通；与老年病人的沟通；与老年痴呆老人的沟通；与临终老人的沟通；与家庭养老、居家养老老人的沟通；与机构养老老人的沟通；与老年人社会支持网络的沟通。

本书为基金项目《公共服务类高职专业人才培养模式的改革与实践》〔北京高等学校青年英才计划项目（Beijing Higher Education Young Elite Teacher Project）（YETP1876）〕的研究成果。

本书主要供老年方向的养老服务专业、老年护理学专业、养老服务在职人员继续再教育及养老机构工作人员作为教材及参考书。

本书在编写过程中由于时间紧、任务重以及能力和水平有限等，尚存在很多不足甚至错误的地方，恳请各位专家、读者、使用本书的师生与同行斧正。

本书在编写的过程中得到了北京师范大学出版社编辑的悉心指导与帮助；各编者的所在单位也给予了大力的支持与鼓励，在此表示诚挚的感谢！

编　者

目　录

项目一　绪论

 学习目标

知识目标

1. 掌握老年人沟通的概念、要素、层次、基本类型和原则;
2. 领会老年人沟通的目的和重要意义;
3. 了解老年人沟通的相关理论。

技能目标

1. 能识别老年人沟通的要素;
2. 能分辨老年人沟通的层次与类型;
3. 能坚持老年人沟通的原则。

情景导入

沟通在我们的生活之中无处不在,沟通是为了更好地相处与交流,沟通可以让人们相互了解,缩短人与人之间心灵的距离,从而减少生活中无谓的烦恼和痛苦。老年人由于其身体各器官系统的衰退导致其对外界的声、光、形等各方面的反应减弱,因此老年人与外界的联系越来越少,心灵变得越来越脆弱。然而社会在不停地发展,老年人的数量在不断地增加,衰老本身让老年人与社会脱节,他们越来越不适应飞速发展的外界环境。强而有效的沟通可以缩短老年人与外界的距离,减少矛盾,提高老年人的生活质量与幸福指数。

任务一
了解沟通的概念与要素

 案例呈现

重阳节快到了，某养老机构准备办一个重阳节庆典活动，由于报名参加文艺演出的老人太多，不能一一上台表演，于是就办了一个PK赛，有一位老人想跳一段新疆舞，但苦于没有伴奏带，于是他找到相关工作人员，请他们给他下载一首新疆舞的曲目，由于当时找工作人员下载伴奏带的老人很多，没听明白老人的需要，工作人员就给这位老人下载了一首印度舞的伴奏，老人只好就着印度舞的伴奏跳了一段新疆舞，可想而知，这位老人的节目最后被淘汰了。

通过以上的案例，我们发现了与老年人的沟通失败的原因。我们在与老年人进行沟通的过程中涉及了哪些要素？

知识准备

一、了解沟通的含义

沟通是人与人之间、人与群体之间思想与感情的传递和反馈的过程，以求思想达成一致和感情的通畅，是传递信息、交流信息、加强理解的过程。

《大不列颠百科全书》这样认为：沟通是用任何方法彼此交换信息，即指一个人与另一个人之间以视觉、符号、电话、电报、收音机、电视或其他工具为媒介，所从事交换信息的方法；西蒙说：沟通可视为任何一种程序，借此程序，组织中的一成员将其所决定意见或前提传递给其他有关成员；而《韦氏大词典》认为：沟通是文字、文句或消息之间交流，思想或意见之交换；斯蒂芬·P.罗宾认为：沟通是意义的传递和理解。

对于沟通的含义，众说纷纭，据统计，关于沟通的含义有150种左右，具体可以概括为以下几类：

（1）信息说：沟通是符号或信息的流动，如美国学者贝雷尔森认为"沟通是通过传播媒介所作的符号的传送"。

（2）共享说：传者与受者对信息的分享，以美国传播学家施拉姆为代表。

（3）交流说：沟通是有来有往的双向活动，如美国学者霍本的观点"沟通即是用语言交流思想"。

（4）影响说：传者对受者施加影响的行为，如美国学者路西与彼得森认为"沟通是影响人的全过程"。

总之沟通的内涵是信息的传递、被理解与准确理解、互动反馈，目的是希望达成一致。因此沟通的定义为：沟通是人与人之间、人与群体之间思想与感情的传递和反馈，以求思想达成一致和感情的通畅，是传递信息、交流信息、加强理解的过程。

根据沟通的定义，我们将沟通的内涵概括为以下几个方面：

1. 沟通不是只说给你听

有学者认为，沟通是"我说你听"。我发出一条信息，传递给你，你收到信息后，通过理解加工然后采取相应的行动。但实际上，我说了，你不一定愿意听，就算听了也不一定听懂了我所表达的意思；即使听懂了我所表达的意思，你也不一定愿意按照我的想法去行动。所以，沟通并不是片面的"我说给你听"。

2. 沟通也不是只听别人说

俗话说"听人劝得一半"，多听别人说话，可以从中学到很多书本上、课堂上学不到的知识，对自己有很大的帮助，但是仅仅你说我听，也算不上是有效的沟通。有时，你说了，我未必听见了；就算我听见了，也不一定听懂了，或者以为听懂了，但实际没听懂，然后就根据自己所听到的东西去理解、去行动，结果是"我做错了"。这也不是有效的沟通。

3. 沟通应该是"通"彼此之"理"

沟通是人与人之间、人与群体之间思想与感情的传递和反馈，以求思想达成一致和感情的通畅，是传递信息、交流信息、加强理解的过程。相当于是"我说给你听"，理解后"你说给我听"，以达到相互理解的过程。

二、掌握与老年人沟通的要素

老年人沟通顾名思义就是与老年人进行沟通的一个过程，就是指我们与老年人之间的思想与情感的传递与反馈，以求相互之间达到传递、交流信息，从而加强理解的过程。

老年人沟通的要素：

沟通过程是由多个要素构成的：信息的发送者与接收者，需要发送的信息，信息发送的渠道，信息发送过程中的噪声，信息的反馈以及沟通的环境等。

1. 发送者—接受者

在与老人进行沟通的过程中，人们需要将自己的思想、情感与信息传递给老年人，老年人接收到别人向他传递过来的思想、情感与信息后，通过自己的理解、加工形成自己的与之相对应的信息，再将其反馈给原始信息发送者。在沟通过程中，信息的发送者与接收者是相互转换的，没有单纯的发送者与接收者。

2. 信息

信息是需要沟通的人们之间所要传达的思想与情感，但只有将某种思想与情感转化为某种符号才能得以沟通。沟通信息由两种符号组成：语言符号和非语言符号。

（1）语言符号

语言中每一个词都表示了某一个特定的事物或思想，因此，语言符号是被限定了的，语言符号同时也是复杂的。例如：当老人告诉你他想吃"肉"，这个时候，你想到的会是与食物有关的，同时还会想到会是以某种动物作为参照物，如猪、牛、还是羊什么的，而不会是蔬菜水果之类的。然而，表达抽象的思想与情感的语言符号更为复杂，如头疼、烦恼、家以及伤害等，这些语言符号的表达就非常的复杂。人们怎样去理解这些抽象的词语呢？这就需要人们在经验的驱动下予以决定，人们的不同经验所赋予这些词语的含义有所不同。

（2）非语言符号

非语言符号是人们不需要用词语来表达信息的一种方式，如表情、站姿、手势、语气语调等，不同的非语言符号赋予了不同的涵义。生硬的态度可以表示不耐烦或者讨厌的情绪；说话时双臂抱于胸前表示拒绝或自我保护；紧缩眉头可能表示痛苦或者困难等。和语言符号一样，不同的人对非语言符号的理解是不一样的，有时会误导别人。

许多非语言符号在不同文化间也有区别。在西方文化中，黑色是葬礼的颜色，而在东方的文化中，白色才是葬礼的颜色。在某种文化中双膝下跪是虔诚的表现，而在另一种文化中双膝下跪却是受惩罚的象征。

不论是语言文化还是非语言文化，在所有的文化中都是极其重要的。

3. 渠道

渠道是信息经过的路线，是信息从发送者传递给接收者的历程。在面对面的沟通中，沟通渠道主要是声音和视觉：人们之间的相互听与看。比如我们熟悉的电视机、收音机、报纸、杂志等都是用来获取信息的渠道，另外，传递非语言符号的渠道，例如，相互看着对方点点头以表示赞同；相互之间以微笑表达歉意；诚恳地握手，端庄的职业装以表示尊重等。

4. 噪声

噪声是沟通过程中的障碍，它可以阻止信息的发送、传递、接收与理解。噪声发生在信息发送者与接收者之间。可以将噪声分为三种形式：语言噪声、外部噪声和内部噪声。

语言噪声是由于人们对词语情感上的反应而引起的，例如亵渎的语言会引起大多数人的反感，所以就成为了干扰人们沟通的噪声而影响信息的传达与接收、理解与反馈。

外部噪声来自于环境，它阻碍了信息的接收与理解。外部噪声不总是来源于环境。

内部噪声发生于沟通者的头脑中，这时候他们的思想和情感集中在沟通以外的事情上。内部噪声也来源于沟通者的信念或偏见。例如：很多人的头脑中有这么一句话"嘴上无毛，办事不牢"说的就是年轻人没有工作经验，办事不妥当的意思，这种偏见使很多人对年轻的办事人员的办事能力持怀疑、不信任的态度，让这些年轻的办事人员处处碰壁、处处受气。

5. 反馈和环境

反馈是沟通人员之间相互的反应，它对沟通是至关重要的。面对面的沟通反馈的机会最多，特别是没有过多干扰的情况下。在这样的情境中相互之间才有机会知道彼此是否理解并领悟了所传达的意思。例如：我们与一位想家的老人面对面的交流，可以很容易地观察到老人想家的真实原因所在，针对这些真实的原因给予老人合适的反馈，形成有效的沟通。

环境是沟通的场所，正式的环境适合正式的沟通。例如：老人想降低自己的特护级别，减少所缴纳的费用，就需要一个正式的环境面对面的进行沟通，才能达到理想的效果。非正式的环境可以将一些严肃的话题轻松化。例如：同寝室的老人因琐事之间发生了一些小矛盾，可以以聊天、闲谈的方式缓解气氛，达到有效沟通的效果，反之，如果在正式的环境中谈论老人之间矛盾的问题，会让其他老人对这个老人产生告状的嫌疑，导致其在老人中被孤立的反面效果。

所有的沟通都是由发送者—接收者、信息、渠道、噪声、反馈与环境构成的，在与老人沟通的过程中，这些因素都有所不同。然而，它们也不是影响沟通的所有因素，沟通也受我们所赋予的内容的影响。

所有的沟通都是一种相互的作用形式，它包括身体和心理方面的形式。

课堂互动

请大家尝试在纸上描述你对沟通的理解。

拓展训练

沟通能力测试

为了测试自己的沟通能力，请回答下列题：

(1)在和别人交谈的时候，是否觉得自己的话常常不能被人正确理解？

　　①常常是　　　　②有时是　　　　③很少

(2)和与自己观点不同的人交流时，你是否会觉得对方的思想很怪异？

　　①从不　　　　②有时是　　　　③经常是

(3)在与人谈话的时候，如果你对正确理解别人的观点没有把握，你是否会请对方明确解释？

　　①总是　　　　②很难说　　　　③一般不会

(4)在开会或上课的时候，你是否能够专心听讲？

　　①一般会　　　　②很少　　　　③几乎不

(5)如果一个同事或同学对一个你看起来很无聊的笑话大笑不止，你会觉得他(她)无聊吗？

　　①会　　　　②难说　　　　③不会

(6)如果别人在回答你的问题时很含糊，你会重新把自己的问题再说一遍吗？

　　①会　　　　②有时会　　　　③不会

(7)在一次会上，老板(老师)说出了一件错误的事情或者根据错误的信息得出了一个错误的论点，你会出来反对吗？

　　①经常会　　　　②偶尔会　　　　③不会

(8)在一次会议中，有人反对你的观点，你认为他(她)是反对你这个人本身吗？

　　①不是　　　　　②可能是　　　　③一定是

(9)在通知别人一件事时，你喜欢用发手机短信的形式代替电话吗？

　　①喜欢　　　　　②觉得无所谓　　③不喜欢

(10)你不同意一个人已经发表的谈话内容时，是否还会认真听下去？

　　①是　　　　　　②难说　　　　　③不会

得分指导：

1. 每个问题选择①得2分，选择②得1分，选择③得0分。

2. 总分在0～12分，说明你的沟通能力较差，必须加强这方面的学习；

总分在13～16分，说明你的沟通能力一般，仍需继续学习和锻炼，不断提高自己；

总分在17分以上，说明你的沟通能力很强。

这个评价并不是对你的沟通能力的一个准确衡量，而是一种定性的评估。你的得分表明你目前的沟通能力，而不表明你潜在的沟通能力，只要不断学习，积极实践，就一定能够提高自己的沟通能力。

亲爱的伙伴们，你测了你的沟通能力吗？你的沟通能力是怎样的呢？你想成为一名沟通高手吗？让我们一起成长吧！也许你不知道17年前的我因为沟通知识的欠缺，无论怎样认真努力地工作，都无法得到大家的认可，然而现在，沟通的知识和能力改变了我，让我走出了困境，今天我总结了一些经验和教训与大家共勉，希望对你们有所帮助。

任务二
了解沟通的层次与类型

案例呈现

A对B说："我要离开这个公司。我恨这个公司！"B建议道："我举双手赞成你报复！！破公司一定要给它点颜色看看。不过你现在离开，还不是最好的时机。"A问："为什么？"B说："假如你现在走，公司的损失并不大。你应该趁着在公司的机会，拼命为自己拉一些客户，成为公司独当一面的人物，然后带着这些客户忽然离开公司，公司才会受到重大损失，非常被动。"A觉得B说得非常在理。于是努力工作，事遂所愿，半年多的努力工作后，他有了很多的忠实客户。再见面时B问A："现在是时机了，要跳赶紧行动哦！"A淡然笑道："老总跟我长谈过，预备升我做总经理助理，我暂时没有离开的打算了。"其实这也正是B的初衷。一个人的工作，只有付出大于得到，让老板真正看到你的能力大于位置，才会给你更多的机会替他创造更多的利润。

知识准备

一、老年人沟通的层次

1. 不沟不通

从严格意义上讲，不沟不通算不上是沟通，甚至可以认为是沟通的反面。不沟不通，是指人们没有沟通的欲望或沟通的必要，处于不相往来的状态。比如：两人虽然彼此认识，但在工作、生活中两人基本没有交集，也就没有沟通的必要。

2. 沟而不通

是指人们之间，一方不管怎么说，沟通的另一方根本没听见、或者听了而没有任何的反应，又或者听了、也有反应，但所表达的反应与信息传递者的目标相悖。这种现象就是沟而不通，事实上，现实生活中的很多沟通都停留在沟而不通的层面上，达不到沟通的效果。

3. 沟而能通

沟而能通是沟通中人们所期望的效果，不管是误会还是分歧，只要沟而能通，就能解决问题。

4. 不沟而通

不沟而通是一种高超的艺术，人们非常讲究相互之间默契的配合，高度的默契便是不沟而通的境界。不沟而通的关键在于双方的默契，而要建立默契，就要密切地关注对方，常常注意对方的一举一动，不需要对方的言语表达，就能主动地捕捉对方的需要。毫不关心对方，不注意对方的举动，当然无法达到不沟而通的境界。只有将心比心，才能练成心与心的感应，心与心的交流。

二、老年人沟通的基本类型和原则

1. 老年人沟通的基本类型

(1)按沟通方向分为：上行沟通、平行沟通、下行沟通

上行沟通即向上的沟通，指居下者向居上者表达沟通的信息，如家庭中子女对父母、晚辈对长辈表达沟通的信息，在单位下级对上级表达沟通的信息，古代的臣民向君王表达沟通的信息。平行沟通是指同一阶层人员的横向联系，例如向邻居家的老人表达沟通的信息，在公共场所与同行的老人表达沟通的信息就属于平行沟通的范畴。下行沟通即向下的沟通，是居上者向居下者所表达的沟通信息，与上行沟通是相反的。比如：家庭中父母向子女、长辈向晚辈所表达的沟通信息，养老机构中管理者向老年居住者所表达的沟通信息。

(2)按信息发送者与接收者的位置是否变化分为：单向沟通和双向沟通

单向沟通是指信息的发送者与接收者之间位置基本不发生变化的沟通，即信息的交流是单向的流动。例如：养老机构中，向新入院的老人做入院介绍，家庭中父母电话告知自己的子女已经决定了的想法。单向沟通的优点是信息传递快，缺点是缺少信息反馈，沟通的信息准确性差，当接收者不愿意接受意见或任务时，容易引起不满与抗拒。

双向沟通是指信息的发送者与接收者的位置不断地发生变化，即信息的交流是双向的活动。例如：养老机构中，一位老人找到管理者说，他不想与现在的室友同住了，需要更换房间，但是管理方暂时不能满足老人的愿望，双方只有经过不停地协商和交流才能达成一致的愿望。双向沟通的优点是能及时获得信息的反馈；沟通信息的准确性较高，通过沟通有助于化解双方的矛盾，解决问题。其缺点是信息的完整传递速度比较慢；接收者可以反对信息发送者的信息，在一定条件下可能给发送者造成心理上的压力。

(3)按信息沟通是否直接分为：直接沟通和间接沟通

直接沟通是指信息发送者与信息接收者直接进行信息交流，无需第三者传递的沟通方式。例如打电话，面对面的交流等，直接沟通的优点是沟通迅速，双方可以充分交换意见、交流信息，迅速取得相互了解。其缺点是信息的有效传递需要时间和空间的一致性，有时直接沟通存在一定的困难。

间接沟通是指信息发送者必须经过第三者的中转才能把信息传递给接收者。其优点是不受时间和空间的限制。其缺点是比较浪费人力和时间，而且可能使传递的信息失真。

(4)按沟通媒介分为：口头沟通和书面沟通

口头沟通是指以口头语言为媒介的沟通。例如向父母口头汇报他在医院做的检查

的结果，养老机构护理人员向老人做自我介绍和讲解有关的规章制度等。口头沟通是沟通过程中最常用的一种形式。人们借助口头语言的表达方式彼此传递着不同的信息、思想、情感信息。其优点是信息发送与反馈快捷、及时。其缺点是信息传递过程的中间环节越多，信息被误解的可能性越大。

书面沟通是以文字形式为媒介的沟通，例如：书信、备忘录、通知、文件等。书面沟通与口头沟通都属于语言沟通的方式，但书面沟通更加规范、正式和完整。书面沟通的优点是内容比较具体、直观，沟通信息能够被保存，便于查询。其缺点是所需要的时间长，缺乏及时的反馈，而且不能保证接收者对信息的正确理解。书面沟通常用于对听觉缺失老人、失语老人的沟通。

2. 有效沟通的原则

沟通的关键是人，沟通作为人类最基本、最重要的活动方式和交往过程之一，不仅在管理中占据首屈一指的地位，而且在其他的人类行为中也扮演着十分重要的、不可或缺的角色。人类社会及人类社会中的任何一个基本组织，都是由两个或多个个体所组成的一个群体，沟通是维系组织存在，保持和加强组织纽带，创造和维护组织文化，提高组织效率、效益，支持、促进组织不断进步发展的主要途径。可以说，天下没有不需要进行沟通的组织。没有沟通，就不可能形成组织和人类社会。家庭、企业、国家，都是十分典型的人类组织形态。人类在社会组织如企业中要实施管理，必须通过沟通，沟通是管理的核心和本质。通过探讨一般沟通的定义，过程及其要素，我们了解到沟通并不是一个永远有效的过程。要达成有效的沟通，人们必须遵守一定的原则，只有遵循这些基本原则，人们才能将信息进行有效的传递。

（1）信息被感知

禅宗曾提出过一个问题："若林中树倒时无人听见，会有声音吗？"答曰："没有。"树倒了确实会产生声响，但如果没人听见，树倒的声音又有什么意义呢？有声与没声其结果都是一样的。沟通只是有接收者接收时才会发生，所以无论采用什么样的渠道，沟通的第一要素是：这一信息是否在接收者接收范围之内？是否被接收者收到了？接收者是如何理解的？

（2）接收者的期望

在进行沟通之前，要了解接收者的需要，这样我可以知道是否可以利用他的需要来进行沟通。

（3）发送者的目的

一个人一般不会做不必要的沟通，沟通总是会产生要求，它需要信息接收者成为什么样的人、完成什么样的事、相信某种理念，也经常是为了激励。总之，当沟通能够符合接收者的期望、价值与目的，它就具有说服力，这时候信息发送者的目的才有达到的希望。反之，当沟通违背了接收者的期望、价值与动机时，其沟通的信息可能一点也不会被接收，甚至可能遭到接收者的拒绝。

（4）渠道的畅通

渠道是信息传递给接收者的途径，畅通的渠道就像畅通的高速路一样，信息像飞驰的汽车一样在高速路上迅速传递，很快就被接收者接收了，相反，高速路上停满了事故车辆，再好的车也无法通行。同样，信息传递的渠道被堵塞，信息就无法被接收者接收，有效的沟通就无从说起。

课堂互动

分享一下生活中你与你的父母、爷爷奶奶、外公外婆进行沟通的小故事，想想在沟通过程中采用的沟通类型是什么？沟通中包含了哪些沟通要素？

拓展阅读

一个女儿对父亲抱怨她的生活，抱怨事事都那么艰难。她不知该如何应对生活，想要自暴自弃了。她已厌倦抗争和奋斗，好像一个问题刚解决，新的问题就又出现了。

她的父亲是位厨师，他把她带进厨房。他先往三只锅里倒入一些水，然后把它们放在旺火上烧。不久锅里的水烧开了。他往一只锅里放些胡萝卜，第二只锅里放只鸡蛋，最后一只锅里放入碾成粉末状的咖啡豆。他将它们浸入开水中煮，一句话也没有说。女儿咂咂嘴，不耐烦地等待着，纳闷父亲在做什么。大约20分钟后，他把火闭了，把胡萝卜捞出来放入一个碗内，把鸡蛋捞出来放入另一个碗内，然后又把咖啡舀到一个杯子里。做完这些后，他才转过身问女儿："亲爱的，你看见什么了？""胡萝卜、鸡蛋、咖啡。"她回答。

他让她靠近些并让她用手摸摸胡萝卜。她摸了摸，注意到它们变软了。父亲又让女儿拿一只鸡蛋并打破它。将壳剥掉后，她看到了是只煮熟的鸡蛋。最后，他让她喝了咖啡。品尝到香浓的咖啡，女儿笑了。她怯生生问道："父亲，这意味着什么？"他解释说，这三样东西面临同样的逆境——煮沸的开水，但其反应各不相同。胡萝卜入锅之前是强壮的，结实的，毫不示弱；但进入开水之后，它变软了，变弱了。鸡蛋原来是易碎的，它薄薄的外壳保护着它呈液体的内脏。但是经开水一煮，它的内脏变硬了。而粉状咖啡豆则很独特，进入沸水之后，它们倒改变了水。"哪个是你呢？"他问女儿。"当逆境找上门来时，你该如何反应？你要做胡萝卜，鸡蛋，还是咖啡豆？"

启发：

这位父亲运用了高超的沟通技巧，把想要告诉女儿的人生哲理通过一系列的行为传达出来，充分实现了沟而能通的效果。

任务三
掌握老年人沟通的意义与相关理论

 案例呈现

　　某家庭里，有一对老父母，四个子女，平常两个老人与其中一个女儿居住在一起。一天，老妈妈病了，卧床、大小便失禁，孩子们与往常一样忙于工作，一时来不及找保姆，照顾老妈妈的重任就落到了老父亲的肩上。老父亲照顾了两天，也累生病了。那时，一家人就乱成了一锅粥，四个子女决定开一个家庭会议，商量怎么照顾二老的问题。通过讨论大家一致决定，送老父亲去某大型养老机构养老，送老妈妈去医院治疗，住院期间每个子女轮流照顾老妈妈。大家商议过后将这个决定告诉老父亲，这时老父亲不同意了。老父亲不同意的理由是：我身体好的时候就让我在家里帮这帮那，我一动不了就把我丢到养老院去，你们真是不孝。但最后虽然老父亲没有同意，子女们还是将老父亲送到了养老机构。老父亲在养老机构非常不配合工作，整天吵着要回家。

知识准备

一、老年人沟通的目的和意义

1.老年人沟通的目的

(1)说明事物、陈述事实、引起思考、影响见解、化解矛盾。

(2)表达情感、表示观感、流露感情、产生感应。希望通过沟通得到一些好的感觉；或摆脱一些不好的感觉。

(3)建立问候、暗示情分、表达友善或不友善的态度。

(4)进行企图：透过问候，说明或者暗示别人从而达到传递信息的目的，达成目标。

　　不论什么时候的沟通，沟通双方之间都会有理解与不理解的问题，人们希望通过沟通让对方明白自己的想法。通过沟通不论得到的反馈是肯定还是否定的，都会让双方感觉到相互的思想与情感，对加强进一步的配合奠定了基础。同时，通过沟通，还可以澄清双方存在的误会，从而化解矛盾，建立友谊。通过沟通还可以捕捉到对方友善或不友善的态度，从而影响进一步沟通的方向。

2. 老年人沟通的意义

(1)协调的意义

沟通可以调节自己的行为，消除人们之间交往的障碍，使人们的内心得到满足，以消除隔阂、误会和矛盾，增进相互的了解，增进大家的感情，促进人们的团结、协作与配合，使相互之间的关系更加和谐。

(2)保健的作用

老人是社会的人，他有着各种各样的需要，沟通也是老人的一种特殊的需要，沟通可以让老人宣泄其内心的孤寂与不满、可以与他人分享曾经的美好，有益于老人的身心健康。人们之间保持充分的思想与情感的交流，会让人更容易获得幸福感，满足感，这样有益于健康、有益于长寿。这就是沟通的保健作用。

(3)交往的需要

我们的老人都是生活在一定的社会群体之中的人，沟通是老人们之间交往与协助的纽带。良好的沟通可以让他们获得更多的朋友，获得更多的理解与支持。我们的老人不是生活在真空里，不是生活在孤岛上，只有与他人保持良好的沟通，才能使自己不至于越来越脱离社会，脱离人群，才能让自己的老年生活过得更加充实和更有意义。

(4)社会发展的需要

我们的社会已经步入了老年社会，养老将在很长时间内影响着整个社会的发展，老人与社会的沟通、与养老行业间的沟通、与养老产业链之间的沟通将在养老事业的发展中起着指导性的作用。老年人需要什么、他们需要怎样的生活才能感觉到更加的舒适与幸福，他们需要什么样的服务与保障才能让他们的晚年生活过得更有尊严。这样的话题不是你我说了就行，是要让千千万万的老年人自己说了才算。所以老年人的沟通也是社会发展的需要。

二、老年人沟通的相关理论

1. 家庭沟通理论

家庭沟通是彼此传递信息与分享信息的过程。沟通有利于家庭成员化解家庭冲突和紧张，促进家庭成员角色的实施和家庭功能的正常运转。随着社会生活内容的丰富，各家庭成员在家庭中所担当的角色也不仅仅是单一的，比如对一个男性而言，他可能是丈夫、父亲、儿子等至少三种角色。社会生活的紧张和角色承担者对角色把握的能力，影响着家庭成员的角色认同、角色扮演和角色实现，而沟通有助于家庭成员的角色认同、角色扮演和角色实现。比如夫妻沟通对于提高婚姻质量具有十分重要的意义。夫妻沟通可以减少和消除夫妻冲突或紧张的根源。通过沟通，可以解释原因，感受彼此的心意，了解对方的看法来纠正自己的看法。夫妻沟通还可以寻求冲突或紧张的合理有效的解决办法。从而把冲突的消极功能降到最低程度。沟通有助于夫妻冷静而理智地分析冲突的根源，共同协商解决方案。通过沟通，还可以促进彼此之间的了解，维护、加深夫妻感情，使夫妻的认知取得和谐一致。有效的夫妻沟通是提高婚姻质量的根本途径，是加深夫妻了解、增强夫妻感情的重要机制。沟通方式除了语言，还可以用表情、动作、声调，甚至文字交流、符号暗示等都是信息发送的方式，因为它们都在表达信息传递者的意思。不同场合与不同身份的人交往时，沟通的方式会有所不同。但是在家庭的沟通中，应当注意不要随心所欲，不计后果，把家庭当作自己所有不良情绪和不当行为的倾诉站，这会使家庭无法承载如此巨大的负面压力而出现冲突和危机。美国家庭治疗大师 Satir 列举了五种常见的沟通形态：破坏人际间真实坦诚相处的讨好型、责备型、电脑型、打岔型与可以建立起真诚良好人际关系的一致型。一致型的沟通有利于家庭成员间良好关系的建立和促进家庭的稳定和谐。

　　2. 人际沟通理论

　　人际关系是社会心理学的概念，心理学将人际关系定义为人与人在交往中建立的直接的心理上的联系。而社会学将人际关系定义为人们在生产或生活活动过程中所建立的一种社会关系。我们每一个人都脱离不了人际关系，我们的亲人、同事、同学、朋友等，都是属于人际关系。人际关系的处理是一个很复杂的问题，同时人际关系的处理，也是一个很基本的问题。只要我们生活在社会中，我们就需要处理自己的人际关系。

　　心理学家认为，人际关系的好坏，是判断一个人是否心理健康的标准。而对于人际关系如何处理，什么样的人际关系，就有什么样的处理方式，所以细分起来会很复杂。今天我们所说的人际关系如何处理，主要是讲一些处理人际关系的原则与技巧，希望能帮助你们更好的处理人际关系。

　　人们在劳动生产中发现，人的积极性对提高劳动生产率的影响和作用逐渐在生产实践中显示出来，并引起了许多企业管理学者和实业家的重视，但是对其进行专门的、系统的研究，进而形成一种较为完整的全新的管理理论则始于 20 世纪 20 年代美国哈佛大学心理学家梅奥等人所进行的著名的霍桑试验。

　　梅奥（George Elton Meyao，1880－1949），原籍澳大利亚的美国行为科学家，人际关系理论的创始人，美国艺术与科学院院士，进行了著名的霍桑试验，主要代表著作有《组织中的人》和《管理和士气》。在美国西方电器公司霍桑工厂进行的，长达九年的实验研究——霍桑试验，真正揭开了作为组织中的人的行为研究序幕。

　　霍桑试验的初衷是试图通过改善工作条件与环境等外在因素，找到提高劳动生产率的途径，从 1924 年到 1932 年，先后进行了四个阶段的实验：照明试验、继电器装配工人小组试验、大规模访谈和对接线板接线工作室的研究。但试验结果却出乎意料：无论工作条件（照明度强弱、休息时间长短、工厂温度等）是改善还是取消改善，试验组和非试验组的产量都在不断上升；在试验计件工资对生产效率的影响时，发现生产小组内有一种默契，大部分工人有意限制自己的产量，否则就会受到小组的冷遇和排斥，奖励性工资并未像传统的管理理论认为的那样使工人最大限度的提高生产效率；而在历时两年的大规模的访谈试验中，职工由于可以不受拘束地谈自己的想法，发泄心中的闷气，从而态度有所改变，生产率相应地得到了提高。对霍桑效应这种“传统假设与所观察到的行为之间神秘的不相符合”，梅奥做出了如下解释：

　　(1)影响生产效率的根本因素不是工作条件，而是工人自身。参加试验的工人意识到自己“被注意”，是一个重要的存在，因而怀有归属感，这种意识助长了工人的整体观念、有所作为的观念和完成任务的观念，而这些是他在以往的工作中不曾得到的，正是这种人的因素导致了劳动生产率的提高。

（2）在决定工人工作效率的因素中，工人为团体所接受的融洽性和安全感较之奖励性工资有更为重要的作用。

3. 管理沟通理论

管理沟通理论的萌芽阶段、管理沟通理论在行为科学理论中的发展、以信息革命和网络技术为背景的现代沟通理论概括了管理沟通理论的发展。

（1）萌芽阶段：管理沟通理论伴随"科学管理"的出现而初显

在科学管理理论及古典组织管理理论阶段出现了对初始下行沟通的研究，对沟通理论的聚集点在于提高工作效率，代表人物有泰勒、埃莫森、韦伯等。此阶段的沟通实践和研究集中在非个人性沟通—组织沟通，并以上下沟通和行政沟通为基本特征。

泰勒职能工长制的初始下行沟通：1895～1912 年，弗雷德里克·温斯洛·泰勒（Frederick Winslow Taylor）提出了科学管理理论，其中包括实行职能工长制，职能工长按照各自的职能范围向工人发布命令。泰勒的职能工长制有利于提高效率、降低成本，但在实际工作中，由于一个工人同时接受几个职能工长的多头领导，容易引起混乱，所以泰勒的职能工长制没有得到推广。从管理沟通理论的角度看，泰勒关注到管理中下行沟通的重要性，并试图通过组织结构的设计保证对下沟通，即确保命令下达的准确性以及其实施的效率。1910 年，亨利·劳伦斯·甘特（Henry L. Gantt）认为应该通过奖金制度把原来的工长的"监工"身份变成一位工人的老师和工人工作的帮助者。甘特发展了泰勒职能工长制探索的下行沟通，并在早期下行沟通的实践中初次注意到人的因素。

埃莫森直线组织的下行沟通：1910～1915 年，哈林顿·埃莫森（Harrington Emerson）在其著作《组织中的个性》（1915 年）中提出在企业中应借鉴普鲁士军队总参谋的组织形式，采用直线和参谋组织。在每个企业中设一位"参谋长"，下设 4 个主要的参谋小组，参谋人员在认真研究各项问题的基础上，向直线管理人员提供意见，直线组织的管理人员统一指挥和发布命令。这样既能发挥专业知识的长处，又不破坏统一指挥的原则。埃莫森再次从组织角度，探索了自上而下沟通的原则。

韦伯的行政组织沟通：1905 年，行政组织理论的创始人马克斯·韦伯（Max Weber），指出组织中人员之间的关系完全以理性准则为指导，不受个人情感的影响，因此组织中的沟通也是严格以理性的方式自上而下进行的。

法约尔的等级链沟通和跳板沟通：1916 年，法国的亨利·法约尔（Henry Fayrol）在《工业管理与一般管理》一书中阐述了一般管理的 14 条原则，并提出了著名的"等级链和跳板"原则，这一原则是从整个组织结构的角度分析了信息的传递与沟通。法约尔认为组织内部信息传递和沟通的方法首先要遵循"等级链"的原则，即从最上级到最下级各层权力联成的等级结构，沟通以等级链的方式进行，有时为了提高沟通效率，同级之间可以采用"跳板"进行横向沟通。法约尔对于促进管理沟通特别是组织沟通的研究起了重要的作用，其思想可以认为是组织沟通理论的雏形。

（2）发展阶段：管理沟通理论伴随"行为科学"的盛行而发展

20 世纪 20 年代，伴随着人际关系理论的提出，行为科学理论逐渐产生。行为科学采用不同于传统管理理论的研究为出发点，把组织中的人不是单纯地作为"经济人"，而是作为"社会人"来研究，并集中在非正式群体规范以及对需要层次理论的研究上。此阶段对管理沟通理论的研究也取得了很大的进展，管理沟通理论研究以横向沟通和人际沟通为特征，同时注重了非正式组织沟通和文化沟通。代表人物有梅奥、巴纳德、明茨伯格等。

梅奥的人际关系沟通：1924～1932 年，梅奥在芝加哥西方电气公司霍桑工厂进行了著名的霍桑试验。这是一项由国家研究委员会赞助的研究计划，最初是要研究企业中工作环境与工人劳动生产率之间的关系，但试验的结果却出人意料的促成了人际关系学说的诞生。梅奥认为组织中的人不是孤立存在的，而是属于某一团体并受其影响，由此还提出了非正式组织的概念，指出人所追求的不单纯是金钱收入，还有实现自我价值的社会需求。人际关系的这一系列观点其实正是体现了管理沟通的思想，强调人与人之间的相互沟通，包括上下沟通和人际沟通，其中非正式组织理念的提出拓宽了后人对于组织沟通领域的研究范围。可以说人际关系理论的创立是管理沟通史上具有重要意义的事件，为管理沟通的理论研究奠定了基础。也有学者认为是梅奥首次正式提出沟通在管理中的作用。

4. 双向沟通理论

双向沟通：沟通按照是否进行反馈，可分为单向沟通和双向沟通。双向沟通中，发送者和接受者两者之间的位置不断交换，且发送者是以协商和讨论的姿态面对接受者，信息发出以后还需及时听取反馈意见，必要时双方可进行多次重复商谈，直到双方共同明确和满意为止，如交谈、协商等。

沟通愿景如此困难，很容易就演变成杂音充斥下的单向传播，并忽略反馈过程中的好意见，也让员工有不受重视的感觉。而成功的变革行动很少出现这些情形，原因是它们让沟通维持双向的互动。

我看过一些案例，领导团队提出不很妥当的愿景，可惜只有部分员工看出来，他们的意见也没有充分反应到领导团队，问题也就一直被搁着。因为主事者未能广纳意见，错误一直放到变革后期才修正。像在资讯科技上错误的投资，如果业务部门事先向精通电脑的年轻业务代表简单说明他们在电脑软硬件上的更新计划，对方可能马上就会指出采购方案的基本概念有问题。问题是，他们直到新设备送来才知道有问题。那时，电脑知识不足的中级主管早已采用并完成一个错误的愿景，而事后补救的代价惊人。

双向沟通还有一项更重要的作用：帮助你我解答变革行动中的所有问题。清楚、简单、易记、反复、混声全唱般的讯息，以及主管示范动作等，也有很大帮助。但是，对大多数人而言，尤其是高教育程度者，习惯等到问题棘手时才处理。棘手指的是，人们公开质问、挑战以及争辩。当然，这应该是领导团队一开始拟定愿景时会出现的情况。

有时候，变革发动者由于考虑成本，不愿做双向沟通。他们的逻辑是直线的，以为单向的资讯流通需要多少成本，双向沟通至少就是加倍。他们说得对，不可能要求每个人都和领导团队一样付出。但是这时，他们忽略了当愈多主管能从新愿景的角度来审视日常活动时，收获就愈大。一旦大伙共同投入，一定能找到几十种低成本的方法，来制造有关愿景的对话。像是产品午餐汇报中谈五分钟、走道上寒暄个两分钟、一场演讲结束前十分钟，而这些分分秒秒，累积下来可达几千个小时。

当员工和干部不接受你的愿景，转型过程中接下来的授权员工参与以及创造进程战果，这两项阶段都将失败。员工无法发挥授权的优势，也不会努力争取战果。更糟糕的是，如果他们接受一个规划不当的愿景，而且还像先前提过的资讯科技案例般，企图努力去实现时，不但会浪费宝贵的时间和资源，结果也将造成很多人的困扰。

双向沟通的负面影响是：回馈可能指出，我们的方向错误，必须重新建立愿景。但是，就长期而言，虚心求教并重新检讨愿景，远比朝向错误的方向或其他人不愿追随的方向对企业的帮助更大。

5. 跨文化沟通理论

所谓跨文化沟通是指跨文化组织中拥有不同文化背景的人们之间的信息、知识和情感的互相传递、交流和理解过程。影响跨文化沟通的主要因素有：感知、成见、种族中心主义、缺乏共感。

（1）感知

感知与文化有很密切的关系。一方面，人们对外部刺激的反应，对外部环境的倾向性、接受的优先次序，是由文化决定的；另一方面，当感知形成后（指感知过程的结果——知觉），它又会对文化的发展以及跨文化的沟通产生影响。

在跨文化沟通过程中，研究感知或知觉对沟通的影响具有十分重要的意义。人们在沟通过程中存在的种种障碍和差异，主要是由感知方式的差异所造成的。要进行有效的沟通，我们必须了解来自异文化环境中人们感知世界的不同方式。

（2）成见

当我们突然进入一种有着很少我们所熟悉的符号和行为的情境的时候，我们就会经历一种很强烈的令人烦恼不安的情境——文化冲击。我们会因此而感到焦虑不安，甚至茫然不知所措。在这种情况下，成见常常就油然而生了。成见不是不可避免的，但它常比悬而未决或模棱两可的状态容易接受得多。由于我们大多数人都很怠惰，不愿意发展了解不同境遇中其他人的必要的能力，我们就心安理得地根据错误的信息来减少悬念状态带来的不安和痛苦。然而，问题是：成见作为我们头脑中的图像，常常是僵化的，难以改变的，以其作为防卫的机制则是不妥当的，而且常常是极为不利的。我们必须认识到，凡此种种的成见，对于成功地进行跨文化的沟通是全然无益的。

（3）种族中心主义

种族中心主义是人们作为某一特定文化中成员所表现出来的优越感。它是一种以自身的文化价值和标准去解释和判断其他文化环境中的群体——他们的环境，他们的沟通的一种趋向。

所有的人都经历了促使民族中心主义心态发展的社会过程。人们通过受教育知道了"如何行事"的准则，通过观察知道了周围人的行为方式，对某一特定的制度和体系也越来越熟悉。从一种文化的角度看，假定另一种文化能选择"最好的方式"去行事似乎是不合理的。因而，我们对文化差异很大的人们之间的沟通，在早期是抱着否定态度的。

（4）缺乏共感

缺乏共感的主要原因是人们经常站在自己的立场而不是他人的立场上去理解、认识和评价事物的。缺乏共感也是由许多原因造成的，首先，设身处地并不容易，尤其是加上文化的因素就更不容易。其次，显示优越感的沟通态度也阻碍了共感的产生。如果一个人总是强调自己管理方法的科学性，固执己见，那么我们就很难与之产生共感。第三，缺乏先前对于某个群体、阶级或个人的了解也会阻碍共感的发展。如果从来没有在国外的企业工作过或从事过管理，也就没有机会了解他人的文化，我们就很容易误解他人的行为。这种知识的缺乏，可能致使我们从某些不完全跟行为背后的真正动机相联系的行为中得出结论。最后，我们头脑中所具有的跟人种和文化相关的成见也是达到共感的潜在的抑制因素。

（5）跨文化沟通的障碍及克服跨文化沟通障碍的对策：

跨文化沟通主要存在以下方面的障碍：

①言语和非言语；

②信仰与行为；

③文化的多样性；

④价值观比较。

要克服跨文化沟通的障碍，主要应从以下几方面着手：

①从态度和认识方面提高敏感度，提高我们的全球意识。人是文化动物，难免用自己的价值观来分析和判断我们周围的一切，比如人家批评几句，就什么都听不进去，总觉得我们的文化比别人的优越，或者有种族偏见和歧视，这些都是跨文化沟通的严重障碍。只有带着虚心和平静的心态与态度才能真正听得进去，有效沟通才可能真正发生。就如布莱斯·帕斯卡所说的名句"在比利牛斯山这边是真理的东西，在比利牛斯山那边就成了谬误。"要学会培养接受和尊重不同文化的意识。

②掌握不同文化的知识和外语工具，多了解自己文化和其他文化的差异，这样会提高跨文化沟通的有效性。

③在行为上不断训练自己和不同文化背景的人交往，锻炼自己的能力，尤其是倾听能力，确认自己听到的是对方真正的意思。这些都是我们每个人终生不断提高的追求。

课堂互动

根据案例呈现进行讨论：

1. 如果你是这个家庭的子女，你该怎么做？

2. 如果你是养老机构的工作人员你又该怎样去协调？

 **拓展阅读**

一条裤子的启示

有一位教授，精心准备了一个重要会议上的演讲，会议的规格之高、规模之大都是他平生第一次遇到的。全家都为之高兴，老婆专门为教授买了一套新西装。吃饭时，老婆问教授合身不，教授说上身很好，只是裤腿长了那么两厘米，倒是能穿，影响不大。

晚上教授早早就睡了。老妈却睡不着，琢磨着儿子参加这么隆重的演讲，西裤长了怎么能行，于是就翻身下床，把西裤的裤腿剪掉两厘米，缝好烫平，然后安心地入睡了。

早上五点半，老婆睡醒了，因为家有大事，所以起来比往常早些，想起老公西裤的事，心想时间还来得及，便拿来西裤又剪掉2厘米，缝好烫平、惬意地去做早餐了。

过了一会儿，女儿也早早起床了，看妈妈的早餐还没有做好，就想起爸爸西裤的事情，寻思自己也能为爸爸做点事情了，便拿来西裤，再剪短2厘米，缝好烫平……

这个故事可能在我们的生活中时有发生，有的可能是衣服的问题，有的可能是鞋子的问题，或者还有其他的问题，为什么会让我们出现类似的问题呢？沟通……

实际生活中当我们在生活或者工作出现了某些问题的时候，我们常常会说：你怎么不早给我说呢？你给我说的可不是这样，你说的是什么什么，所以我才怎么怎么做的。

这一系列问题的发生都源于沟通。有时是没有沟通，就像故事里的老妈、妻子和女儿剪裤脚的前后都没有向任何人说过；有的是沟通不畅或者发送的信息出现了偏差；还有的是信息接收者对信息的理解与信息发送者的目的大相径庭等。

课后练习

【名词解释】

沟通

【填空题】

1. 沟通的要素有传递者—接收者、（　　　　）、渠道。

2. 沟通的四个层次是：第一是不沟不通；第二是沟而不通，无论你怎样沟通就是达不到想要的结果；第三是（　　　　），比较顺利；第四是（　　　　），这是比较高的境界。

3. 沟通的类型有：上行沟通、（　　　　）、下行沟通。

4. 书面沟通常用于对（　　　　）老人、（　　　　）老人的沟通。

【单项选择题】

1. 下面哪项不是有效沟通的原则：（　　　）

    A. 信息被感知　　　　　　　　　　B. 发送者的目的

    C. 渠道的畅通　　　　　　　　　　D. 发送者的期望

2. 老年人沟通的意义：（　　　）

    A. 工作的需要　　　　　　　　　　B. 保健的作用

    C. 生活的需要　　　　　　　　　　D. 社会的需要

3. 下面哪种理论不是老年人沟通的相关理论：（　　　）

    A. 家庭沟通理论　　　　　　　　　B. 人际沟通理论

    C. 管理沟通理论　　　　　　　　　D. 社交理论

4. 下面哪位科学家是人际关系理论的创始人、美国艺术与科学院院士，进行了著名的霍桑试验。（　　　）

    A. 梅奥　　　　　　　　　　　　　B. 西蒙

    C. 马斯洛　　　　　　　　　　　　D. 恩格尔

【能力体现】

李爷爷，85岁，听力下降但仍有残余听力，他想拜托你为他代购一些水果。

想想并写出我们的沟通要素，所需采用的沟通语言有哪些？

参考答案：

【填空题】

1. 信息　2. 沟而能通　不沟而通　3. 平行沟通　4. 听觉缺失　失语

【单项选择题】

1. D　2. B　3. D　4. A

项目二　了解老年人与人口老龄化

 ## 学习目标

知识目标

1. 掌握人的寿命和老年人的年龄划分；
2. 了解人口老龄化及人口老龄化的对策；
3. 熟悉老龄化相关理论。

技能目标

1. 学会怎样划分老年人的寿命与年龄；
2. 知道人口老龄化的概念及相关对策；
3. 能用老龄化的相关理论知识去解释常见的老年人生活中有关老化的问题。

 ## 情景导入

　　每一个人都会经历从婴孩到童年、青年、中年和老年的过程，在不同的年龄阶段人体都发生着一系列的生理和心理的改变。随着年龄的增长，我们的身体会在形态与功能上都发生衰退性的改变，这叫老化。当我们的寿命进入了 60 岁的年龄的时候，我们被称为进入了老年期，进入老年期的人们就是老年人了。老年期是人的生命历程的最后一个阶段。人口老龄化是经济、社会、科技发展的产物，伴随着中国社会的不断发展，老龄化程度将逐年加深。人口老龄化时代的到来，让很多人措手不及，但我们也不必"谈虎色变"，要积极应对人口老龄化问题。

任务一
老年人及老年期

 案例呈现

> 来自南京市民政局的数据显示，早在 20 世纪 80 年代末期，南京就跨入老龄化城市行列，是继上海、北京、天津之后进入老龄化最早的城市之一。2013 年底，南京市 60 岁及以上户籍老人已达 111.16 万人，人口老龄化率达 20%，而江苏全省人口老龄化率为 17%，全国是 13.3%。2015 年，6 个南京人里就有一位老人。"明天我们去哪里养老"渐渐成为大家热议的话题。

知识准备

一、年龄的界定

1. 日历年龄

指生物体从发生(或出生)到确定其年龄时所经历的实际岁月(实际时间)。日历年龄只考虑生物体所经历的时间是多少，而不考虑生物体的性成熟程度或老化程度，在这一点上日历年龄与生理年龄形成鲜明对比。日历年龄有时也称为生活年龄、时间年龄、实足年龄等。

2. 生理年龄

是一个全新的概念，是指一个人生理学上的年龄，代表这个人的生命活力。生理年龄的高低，主要取决于人的生活方式和健康状况。生理年龄是指生理发育成长的年龄特点，与实际年龄亦不一定完全一致，如营养不良的人生理发育延迟，也就是生理年龄小于实际年龄。

生理年龄是以正常个体生理学上和解剖学上的发育状况为标准确定的年龄，这一年龄是根据个体目前的健康状况(如细胞、组织、器官、生理功能等)以及反映其健康状况的生理指标来确定的。一般来说生理年龄在 60 岁以上的人，其机体内各脏器组织的活动已呈现老化，并逐渐衰竭，因此称之为"老年人"。当然，生理年龄并不完全等同于生命年龄。由于先天遗传因素和后天环境、疾病、营养、运动等因素的不同影响，机体的生理功能、组织结构的老化速度是不同的，个体差异很大。例如，同为 60 岁，有的人身板硬朗，精神抖擞，显得非常年轻，有的人却步履蹒跚，百病缠身，看上去很苍老。

3. 心理年龄

心理年龄是指人的整体心理特征所表露的年龄特征，与实际年龄并不完全一致。

心理年龄是按照记忆、理解、反应、对新鲜事物的敏感程度等计算的年龄。与生理年龄相似，也要根据心理测验而取得不同年龄群体的心理常模，然后与某人的心理检测结果相对照，从而得出其心理年龄。

心理年龄也叫"智力年龄"。人的心理年龄分为三个时期：0～19岁为未成熟期，20～59岁为成熟期，60岁以上为衰老期。心理年龄在60岁以上的被认为是老年人，它反映出一个人在经历了漫长的人生中其主观感受方面的老化程度。心理年龄和生命年龄、生理年龄并不完全同步。例如，有些人年纪不大，但心理上却"未老先衰""老气横秋"，整日意志消沉，感叹生命苦短；而有些人年纪虽大，仍然思维敏捷、动作稳健，情绪乐观，可谓"老当益壮""人老心不老"。很明显，后者的心理年龄要低于前者。

4. 社会年龄

是指一个人在他所处的环境中，被其他人在心理上所认为处在的年龄状态。并不等同于他的实际年龄。而是他处在别人心理中的状态。不是真实存在于物质世界中，而是存在于精神世界的主观判断。有时人们意识不到这点，"社会年龄"这一概念只是模糊地存在于大多数人的潜意识中。社会年龄指根据一个人在与其他人交往中的角色作用来确定的个体年龄，它反映的是个体的社会行为的成熟程度。一般来说，社会年龄分为三个阶段：0～17岁为未成熟期，18～59岁为成熟期，60岁以上为衰老期。社会年龄在60岁以上者为老年人。社会年龄和前面三种年龄并非一致。人们常说某人"老成持重"，意即一个人的社会行为稳重，而所谓的"老来少"则指老年人的行为返老还童。

二、人的寿命

人的寿命由什么决定？说起来很复杂，概括起来也非常简单，只有两个条件就能决定。一是遗传基因，二是外界环境。衡量人的寿命主要有两个指标，一是平均寿命或者预期寿命，它代表了一个国家或地区人口的平均存活年龄；二是最高或最大年龄，也就是在没有外界因素干扰的条件下，从遗传学角度关注人类可能存活的最大年龄。

1. 平均寿命

根据第六次全国人口普查详细汇总资料计算，2010年我国人口平均预期寿命达到74.83岁，比10年前提高了3.43岁。这是迄今我国人均寿命的最新数据。第七次全国人口普查数据将在2021年公布。

2. 最高寿命

人的生命是有一定限度的，寿命的长短是受多种因素影响的，如它与先天禀赋的强弱，后天的给养、居住条件、社会制度、经济状况、医疗条件、环境、气候、体力劳动、个人卫生等多种因素的影响有关。这些是否意味着人的寿命就深不可测呢？并非如此，人是宇宙万物的主宰，是一切物质文明和精神文明的创造者。通过不断的努力，人们总能够探索出长寿的规律，准确地算出寿命的长短。长期以来，根据科学家们的细致观察，发现各种动物都有一个比较固定的寿命期限，也就是各有不同的自然寿命。这个寿命与各种动物的生长期或成熟期的长短有一定关系。科学家巴风在此基础上提出一种"寿命系数"，即哺乳类动物的寿命应当为其生长期的5～7倍。人的生长期为20～25年，其自然寿命则应为100～170岁。

第二种观点是美国学者海尔弗利在1961年提出来的。他根据实验研究发现动物胚胎细胞在成长过程中，其分裂的次数是有规律的，到一定阶段就出现衰老和死亡。这与细胞分裂的次数和周期有关。二者相乘即为其自然寿命。海尔弗利的具体实验情况是这样的：他将胎儿的细胞放在培养液中一次又一次地分裂，一代又一代地繁殖，但当细胞分裂到50代时，细胞就全部衰老死亡。照此计算，人的寿命应为120岁。

还有一种观点，是根据哺乳动物的性成熟期推算寿命。根据生物学的规律，最高寿命相当于性成熟期的8～10倍，而人类的性成熟期是13～15岁，据此推测人类的自然寿命应该是110～150岁。

3. 健康期望寿命

是指人们能维持良好日常生活功能的年限，其与普通期望寿命的最大不同在于：普通期望寿命是以死亡为终点，而健康期望寿命是以丧失日常生活能力为终点。

三、老年期的划分

1. 联合国划分标准

世界卫生组织(WHO)老年期的年龄划分标准，根据现代人生理、心理结构上的变化，WHO将人的年龄界限又作了新的划分：44岁以下为青年人；45～59岁为中年人；60～74岁为年轻老人(the young old)；75～89岁为老老年人(the old old)；90岁以上为非常老的老年人(the very old)或长寿老年人(the longevous)。这个标准兼顾发达国家和发展中国家，既考虑到人类平均预期寿命不断延长的发展趋势又是人类健康水平日益提高的必然结果。WHO的标准将会逐步取代我国与西方国家现阶段划分老年人的通用标准。

2. 我国划分标准

我国关于年龄的划分界限自古以来说法不一。民间多用三十而立，四十而不惑，五十而知天命，六十花甲，七十古稀，八十为耋，九十为耄。1982年4月，中华医学会老年医学学会建议，把60岁作为我国划分老年的标准。现阶段我国老年人按时序年龄的划分标准为：45～59岁为老年前期即中老年人；60～89岁为老年期，即老年人；90～99岁为长寿期，100岁及其以上为寿星，即长寿老人。

课堂互动

请大家准备一张纸写出你们家庭成员的年龄，根据我国老年人的划分标准，找找你们家里有没有进入老年期的成员，并说说他们属于什么期的老年人。

拓展阅读

怎样养老才最好

图 2-1-1

曹玉兰膝下有六个子女，老大和老四是儿子，其他四个都是女儿。自从1997年老伴去世后，大儿子王荣光一家三口就搬进曹玉兰在南湖的房子，这一住就是整整十年。兄妹六个看上去也和和气气，相安无事。

2007年底，曹玉兰突发脑梗，被送到医院治疗。王荣光要求其他几个人来轮流照看老人，老六王春燕终于忍不住提出母亲工资的问题。"这十年来，老大一直跟妈妈住在一起，妈妈每个月一千多元的退休工资哪里去了？是不是该公布出来？"

自从那次家庭会议之后，六兄妹的矛盾就开始了，家中分成了两派，老大、老二、老三为一派，老四、老五和老六又是一派，双方再也不说一句话，相互之间几乎不理睬。

三个半月后，曹玉兰出院，她被王荣光送到了一家老人疗养院，刚开始老人住得还挺习惯。但这两天，曹玉兰晚上开始睡不着觉了。

"老四、老五、老六最近老是在老太太面前唠叨，一唠叨老太太就流泪，一流泪晚上就睡不着觉。"疗养院的护工说。

原来这几天，老六王春燕和老四老五经常当着老太太的面说："老大把妈妈赶到疗养院，老大这不是明摆着霸着妈妈的房子又不想照顾妈妈吗？"

昨天，在疗养院，老太太对记者说："我想回家。"可是过了一会，记者再次问起这个问题，曹玉兰又说："我想就在这边。"据疗养院工作人员告诉记者，曹玉兰由于年岁太大又患了脑梗，所以神志不太清楚了。

昨天中午，记者在疗养院见到了王荣光，他表示，在疗养院，母亲可以同时接受照顾和治疗。

对于母亲工资的事情，王荣光表示："妈妈住院期间的医疗费就用掉上万元，住在疗养院每个月也要2100元，我没有要弟弟妹妹一分钱。"

中午 12 点 30 分，王荣光与老四、老五、老六在疗养院又碰面了，双方产生了激烈争吵，王荣光坚决不同意搬出南湖的房子，争吵的声音越来越大，疗养院工作人员不得不出来阻止。

采访结束时，疗养院的护工对记者说："家务事可以回家慢慢商量，老人这么大岁数了，最需要的就是休息和宁静，兄弟姐妹之间吵来吵去，最痛心的不还是母亲吗？"

任务二
学习人口老龄化理论

案例呈现

> 　　母亲75岁了，非常勤劳，每天不是洗衣做饭就是打扫卫生。一天，女儿下班回家，看见母亲正在厨房里削菜，看起来母亲已经削了一阵了，垃圾桶边缘、地上、墙上到处都布满了星星点点的菜皮。然而，母亲却浑然不知，继续卖力地削着菜，最后将菜削得只剩一个菜心，可还是没有将菜皮削完。这是为什么呢？

知识准备

一、人的老化理论

老化是指随着时间的推移，人体细胞分裂、生长和功能丧失，最后引起生命的不相容即为老化的过程，最终走向死亡。老化理论虽然很多而且观点各有不同，但仍然存在相同之处：人老化的过程自出生就开始，不同的个体以不同的速度老化，一直持续到死亡。生理学上的老化现象包括机体结构与功能的改变，造成老化的因素也包括生物因素和环境中的物理、化学刺激等。心理学与社会学方面的老化则受个体的认知、社会化的过程、身体功能的退化以及社会的期待等因素的影响，而有其独特性。

1. 生物学理论

人老化的生物学理论重点探讨和研究的是人在老化过程中人体的生理改变的特性和原因。该理论认为，人的生理性老化现象是由于细胞发生突变或耗损，导致细胞内基因或蛋白的改变、废物堆积、细胞功能改变衰退、细胞停止分化与修复，最终导致细胞死亡。目前提出的老化的生物学理论主要有：基因控制理论、免疫理论、神经内分泌理论、长寿和衰老理论等。这些理论主要解释：细胞如何老化；是否是遗传或环境影响了生物的寿命；启动老化的过程是来自机体内部的病理变化还是外界环境因素刺激影响所致。总之，人的老化的生理学理论用于解释人的老化的生理变化。

(1)基因控制理论

细胞定时老化论认为基因程序预先设定了动物的生命周期，体内细胞的基因有固定的生命期限，并以细胞分化的次数来决定个体的寿命。基因突变论认为老化是体细胞突变或细胞DNA复制错误引起损伤，造成老年人体内细胞的特性的改变，从而使细胞的功能发生改变。

（2）免疫学理论

免疫学理论认为，人们随着年龄的增长，身体免疫系统的功能下降，如淋巴细胞功能下降对疾病感染的抵抗力降低、个体的衰老、自身的免疫性疾病的增多。该理论还认为，老化使机体免疫系统功能减退，对外来的异物的辨别和反应能力降低导致感染和癌症的发病率增加。

（3）神经内分泌理论

该理论主张老化现象是由于大脑和内分泌腺体的改变所致。蒂鲁玛教授和华特·德因博士提出的理论把神经内分泌作为焦点，如核桃那样大小的腺体下丘脑存在于大脑之中，是分泌荷尔蒙的复杂生化网络。这个下丘脑调整连锁反应直接对各器官和腺体下达分泌荷尔蒙的指令，但随着年龄的增长，下丘脑失去这个调节的准确度能力，使得荷尔蒙受体变得麻木。因此，荷尔蒙分泌随着年龄减少，其受体的弱化机能也开始减退。

（4）长寿和衰老理论

该理论不仅研究人类长寿的原因，而且更加注重老年人生活质量。研究人员通过对百岁老年人的研究结果显示：与健康长寿有关的因素有笑口常开、知足常乐、生活有规律、有信仰、家庭和睦、自由和独立、行为有目的、积极的人生观。对于具有正常功能的长寿人群的有关研究发现，健康长寿者均与以下因素有关：遗传、物理环境、终身参加运动、适量饮酒、维持性生活至高龄、饮食因素、社会环境有关的因素。其中，遗传因素是长寿的最重要的因素。美国最大的老年人问题研究机构——"全美老年学会"通过每年的调查分析，为老年人设计了 6 项保健准则：目的、锻炼、娱乐、睡眠、氧气和营养。遵守这些准则，就能促进老年人的健康长寿。

（5）其他理论

体细胞突变理论、自由基理论、细胞损耗理论、分子串联理论、脂褐质和游离放射理论、预期寿命和功能健康理论、差错灾难理论等。

2. 心理学理论

老化的心理学理论重点是研究和探讨老年期的行为与发展的关系。与之相关的理论主要揭示老年人的行为是否受老化的影响、老化如何影响其行为、行为的改变是否有特定的模式、老年人应该如何应对衰老的问题。老化不仅受生物因素的影响，还受社会性因素的影响，同时还涉及如何运用适应能力来控制行为或自我调节。老年人的社会适应能力主要包括学习、记忆、情感、智力和动力。目前提出的老化的心理学理论有：人的需求理论、自我概念理论、人格发展理论、老化的心理学理论与沟通。

（1）人的需求理论

人的需求理论最有代表性的是著名心理学家马斯洛的需求层次理论。马斯洛认为，人类的需要是分层次的，由低到高分别是：生理的需要、安全的需要、社交的需要（爱与归属的需要）、尊重的需要、自我实现的需要。

（2）自我概念理论

自我概念是由反映评价、社会比较和自我感觉三部分构成。

1. 反映评价。反映评价就是人们从他人那里得到的有关自己的信息。

2. 社会比较。在生活和工作中，人们往往与他人比较来确定衡量自己的标准，这就是在作社会比较。

3. 自我感觉。在年少时，对自己的认识大多数来自于人们对你的反应。然而，在生活的某一时刻，你开始用你自己的方式来看待自己，这种看待自己的方式被称为自我感觉。如果从成功的经历中获得自信，自我感觉就会变得更好，自我概念就会改进。比如：有一位中风的老人经过自己的学习与努力，克服各种困难获得了康复，他的自我感觉就非常好。

（3）人格发展理论

心理学家认为人的心理发展在整个人生中可以分为几个主要的阶段，每一个阶段都有其特点和发展的任务，若能顺利地完成或胜任该任务，个体将呈现出正向的自我概念以及对生命的正向的态度，这样的人生将会趋向成熟和完美。反之，个体将呈现负向的自我以及对自我生命的负向的态度，这样的人生将出现失败的停滞或扭曲的发展现象。与此相关的理论被称之为人格发展理论或发展理论。

埃里克森的人格终生发展论最为完整，他将人生过程从出生到死亡分为了八个主要的发展阶段：

婴儿期（0～1.5岁）：基本信任和不信任的心理冲突；

儿童期（1.5～3岁）：自主与害羞和怀疑的冲突；

学龄初期（3～5岁）：主动对内疚的冲突；

学龄期（6～12岁）：勤奋对自卑的冲突；

青春期（12～18岁）：自我同一性和角色混乱的冲突；

成年早期（18～25岁）：亲密对孤独的冲突；

成年期（25～65岁）：生育对自我专注的冲突；

成熟期（65岁以上）：自我调整与绝望期的冲突。

老年人由于衰老，其体力、心力和健康每况愈下，对此他们必须做出相应的调整和适应，所以被称为自我调整与绝望感的心理冲突。当老人们回顾过去时，可能怀着充实的感情与世告别，也可能怀着绝望走向死亡。自我调整是一种接受自我、承认现实的感受；一种超脱的智慧之感。如果一个人的自我调整大于绝望，他将获得智慧的品质，埃里克森把它定义为："以超然的态度对待生活和死亡。"

（4）老化的心理学理论与沟通

根据老化的心理学理论，在与老年人进行沟通时，不仅要关注老年人的身体结构和生理功能的退行性改变，还要注意老年人的心理健康问题。老化的心理学理论为我们与老年人进行沟通指明了方向。人的需要层次论告诉我们，当老年人对各种层次的需要有所追求，并逐渐得到满足后，才能保持老年人的良好功能状态，只有完全成熟的个体，并具有自主、创造、独立以及良好的人际关系的个体，才会有自我实现的需要。而老年人属于成熟的个体，对高层次的需要更为迫切，成功老化的个体能获得自我实现需求的满足。因此，当老年人较低层次的需求得到满足后，我们需要鼓励老年人追求更高层次的需要，如自我实现的需要。

人格发展理论强调老年人常常用一定的时间和精力来回顾和总结自己的一生，进行自我整合，将其生命中发生的事情按时间顺序列出，并和过去的悲伤和懊悔达成妥协。因此，我们在与老年人进行沟通的过程中可以常常引导老年人进行生命历程的回顾，使他们坦然地接受他们的存在，肯定自己的生命历程的价值，促进老年人的身心健康，提高其生活的质量。

3. 老化的社会学理论

老化的社会学理论的发展经历了两个阶段：

第一阶段是以1961年的"隐退理论"为标志。隐退理论从把个人作为解释的根源转为以社会制度作为解释的根源，而在1961年以前，社会学中老年领域的研究主要围绕"适应"这个概念展开，后来被称为"活跃理论"。活跃理论以个人作为解释的根源。这两种理论引起了很大的争议，许多学者提出了替代"隐退/活跃理论"的理论，能更好地解释老化过程的理论观点，出现了老年亚文化理论、交换理论、现代化理论、社会环境理论、年龄分层和持续理论等等。

第二个阶段是从20世纪70年代末和80年代初开始，标志性的理论有社会现象学家和马克思主义者提出的理论，还有一个来源是老年政治经济学理论。80年代末和90年代初，社会老年学家又试图运用批评理论和女权主义理论来进行老化理论的研究。

老化的社会学理论主要研究、了解和解释了社会互动、社会期待、社会制度与社会价值对老化过程适应的影响。其涉及的理论有：隐退理论、活跃理论、持续理论、次文化理论、年龄阶层理论、老化的社会学理论与沟通。

(1)隐退理论

卡明(E. Cumming)和亨利(W. Henry)于1961年提出了隐退理论(Disengagement Theory)。该理论提出社会平衡状态的维持决定于社会与老年人退出相互作用所形成的彼此有益的过程。这一过程符合社会发展的需要，也是老年人本身衰老的内在要求。

隐退理论的前提表现为：隐退是一个逐渐进行的过程、是不可避免的、是双方皆感满意的，同时也是一种常规模式，所有的社会系统都有隐退的现象。由此可见，老年期是中年期的延续，有其自身的特殊性。老年期的老人逐步进入自我为中心地生活，生理、心理以及社会等功能发生改变甚至丧失，与社会的要求正在逐渐地拉大距离。因此，对老年人最好的关爱应该是让老年人在适当的时候以适当的方式退出社会的舞台，不再像中年期或青年期那样去拼搏去奋斗。此外，一个社会要保持持续地发展，也需要不断地进行新陈代谢，不断地新老更换。当人们进入了老年阶段，就要像选手一样将社会发展的接力棒交给年青的一代，自己从社会角色与社会跑场中隐退出来。这就是成功老化所必须经历的过程，也是一种有制度、有秩序、平稳的权力与义务的转移。这样可以促进社会的进步、安定与祥和，同样也是人类生命的世代相传、生生不息的道理。据此理论可以指导老年人适应退休带来的各种生活改变。但是该理论的缺陷很容易使人将老年人等同于无权、无能、无力的人，使社会对老年人的漠视合情化、排斥合法化、歧视合理化。

(2)活跃理论

1963年Havighurst等提出活跃理论(Activity Theory)。这个理论认为，社会活动是生活的基础。人们对生活的满意度是与社会活动紧密联系的。社会活动是老年人认识自我、获得社会角色、寻找生活意义的主要途径。老年人若能保持参与社会活动的最佳状态，就可能充分地保持老年人生理、心理和社会等方面的活动，更好地促进老年人生理、心理和社会等方面的健康发展。现实生活中，我们不难发现老年人常常有一种"不服老"的情怀。终日无所事事对他们来说不是享福，而是受罪。因此，老年人仍期望能积极参加社会活动，维持原有角色功能，以证明自己生活的价值，而失去原有角色常常使老年人失去生活的信心和意义。活跃理论建议个体社会结构所失去的活动必须被新角色、新关系、新嗜好与兴趣所取代。所以，如果老年人有机会参与社会活动，贡献自己的才能，其晚年生活满意度就会提高。有关研究也证实了老年人参加自己有兴趣的非正式的活动，比参加许多工作更能提高老年人的生活品质。

活跃理论也有其缺陷，它没有注意到老年人之间的个体差异，不同的老年人对社会活动的参与要求是不同的。同时，活跃理论也没有注意到年轻老年人与高龄老年人的差别，这两个年龄组的老年人在活动能力和活动愿望上都存在很大的差别，不可一概而论。

（3）持续理论

持续理论（Continuity Theory）是1968年Neugarten等人提出来的。持续理论的出现弥补了活跃理论和隐退理论的不足，持续理论更加关注老年人的个体差异，它是以个性的研究为理论基础。该理论主要探讨老年人在社会文化约束其晚年生活的行为时，其身体、心理及人际关系等方面的调适。根据该理论，个体在成熟过程中会经历个人及人际关系的调适，表现出有助于调适过去生活经验能力的行为。一个人的人格及行为特征是由其环境影响与社会增强相结合所塑造出来的。Neugarten认为人的人格会随着老化过程而持续地、动态地改变，如个体能适时地改变人格，适应人生不同阶段的生活，则能较为成功的适应老化过程。有些纵向性研究报告指出，老年人常有的人格行为，可能是一种适应年龄增长后，人格改变所表现出来的行为。老年人会觉得自我精力、自我形态以及性别知觉降低。男女角色似乎对调：男性较倾向于被照顾、忍耐的角色，而女性则扮演了较具领导性的角色。

人的生命周期的发展表现出明显的持续性，老化是人的持续发展的结果，也是老年人适应发展状况的结果，而发展状况的不同必然会导致老年人适应结果的不同。因此，持续理论承认每个老年人都可能是不同的。这一观点为持续理论赢得了一席之地。

（4）次文化理论

1962年，美国学者罗斯（Rose）提出了次文化理论（Subculture Theory）。次文化是社会学中的一个术语，意思是与主流文化的不同。老年人作为一个在数量上越来越大、社会影响上越来越强烈的人群，必然会形成具有特殊色彩的文化现象，以此与青年人或中年人区别开来，这就是老年次文化。老年人拥有自己特有的文化范畴，就像少数民族有着不同于主流人群的生活信念、习俗、价值观及道德规范，是自成一体的文化团体。在这样的文化团体中，个人的社会地位是由过去的职业、教育程度、经济收入、健康状态或患病情形等认定的。随着老年人口的增加，这类次文化团体也随之壮大，许多相关的组织也随之设立，如我国的老年大学、老年人活动中心、老年人俱乐部等。该理论还指出：同一文化团体中的群体间的互相支持和认同能促进适应成功老化。

老年人本身已经与主流社会产生了疏离，过分强调老年次文化在一定程度上可能唤醒社会对老年这个特殊群体的关注，但也可能会将老年人进一步从主流社会推开，加剧老年人与主流社会的疏离感。

（5）年龄阶层理论

年龄阶层理论是1972年美国学者赖利（M. W. Riley）等人提出的。年龄阶层理论利用了社会学中阶级、分层、社会化、角色等理论，力图从年龄的形成和结构等方面来阐述老年期的发展变化，它被认为是新近发展起来的较全面的、颇具发展前景的一个理论。这一理论的观点是：同一年代出生的人不但具有相近的年龄，而且还拥有相近的生理特点、心理特点和社会经历；新的年龄阶层群体的不断出生，他们所置身的社会环境是不同的，因而对历史的感受不同；社会根据不同的年龄及其扮演的角色被分为不同的阶层；每个人都是从属于一个特定的年龄群体，随着他的成长而不断地进入另一个年龄群体，而社会对不同的年龄群体赋予了新的角色，寄托了新的期望，因此，一个人的行为变化必然会随着所属的年龄群体的改变而发生相应的改变；人的老化过程与社会的变化之间的相互作用是动态的，所以老年人与社会总是不断地相互影响。同一年龄阶层的老年人之间会相互影响其老年社会化过程，使得老年人群体间拥有了某些特定的普遍行为模式。年龄阶层理论告诉我们老年人的人格与行为特点是一种群体相互影响的社会化结果。

年龄分层理论，注重个体动态的发展过程以及社会的历史变化，但在这两点上似乎都太强调正统性和统一性，而对个体性和差异性很少关注。年龄分层理论可以解释不同年龄层之间的差异，但对于同一个年龄层中的不同个体所表现出的个体差异却缺乏解释。

（6）老化的社会学理论与沟通

老化的社会学理论帮助我们从"生活在社会环境中的人"这个角度去看待老年人，了解老年人生活的社会对他们的影响。在老化的社会学理论中，影响老化的因素有人格特征、家庭、受教育的程度、社区规范、角色适应、文化与政治经济状况等。在与老年人进行沟通的过程中，我们可以应用社会学理论去帮助老年人度过一个成功而愉快的晚年。

我们可以根据隐退理论帮助那些正在经历减少参与社会活动的老年人，给予他们以支持和指导，以维持心理上的平衡。

活跃理论则要求我们辨别那些想要维持社会活动角色功能的老年人，通过评估其身心能力是否可以从事某项活动，以帮助他们选择力所能及且感兴趣的活动。

持续理论可以让我们了解老年人的人格行为，通过评估老年人的发展及其人格行为，帮助他们制订切实可行的计划，协助老年人适应这些变化。

我们从次文化理论中认识到老年人拥有自己特有的生活信念、习俗、价值观及道德规范等文化特征，其沟通方式不同于年轻人或中年人。

年龄分层理论则指出不同的社会存在不同的阶级制度，由于阶级制度的不同，社会对老年人的角色期望与行为也有所不同。因此，我们要充分地评估老年人的基本资料与成长的文化背景，在沟通中才能适应其个性化特征。

在进一步对老化理论的研究、认识和应用的同时，还要注意时代赋予的意义，文化的差异以及学术的发展和进步。我们不仅要了解老化的相关理论，还必须知道各种老化理论的适用范围和局限性。在与老年人的沟通过程中，要慎重考虑应该选择用何种理论作为沟通活动的指南，不同的老年人可能需要使用不同的理论框架作为指导，促进其成功地老化。此外，在实际的沟通交流的过程中，我们还要不断地收集资料来验证各种理论的实用性，使各种理论进一步充实和完善。

二、人口老龄化的概念

人口老龄化简称人口老化，是人口年龄结构的老龄化。它是指老年人口占总人口的比例不断上升的一种动态过程。出生率和死亡率的下降、平均预期寿命的延长是世界人口趋向老龄化的直接原因。

1. 老年人口的绝对增多

据2010年第六次全国人口普查主要数据公报（第1号），大陆31个省、自治区、直辖市和现役军人的人口中，60岁及以上人口为177 648 705人，占总人口的13.26%，其中65岁及以上人口为118831709人，占总人口的8.87%。同2000年第五次全国人口普查相比，60岁及以上人口的比重上升了2.93个百分点，65岁及以上人口的比重上升了1.91个百分点。

2. 社会人口结构呈老龄化状态

按照国际上通行的统计方法，当60岁以上的人口达到总人口的10%或65岁以上人口占总人口的7%，就跨入了"老龄化社会"。国际老龄化社会实践的轨迹表明，老龄化的影响不可忽视。1830年法国率先进入老年型国家。随后的一个多世纪里，西欧和北欧的一些国家60岁以上老年人口比例达到10%以上，进入老年型国家；此后，北美、日本、澳大利亚也陆续走进老龄化国家行列；到20世纪后半叶，发达国家全部进入老龄化严重阶段。其中人口老龄化最严重的国家是意大利和日本，65岁及以上老年人口比例超过了19%，其次是希腊、德国、西班牙、瑞典，发达国家老年人口比例平均为15%。按照国际标准，我国在20世纪末开始就已进入了老龄化社会。21世纪，我国人口老龄化将经历快速老龄化阶段（2001年~2020年）、加速老龄化阶段（2021年~2050年）和重度老龄化阶段（2051年~2100年），那时老年人口规模将从峰值4.37亿回落并稳定在3亿到4亿左右。因此，如何有效应对老龄化带来的各种挑战确实是各个国家必须要面对的重大经济社会问题。

人口老龄化是世界人口发展的普遍趋势，是科学与经济不断发展进步的标志。人口老龄化是人口年龄结构变化所产生的，而人口年龄结构的变化取决于出生、死亡和迁移三个因素。决定人口老龄化最主要的因素是生育率下降，20世纪50年代以前西方国家人口老龄化主要是由于生育率下降造成的。

三、世界人口老龄化的现状

联合国人口司发布了截至2006年世界人口老龄化状况及世界各国和地区老龄化程

度的数据。

1. 2006 年世界人口老龄化状况

(1)据官方统计，2006 年世界 60 岁以上的老年人口达到 6.88 亿，预计 2050 年这一数字将达到 20 亿，同时也将第一次超过全世界儿童(0～14 岁)的人口数。目前，世界上一半多的老年人生活在亚洲(占 54%)，其次是欧洲(22%)。

(2)2006 年是每 9 个人中就有一个 60 岁以上的老年人，根据联合国专题项目的研究估算，到 2050 年每 5 人中将会有一个老年人。

(3)老年人口本身也在老化。2006 年 80 岁以上的老年人已经占到老年人总数的 13%，到 2050 年这一数字将增加到 20%。百岁以上老人也将从 2006 年的 28.7 万增加到 2050 年的 370 万，多达 13 倍的增幅。

(4)由于女性的预期寿命大于男性，所以 60 岁以上的老年人的男女性别比例是 82∶100。80 岁以上人群中这一比例更是只有 55∶100。

(5)独居老年人占老年人总数的 14%。独居的女性老人比例为 19%，明显高于男性的 8%。发达国家独居老年人比例为 24%，明显高于发展中国家的 7%。

2. 世界各国和地区老龄化程度

由联合国人口司发布的世界各国和地区老龄化程度数据中可以看出：

(1)目前世界老龄化程度最深的国家是日本，达到了 27%。其次是意大利和德国，分别为 26% 及 25%，且这三个国家均为发达国家。

(2)老年人口比例达到或超过 20% 以上的国家有 27 个，其中 19 个为发达国家。

(3)老年人口比例达到或超过 10% 以上的国家有 74 个，10%～20% 的国家 47 个，发达国家 13 个，占 27.66%。

(4)老龄化程度 10% 以下的国家有 118 个，均为发展中国家。由此可见发达国家老龄化程度均在 10% 以上，明显高于发展中国家，但据统计近年发展中国家老龄化加深的速度明显比发达国家快很多。人口老龄化这一最开始主要涉及发达国家的问题，如今在发展中国家也越来越突出。

3. 发达国家老龄化状况

发达国家的老龄化正在加剧。据联合国统计，2010 年发达国家平均老龄化率(65 岁以上人口所占的比例)达到 15.9%。其中，日本的老龄化率为世界最高，达到 23.0%，意大利和德国均为 20.4%，其次是瑞典 18.2%、西班牙 17.0%、法国和英国 16.8%。美国为 13.1%，在发达国家中较低。

四、我国人口发展状况

1. 人口的发展和转变

20 世纪 50 年代以前，中国的人口再生产属于高出生、高死亡和较低自然增长的传统型，年龄结构年轻，不存在老龄化问题。中华人民共和国成立后，我国社会经济开始有较大发展，但人口出生率和总和生育率在前一段时间仍维持在一个较高水平上，因而在人口年龄结构上未出现老龄化的迹象。1953 年 60 岁及以上人口比例为 7.4%，1964 年为 6.1%(同年度 65 岁及以上人口比例分别为 4.41% 和 3.56%)，这表明，老年人口比例实际上在下降，人口年龄结构趋向年轻化。从 70 年代起出生率开始下降，从而使人口年龄结构逐渐从年轻型向成年型转化。

2. 老龄人口的发展

全国老龄工作委员会办公室 2006 年 2 月 23 日发布的报告显示，中国人口已经进入快速老龄化阶段，人口老龄化的压力开始显现。《中国人口老龄化发展趋势预测研究报告》指出，21 世纪的中国将是一个不可逆转的老龄社会。

从 2001 年 2100 年，中国的人口老龄化发展趋势可以划分为三个阶段：

第一阶段，从 2001 年到 2020 年的快速老龄化阶段。这一阶段，中国将平均每年增加 596 万老年人口，年均增长速度达到 3.28%，大大超过总人口年均 0.66% 的增长速度，人口老龄化进程明显加快。到 2020 年，老年人口将达到 2.48 亿，老龄化水平将达到 17.17%。其中，80 岁及以上老年人口将达到 3067 万人，占老年人口的 12.37%

第二阶段，从 2021 年到 2050 年是加速老龄化阶段。伴随着 20 世纪 60 年代到 70 年代中期的新中国成立后第二次生育高峰人群进入老年，中国老年人口数量开始加速增长，平均每年增加 620 万人。同时，由于总人口逐渐实现零增长并开始负增长，人口老龄化将进一步加速。到 2023 年，老年人口数量将增加到 2.7 亿，与 0～14 岁少儿人口数量相等。到 2050 年，老年人口总量将超过 4 亿，老龄化水平推进到 30% 以上。其中，80 岁及以上老年人口将达到 9448 万，占老年人口的 21.78%。

第三阶段，从 2051 年到 2100 年是稳定的重度老龄化阶段。到 2051 年，中国老年人口规模将达到峰值 4.37 亿，约为少儿人口数量的 2 倍。这一阶段，老年人口规模将稳定在 3 亿～4 亿，老龄化水平基本稳定在 31% 左右。80 岁及以上高龄老人占老年总人口的比重将保持在 25%～30%，进入一个高度老龄化的平台期。

3. 计划生育与人口老龄化

(1)人口老龄化是人类社会经济发展的必然趋势，各国概莫能外。人口老龄化是老年人口在全部人口中的比重不断提高的过程。人口老龄化作为人口年龄结构变化的一种过程和趋势，受到人口出生、死亡和迁移的影响。我国人口的国际迁移和流动规模较小，对人口年龄结构影响不大，因此出生率和死亡率从高水平向低水平的迅速下降是引发人口老龄化的重要因素。生育水平的下降，使得新生人口规模缩小，低年龄人口在总人口中的比重相对减少，相应地加大了 60 岁及以上老年人在总人口中的比重。老年人死亡率的下降、人口平均寿命的延长，又使得老年人的规模及其在总人口中的比重不断加大。可以说，死亡率下降、寿命延长是我国人口老龄化产生、发展的前提条件。人口老龄化是社会经济发展的必然趋势，任何国家都不例外，只是出现时间早晚、进展速度快慢、程度高低有所差异。在我国即使没有生育政策的干预，人口老龄化也终将随着社会经济的迅速发展而出现。

(2)控制人口数量与延缓老龄化进程是两难抉择，只能统筹解决。我国是世界第一人口大国，长期以来，人口数量庞大、分布不均、素质不高等问题一直是制约我国经济社会发展的"瓶颈"。因此，将严格控制人口增长放在解决各种人口问题的首要位置，是符合国情的选择，是一种客观要求。但控制人口必然会带来一些负面影响，比如会提高老年人口在总人口中的比重。对于这种两难抉择，我们只能从我国的基本国情出发，审时度势，选择最有利于我国经济社会发展的方案，而不能顾此失彼。30 多年来，我国政府一直在控制人口的同时密切关注并着力解决包括老龄化在内的各种人口问题。其过程大致可以分为三个阶段：

第一阶段：20 世纪 70 年代初到 20 世纪末。这一阶段我国人口战略的核心是严格控制人口增长。当时，新中国成立以后出生的数以亿计人口尚未进入老龄阶段，但中共中央在 1980 年发出的《关于控制我国人口增长问题致全体共产党员、共青团员的公开信》中，对严格控制人口的后果和可能出现的问题已经有所预见。这一阶段，由于实行了有效的控制生育政策，使得中国成为世界上生育率下降最快的国家之一，总和生育率由 1971 年实行计划生育初的 5.8% 下降到 20 世纪 90 年代初的更替水平（2.1%）以下。

第二阶段：2000 年，当我国计划生育工作取得巨大成就，生育率下降到更替水平的时候，中共中央、国务院同时颁布了两个决定。3 月，做出了《关于加强人口与计划生育工作稳定低生育水平的决定》；之后，鉴于人口老龄化的必然趋势和紧迫性，又于同年 8 月下发了《关于加强老龄工作的决定》，强调要充分认识加强老龄工作的重大意义，提出了老龄工作的指导思想、原则和目标。

第三阶段：2007 年年初，中共中央国务院做出《全面加强人口和计划生育工作统筹解决人口问题的决定》，将千方百计稳定低生育水平和积极应对人口老龄化一道提出来。这个过程说明，党和政府对于我国人口数量和年龄结构关系的认识是清醒的、及时的，也是高瞻远瞩的，做到了全面安排、统筹解决，决不像有些人所说的"中国计划生育全然不顾及后果"。

目前国内外大多数专家、学者都认同总和生育率处于 1.8% 上下、略低于更替水平，是我国逐步实现人口规模相对稳定的数量界限。但我国现实的人口情况是：人口数量依然庞大，人口的惯性增长还将持续一段时期，出生率反弹的危险还不能排除。《中共中央国务院关于全面加强人口和计划生育工作统筹解决人口问题的决定》指出："今后十几年，人口惯性增长势头依然强劲，总人口每年仍将净增 800 万～1000 万人。"世界上一些发展中国家的人口发展表明，人口惯性增长的转变往往需要很长的时间，有的国家可能长达半个世纪以上。当前我国的人口问题已不同于实行计划生育以前的人口问题，除了人口数量依然需要给予足够的重视外，人口质量、结构、流动迁移等问题比以前更为复杂多样，也需要得到充分关注。如果不能把低生育水平稳定住，解决各种人口问题会更加困难。人口规模的稳定是我们工作的关键所在；生育率达到并在较长时期处于更替水平是人口规模稳定的前提。只有如此，中国人口达到零增长的目标才可望也可即。这就要求我国的人口政策和生育政策必须保持相对稳定。把人口老龄化带来的负面影响都归罪于计划生育是不科学、不公平的。我国现阶段和今后一个时期进入老年的人口，都是实行计划生育以前就存在的人口，是过去高出生率和人类寿命延长的结果。计划生育的影响只体现在减少了出生人口数量，使老年人口在总人口中的比重提高。从长远来看，计划生育有助于减少未来老年人口的数量。因为现在新出生的人口少，60 年后的老年人口就少。必须指出，稳定低生育水平并不意味着生育水平越低越好。因为过低的生育水平会进一步加重人口老龄化的程度，造成未来社会中老年抚养比过大，不利于社会的可持续发展。必须综合考虑人口数量和人口年龄结构，既要控制人口规模，又要防止人口过度老龄化。要通过持续监测生育率的变化情况采取相应的对策，使我国适龄人口的生育水平既不过高，也不过低。

（3）在稳定低生育水平的基础上积极应对人口老龄化，处变不惊。过去，人口老龄化对我国的挑战并不突出，而人口规模过大对我国发展的全面影响却非常突出，必须优先解决。目前我国60岁及以上老年人口达1.44亿人，占总人口的11.03％，已进入老龄化社会。人口老龄化对我国发展和人民生活的挑战是严峻和紧迫的，必须提到重要议事日程上来。中国老龄问题首先需要解决的是，如何满足数量庞大而且还在日益增长的老年群体在物质生活、医疗保健、精神关怀等方面的需要。事实上，未富先老与资源不足的双重压力，才是我国人口老龄化问题的严峻性所在。与世界上很多国家相比，我国的老年人比重并不算高，但是，我国人口多、底子薄、耕地少、自然资源相对不足，难以满足1.44亿庞大老年人群的需求。而且，与一般人群相比，老年人的需求具有独特性，在医疗护理、精神慰藉等方面的需求比较强烈，这就对社会、家庭的经济资源、医疗资源、人力资源等方面提出了严峻的挑战。由于我国社会养老保障体系建立较晚，至今尚不完善，现在大多数的老年人在过去工作时没有进行养老积累或积累很少，在我国经济转轨和社会转型过程中，随着人民生活水平的迅速提高，老年人很容易陷入相对贫困状态。特别是我国过去长期存在着城乡二元结构，农村社会保障体系滞后，与城市老年人相比，农村庞大的老年群体在经济收入、医疗保障、生活照料等方面面临更突出的问题。计划生育政策一方面为减轻社会抚养负担、推动经济发展和提高许多家庭成员的素质、生活质量做出了重大贡献；另一方面，由于减少了子女数量，也在一定程度上弱化了我国家庭养老的功能。待独生子女一代进入婚育期后，"四二一"家庭（即四个老人、两个中青年人、一个孩子组成的家庭）或"四二二"家庭（即四个老人、两个中青年人、两个孩子组成的家庭）在养老方面的压力是比较大的。这种压力对于长期以家庭养老为主的农村地区尤为巨大。因此，必须未雨绸缪，切实为独生子女家庭未来的养老做好准备。积极应对人口老龄化，就要按照《中共中央国务院关于全面加强人口和计划生育工作统筹解决人口问题的决定》要求，制定和落实老龄事业发展战略规划和政策，把逐步建立覆盖城乡居民的养老保障制度作为社会保障体系建设的重点，构建以居家养老为基础、社区服务为依托、机构照料为补充的养老服务体系。农村要探索建立多种形式的计划生育家庭养老保险制度，有条件的地方，可建立政府、集体和社会共同参与的养老服务机构。城市要逐步完善社会统筹与个人账户相结合的基本养老保险制度，构建多层次的城镇养老保障体系，提高养老服务机构在城市规划中的比重，鼓励社会开办各种类型的养老服务机构。发扬敬老、养老、助老的良好社会风尚，大力弘扬子女赡养、家庭养老和邻里互助的传统美德。同时，大力发展老龄产业，建立满足特殊需求的老年用品和服务市场。

五、我国人口老龄化的现状及趋势

1. 我国老年人受教育程度低

(1)从国际比较看，我国受过良好教育的老年人口比例很低；(2)两性之间受教育程度以及文盲、半文盲率的差别是显著的，女性老年人受教育的程度明显低于男性老年人；(3)城乡之间老年人口受教育水平发展的差距主要是女性老年人口差距所致。

2. 我国老年人中女性老年人明显多于男性老年人

目前，老年人口中女性比男性多出 464 万人，2049 年将达到峰值，多出 2465 万人。21 世纪下半叶，多出的女性老年人基本稳定在 1700 万～1900 万人。多出的女性老年人口中 50％～71％都是高龄老年人。

3. 我国老年人的养老仍以家庭照顾为主

我国进入老龄化社会时，人均国民生产总值大约只有 1000 美元，呈现出未富先老、穷老并存的现象，由于经济实力不强、社会保障体系的不健全，加之我国传统的家庭养老的习惯，我们的养老模式还是以家庭照顾为主、回归家庭。

六、我国人口老龄化的特点

1. 老龄人口规模大

中国 60 岁以上老龄人口到 2020 年底已经达到 2.5 亿人，预计到 2050 年中国的老龄人口将超过 4.12 亿，约占中国总人口的 1/5，占世界老年人口的 1/4，老龄人口绝对数量居世界第一位。

2. 老龄化发展速度快

从 1982 年第三次人口普查到 2004 年的 22 年间，中国 60 岁以上的老年人口平均每年增加 302 万，年平均增长的速度为 2.85％，高于 1.17％的总人口增长速度。根据联合国人口署的资料，中国的老年比每五年平均增加的百分点，从 1997 年左右就超过了世界平均水平，也高于发达国家的发展速度。根据 2010 年第六次全国人口普查主要数据显示，65 岁及以上人口占 8.87％，比第五次全国人口普查上升了 1.91％。说明中国老龄化进程逐步加快。

3. 地区分布不均衡

中国人口老龄化的地区差异比较明显。根据 2010 年第六次人口普查的资料显示，北京、上海、天津、重庆四个直辖市和浙江、江苏、山东等中东部经济发达的省市人口老龄化的程度比较严重，而西部一些经济欠发达的省份如新疆、西藏、青海、宁夏等人口老龄化程度相对较小。地区之间老龄化程度的差异，预示着未来人口流动的加剧，人口老龄化在东部经济发达地区表现明显，这些地区经济发展对劳动力的需求旺盛，将通过吸引西部地区年轻劳动力的流入而得到满足。因此，劳动力跨区流动将减小地区间人口老龄化程度的差异。如果劳动力从不发达地区流入发达地区的速度很快，也有可能出现不发达地区老龄化更严重的情况。

4. 人口"未富先老"

中国人口老龄化是在社会进步和经济发展的情况下出现的。中国老龄化进程的加快，一是由于中国实行计划生育政策，造成人口出生率下降。二是由于随着科学技术进步，医疗条件改善，人的健康水平有了很大提高，使人的寿命延长，出生死亡率、自然死亡率大幅下降等多种原因造成的。人口老龄化与经济发展、人口出生率下降、人民寿命相对延长基本同步。但发达国家的人口老龄化都是在经济发达时期，经济承受能力强，而且及时建立了养老保险、医疗保险制度完善的社会保障体系。因此，即使在进入老龄化社会后出现一些问题，也不会对社会经济发展产生较大影响。然而对于中国而言，尽管经过三十多年的改革开放，经济有了很大的发展，但在人均 GDP、经济发展质量等方面与发达国家相比，仍有很大差距。预计到 21 世纪中叶，中国人口老龄化达到峰值时，人均 GDP 也只能达到目前中等发达国家的水平。这表明中国人口老龄化进程与经济发展不同步的矛盾还将持续一段时间，人口老龄化的迅速发展必然会给中国社会经济发展带来一些不利的影响。

5. 人口老龄化的发展呈现阶段性

综观中国人口发展，人口老龄化发展呈现四个不同发展阶段：1950 年到 1975 年为老年人口的平稳发展阶段。在此期间，人口老年比从 1950 年的 4.5% 变到 1975 年的 4.4%；1975 年到 2000 年为人口老龄化的前期阶段。这一期间，人口老年比从 1975 年的 4.4% 上升到 2000 年的 6.69%，初步进入老龄化阶段；2000 年到 2030 年为人口老龄化的调整阶段。在这期间，人口老龄化速度加快。老年人口比例年均上升 0.39%。对这一阶段又可分为两个小阶段，一是 2000～2015 年少年人口增长率较慢，劳动人口迅速增加，老年人口增长加快；二是 2015～2030 年少年人口开始减少，劳动人口也出现下降，老年人口迅速增加；2030 年到 2050 年为高水平人口老龄化阶段。在这期间老龄化速度开始减慢，但老年人口比仍保持在一个较高水平。

6. 高龄化显著

在人口老龄化的同时，老龄人口也在老龄化。2018 年 80 岁及以上老龄人口已达 3067 万人，并且高龄老人呈加快发展的趋势，高龄老年人口将以每年 5.4% 的速度递增。预计到 2040 年将达到 5600 万人，至 2050 年将达到 9448 万人。占老龄总人口的 21.78%，占世界老龄总人口的 1/4。

七、我国人口老龄化带来的挑战

1. 养老保障的负担正日益沉重。离休、退休、退职费用呈现连年猛增的趋势。政府、企业、社会都已经感到养老保障方面的压力正在显著加大。

2. 老年人医疗卫生消费支出的压力越来越大。据测算，老年人消费的医疗卫生资源一般是其他人群的 3～5 倍。基本医疗保险基金支出之所以高速增长，人口迅速老龄化是重要原因之一。

3. "为老"社会服务的需求迅速膨胀。目前，由于社会转型、政府职能转变、家庭养老功能弱化，"为老"服务业发展严重滞后，难以满足庞大老年人群，特别是迅速增长的"空巢"、高龄和带病老年人的服务需求。

4. 老龄化给我国农村带来的挑战更加严峻。农村新型合作医疗制度目前还处在试点阶段，农民的养老、医疗等问题都亟待解决。

八、人口老龄化的对策

1. 发达国家应对人口老龄化的经验

(1)鼓励生育,应对少子化,促进女性投入劳动力市场,保证劳动力持续供应

老龄化和少子化同时存在于老龄化社会,两者紧密相关且影响劳动力的供应。因此应对少子化是解决老龄化问题的一个重要方面。国外进入老龄化较早的国家从完善刺激生育的福利待遇和保障因生育而暂时离职的女性职工重返劳动力市场两个方面解决少子化和劳动力短缺问题。一方面,政府采取育儿津贴和带薪假期,向离职生育期间的女性提供一定的医疗、营养和薪资等补助和津贴,刺激女性的生育意愿。另一方面,政府加大公共福利在儿童教育、看护和医疗等方面的投入,推行并延长"爸爸月",缩短低龄儿童父母的工时,实行父母保险(即企业给父母双方带薪假期以照顾幼儿;保证因生育而暂时离职的女性能重回原工作岗位或者提供类似的工作等)等,以缓解家庭看护幼儿的压力,使父母双方兼顾工作和育儿的双重责任,保证女性职工能重回劳动力市场。

(2)延长退休年龄,保证老年劳动力来源,缓解政府养老金支付压力

国外主要老龄化国家普遍通过延长退休年龄的方法对退休年龄制度进行了改革。延长退休年龄,一般有两种方式:一种是提高领取退休金的最低年龄,将现行领取退休金的年龄向后延迟,相应延长工作年限;另一种是设立弹性退休年龄制度,即对不同退休年龄的老人给予不同数额的退休金,退休年龄越大,退休金数额也越大。日本、德国和法国等主要采用第一种方式延长退休年龄,如日本政府在 2006 年把领取养老金的最低年龄从 60 岁提高到 65 岁,法国在 2011 年将最低退休年龄从 60 岁提高到 62 岁,德国政府计划在 2011 年和 2018 年期间逐步将退休年龄从 65 岁提高到 67 岁。瑞典和美国等主要采取弹性退休年龄制度,如瑞典法定退休年龄为 65 岁,对于提前退休的 60~64 岁的职工,每提前一年退休减发退休金的 5%;65~70 岁的推迟退休的人员,每延迟退休 1 个月增发退休金的 0.6%;对于有经验且有能力继续工作的退休老人,政府为其提供做义工的机会并根据他们提供服务的多少增发一定比例的退休金。

(3)完善社会服务支撑体系,推行"以居家式社区养老为主,社会养老为辅"的养老模式

根据养老场所和居住方式的不同,养老方式可分为居家养老和机构养老。受老龄人口增加、女性就业率提高和年轻劳动力迁移影响,空巢老人数量不断增加,传统居家养老模式难以满足老年人的需求,而机构养老又受到老年人经济状况和传统养老观念的影响而在现实中难以被老年人接受。目前国外老龄化国家的养老模式主要以居家式社区养老服务模式为主,社会养老为辅。在以"家庭为基础,社区为依托,机构为支撑"的居家式社区养老的服务体系中家庭养老发挥着基础作用,但在个人和家庭无能为力的情况下引入社会化服务;政府负责采取相关激励政策引入市场机制实现项目建设及服务活动的社会化和产业化经营并协调参与建设和服务的各主体的利益关系;社区负责培育在宅服务人员并不断拓展服务业务范围为老年人上门提供帮助,服务内容主要有住房维修、日常照护、医疗保健和精神慰藉等。养老服务所需的资金来源在不同

国家会有所不同：如瑞典的养老服务带有很大的福利性质，服务费用主要由政府承担，但老年人如果想获得更好的服务就必须自己支付一定比例的费用，属于"国家负担型"；美国老年人养老服务所需的资金主要由个人承担，属于"个人负担型"即"投资人同时也是受益人"，这种"个人负担型"的资金来源方式也使得美国"以房养老"的发展在世界上最具代表性。

（4）建立多样化的养老金保障体系，保障老年人的基本生活

经过不断改革和调整，世界主要老龄化国家的养老保障体系逐步实现了从单一养老保障制度向多支柱体系的转变。目前这些老龄化国家的养老保障体系主要包括三种基本的保障制度：基本养老金制度、企业年金制度和个人储蓄养老保险金制度。其中，基本养老金制度是养老保障体系的重要基础，一般由国家按照统一政策规定向符合条件的人员支付；企业年金制度是养老保障体系的第二大支柱；个人储蓄养老保险是社会养老保障体系的重要补充。后两种制度对缓解国家养老金支付压力起到了重要作用。主要老龄化国家的基本养老金的资金都来源于政府，用于保障职工退休后的基本生活需要。各国也十分重视企业年金保障制度的建设和完善，如美国政府推出"整合企业年金计划"，把企业年金计划提供的养老金与公共养老金制度所提供的基本养老金进行协调。目前，美国企业年金的规模已经超过了国家管理的社会养老金规模。另外，美国不同运营规模的企业间养老金的资金来源不同；日本则依据国内劳动力结构，在不同的行业实行不同的养老金支付方式和资金分配比例，从而使得养老保障体系不仅具有"多支柱"的特点，还具有"多层次性"。

（5）开发老年人市场，发展老年产业，满足老年人的物质和精神文化需求

除应对人口老龄化对人口可持续发展、劳动力供应和社会保障体制带来的一系列挑战外，开发老年市场，发展"老年产业"是解决老龄化问题、促进经济发展的另一有效途径。国外发达国家的老年产业一般遵循"政府引导，市场化运作"的发展模式，即政府建立市场规范和行业标准，并采取相关的优惠和扶持措施，按老年人的消费需求引导企业向老年产业领域投资推动老年产业的社会化和产业化经营。目前，国外的老年产业主要包括以下几类：第一类是围绕老年人日常生活需求发展的产业，如老年餐饮、老年人用品生产（保健品、化妆品、服装、交通辅助用品、体育健身用品、生活辅助用品等）、老年房地产开发等；第二类是围绕老年养护形成的产业，包括老年公寓、养老院、老年保险、老年医疗康复用品生产、长期照护产业、医护人员培训等；第三类是满足老年人精神文化需求发展起来的产业，包括老年大学、老年旅游、心理咨询、老年图书馆、老年电视广播节目等。另外，由异地养老和跨国养老而带动的养老产业在一些自然环境良好、适宜老年人居住的地区逐渐兴起。

（6）注重法制建设，保障老年人的合法权益

为维护老年人的合法权益，保障与老年人有关的福利保障、产业发展政策等的有效实施和运行，国外主要老龄化国家建立了比较完善的法律体系及相关的管理机构。目前日本与老年人有关的法律体系由《国民年金法》《老人福利法》《老人保健法》等三大支柱及《介护保险法》组成；美国政府先后颁布《社会保障法案》（自1935年实施后经过多次修改与完善，目前已经形成了比较完整的养老保障制度，主要包括养老保险制度、

医疗保险与救助制度等），《美国老年人法》和《禁止歧视老年人就业法》等。管理机构的主要职能在于利用国家权力对法律的运行和实施进行监督和管理。如美国政府设立的专门管理老龄问题的机构包括老人问题管理署、政府老龄问题顾问委员会和社会保障总署；瑞典政府设有三个"地方公共保险法院"和一个"高级公共保险法院"，当公民应该享受的社会福利待遇的权利不能实现或受到侵犯时，可以向地方公共保险法院起诉；公民对地方法院判决不服时，还可以继续向高级法院申诉。

2. 我国人口老龄化的对策

人口老龄化是经济、社会、科技发展的产物。发达国家大部分早在 50 年前就已进入了老年型国家的行列，我们不必有"恐老症"。人口老龄化是一个影响许多领域的重要趋势，迎接人口老龄化的挑战，必须把它作为一个战略性的大问题全面规划。

(1)尽早建立和健全养老保险制度

中国养老保险制度的重要性在于：建立完善的养老社会保障体系，为广大参保职工和离退休人员提供适当水平的基本生活保障；它是国有企业改革和经济结构调整的迫切需要；有利于改善居民对改革的心理预期，增加即期消费，促进我国经济的持续、快速增长；是应对人口老龄化的需要。

(2)建立全覆盖的老年医疗健康保险制度，逐步实现健康老龄化

按照人的生命周期的生理演变，人的一生 80％的医疗费用在 60 岁以后。但目前大部分老龄人存在看病难的问题，主要因为医疗保险制度过度市场化和本身经济收入拮据，看病太贵，无钱看病，有了病也只能"硬撑着"。至于农村，合作医疗未能普及，许多地方缺医少药，农村老人看病更难。

要建立全覆盖的老年医疗保险制度。与总人口相比，现阶段的老年人具有高患病率、高伤残率、高医疗利用率的特点。老年人大多数都有慢性病，位于前五位的慢性病依次是：循环系统疾病、呼吸系统疾病、肌肉骨骼结缔组织疾病、消化系统疾病、眼及其附属器官疾病。身体机制的退行性改变以及疾病导致了老年期伤残及日常生活自理能力下降。76.7％的 60 岁以上老年人存在不同程度的视、听、语言、智力、肢体等功能方面的残疾，是总人口平均水平的 3.6 倍。因此，要为老年人提供基本医疗保险，满足他们的基本医疗需求，使老年人及其家庭不致因为疾病导致个人及家庭经济危机。另一方面，要注意面向社会、家庭和老年人进行健康教育，努力满足老年人的基本医疗需求。在农村要探索多种形式的健康保障，逐步建立城乡医疗救助制度。

要逐步实现健康老龄化。疾病和伤残并不是老年期的必然产物，通过努力完全和可以把它们压缩到生命最后的较短时期内，这是老年人及其家庭乃至老龄化社会的期望。在促进老年人的全面健康对策中，要在逐步妥善解决老年人物质生活的同时，强调并重视老年人的文化素养，提高老年人的生活质量，促使老年福利、老年教育、老年文化、老年体育等事业有一定的发展，为广大老年人安度晚年创造条件。

(3)要让老年人融入充满活力的经济社会生活，充分发挥老年人力资源优势的作用，并认识老年的价值，愉快安度晚年

健康寿命延长意味着工作年限的延长将成为可能，总的劳动力生产成本会下降。我国实行性别、职业差异的退休年龄制，与那些预期寿命与我国同水准的国家相比，

我国的退休年龄普遍较低。从而两种现象不可避免：一是退休人口大量隐性就业；二是退休时工龄越长养老待遇往往也就越优。后一现象也就意味着求学时间越长退休时比同龄人的养老金会更低，这既不公平也不合理。因此，实行弹性退休年龄制度，有利于老有所为，有利于身心健康和延年益寿。能有效合理使用人力资源，鼓励和引导老年人从事教育传授、社会公益、社区服务和老年服务等活动。变隐性就业为显性就业，既不新增就业压力，又能客观反映我国从业人员结构及就业状况，实现提高劳动年龄人口就业率目标向提高总人口就业率目标的过渡。有利于完善劳动力市场，开拓新的就业渠道。

(4)要尽快并认真建立农村养老制度

推广实施社会基本养老不仅在城市，即使在农村也日显其重要与紧迫。未来的我国养老问题，难点在农村，重点也在农村。广大农村，由于家庭规模逐步萎缩，子女数量持续下降，青壮年劳动力大量流入城市，农村人口老龄化的动态速度也在加快。由于农村老人数量极大，农民本身又有土地使用权，因此从主体来说，农村养老应以家庭为主，社会为辅，提倡老人自养，树立自我养老意识。对于农村"三无"老人（无生活来源、无劳动能力、无子女依靠），继续实行"五保"制度。对于遵守国家生育政策而形成的独子(女)户、双女户，继续推行计划生育养老保险。

还要积极推进社区养老建设，发挥社区养老功能。现在全国各地都在创造许多新的养老模式。以大连为例，就有机构养老、小型家庭养老院、日托养老、居家养老、管家养老、异地互动养老、合资养老等模式。有些取得了实效，将在全国推广。

(5)积极发展老龄产业，开拓老年消费市场

老年人口的特殊需求推动老龄产业发展。所谓老龄产业，就是指由老年消费市场需求增长带动而形成的特色产业，它包括所有有关满足老年人特殊需求的商品生产、销售和服务等经济活动。应对老龄产业的发展持积极乐观态度。我国老年人口绝对数多，老年消费市场规模庞大。我国人民生活水平逐步提高，城乡居民收入稳定增长。我国地区间差异大，需求层次多，为发展老龄产业提供了多种选择。社会化服务需求在增加。另外城市老人的消费潜力不可低估。

发展老龄产业的根本目的，是为了提高老年人的生活质量，而不仅仅是为经营者获利，为此，政府从多方面创造条件支持老龄产业发展，包括给予政策优惠和扶持。考虑到当前老年人口总体收入水平较低，对老年人生活服务市场政策中采取低税或免税优惠政策，使从事此类市场的经营者能有适当营利和拓展产业的能力。可见，经营老年产业，必须坚持社会效益与经济效益相结合。

应对人口老龄化社会的到来，还要树立和发扬尊老助老的社会风尚，提倡中国传统文化中优秀的孝文化：赡养父母和老人，对父母和老人要和顺，要尊敬父母和老人，要精心对待父母老人的生活和疾病。

中国人口老龄化是新的人口社会经济问题，是一种挑战，但并不可怕。西方的金融经济危机，不是人口老龄化惹的祸。人口老龄化不是经济发展的偃塞湖。全中国的老年人，全世界的老年人，一定会大有作为！

课堂互动

讨论：面对我国人口老龄化，你有什么样的对策？谈谈你身边的老年人是怎样养老的。

拓展阅读

一位老人，十个家庭

因为一位老人的一个电话，十个家庭都会被带动起来。

那两天，岳母都一副心事重重的样子，晚饭后，我们再三追问，她终于告诉了我们实情。原来两天前，岳母的父亲就打来电话希望她回家。

春节后，岳母就和我们一起来到北京，帮我们照顾两岁的儿子。我和老婆都是郑州人，按照两个家庭的计划，两边的老人将轮流"北漂"（小区里来照顾孙子的老人都戏称自己是北漂一族）照顾孩子。说来惭愧，生孩子前，我从来没想到自己也会以这种方式继续"啃老"，可现实逼人，我和妻子都要工作，孩子还不能上幼儿园，家里有老人，总归放心。

按照计划，再过两个月，岳母才会和我父母换班。

那个电话，让事情一下变得复杂起来。

岳母是家里的长女，在没有来北京照顾我儿子前，她一直是照顾父亲最贴心的人。她每天都会给姥爷按摩腿脚，聊天。

前两天，老人家在家里摔了一跤，想到最贴心的女儿，坚持让她回家。

岳母的父亲，我们喊他姥爷，今年即将 90 岁。照理说，姥爷最不该有养老问题，他有两女两男。在 1949 年前就参加工作，以高干的身份在 1985 年离休。离休后的工资，比郑州很多白领还高。

对于姥爷而说，困扰很多老人养老的金钱和医疗，都不是问题。问题是他已经习惯于高质量的老年生活——就像我们，现在的年轻人所希望的那样。

在岳母来"北漂"之前，轮班贴身照顾姥爷的是岳母、小姨和儿媳妇。岳母走了后，剩下两个人值班，精力明显跟不上。

回去还是留下，让岳母很为难。我们数了数，吓了一跳，她回去与否，需要通盘考虑十个家庭。

第一个家庭是我父母家。按道理说，岳母家里出了事，临时回去，我父母提前"上岗"最为合适。可此时，我母亲远在兰州照顾我 87 岁的姥姥。我姥爷在七年前过世后，姥姥就独自生活。姥姥家境平常，现在是居家养老，轮流由两个儿子和一个女儿照顾。三年前，她的大儿子，也就是我大舅患了脑梗，自己成了需要被照顾的人，只能退出照顾母亲的行列。

我母亲和小舅轮流照顾姥姥。小舅很仁义，承担了照顾姥姥的大部分重担，一年中，他照顾姥姥大半年，我母亲是小半年。

如果我母亲从兰州离开，就意味着我小舅需要顶上。可小舅此时远在珠海女儿家，照顾自己的外孙女。小舅的女儿，也就是我表妹，和我一样，都在大学毕业后，选择远离家乡出去闯荡。我们都是70年代末的人，自由选择是我们那个时代年轻人的共同梦想。我离开了郑州，她离开了兰州。直到我们都有各自的孩子，才意识到自由选择，离开家乡真正意味着什么。

表妹的老公家在农村，老人很不适应城市生活，照顾第二代的重任就落在小舅和舅妈身上。舅妈几乎是常驻珠海，小舅在兰州和珠海两地跑。如果我母亲离开兰州，小舅就必须回到兰州照顾我姥姥。可问题是，此时，小舅刚去了珠海不到两个月，此时就突然"召回"他，一是不合情理，二是让刚刚缓口气的舅妈，又面临独自照顾孩子的局面。

好了，我这边的家庭要通盘考虑五个：我父母家、我姥姥家、我小舅家、我大舅家、我表妹家。

我妻子那边，也是五个家庭。

我岳父并没有一同来北京，他是否可以去出把力照顾他的岳父呢？

不可以。我岳父，这时候也在照顾自己的母亲。他的母亲育有两子一女，养老方式是流动居家养老，这时候正好在岳父那生活。让岳父不去照顾自己的母亲，实在也说不过去。

除了岳母，姥爷还有三个孩子，一女两子，他们可不可以出把力照顾老人呢？

小女儿，我们叫她小姨，在姥爷摔倒这几天，恰好不在家。她跟着姨父回到姨父安徽老家，因为姨父的老母亲突然重病。姥爷摔倒后，小姨紧急飞回了老家，可那边她的婆婆随时有危险，关键时刻，她也不能总不在场。

大儿子，我妻子的大舅，唉，竟然和我大舅一样，也患了脑梗，60多岁的人，刚刚做了脑部手术，自顾不暇。

小儿子，我妻子的小舅。现在还在职，政府官员，每天忙得要命，只能让自己的妻子照顾老父亲。

这边涉及五个家庭：我岳父的母亲家、小姨家、姨父的母亲家、妻子的大舅家、妻子的小舅家。

后来，我们请了个保姆。无论怎样，两边的老人也都60多岁，自己也到了要养老的时候，让他们照顾孩子，总归过于辛苦。

姥爷后来情绪也恢复了些，不再要求岳母马上回家。一切似乎都回到了轨道，十个家庭，可以按照原本的节奏运行。

可每每想起此事，我都感慨良多。我父母和岳父母身体都不错，可未来几年内，他们的养老问题终会真正到来。

不像我们的上上一代，他们都多子多女。我有个姐姐，她留在了郑州，平时照顾父母多由她做，她还要照顾的是她的公婆；我妻子则是独生女，没有兄弟姐妹帮助。

我一直感谢姐姐，她没有离开家乡，让我对父母放心了很多。

迁徙、离开家乡，这个让太多年轻人趋之若鹜的社会潮流，对已到老年的父母们的养老，实在伤害太多。

古语说，父母在，不远游。可机会都在远方的大城市，让年轻人实在两难。

社会的潮流、不正常的体制、难以理解的规则，让我们这一代将面临更大的养老问题。那时候，也不会再有十个家庭联动了。在独生子女进入老年的时代，连家族背后的支持，都将是一个异常奢侈的事情了。

(http：//blog. sina. com. cn/s/blog _ 3f0afd9501017qco. html)

课后练习

【名词解释】

健康期望寿命

【填空题】

1. 人的生理年龄会随着生命年龄的递增而增长，也就是说机体的结构和功能会随着增龄而发生老化性改变。人们把这种变化分成四个阶段：0～19岁为生长发育期，20～39岁为成熟期，40～59岁为（　　　　），60岁以上为（　　　　）。

2. WHO将人的年龄界限又做了新的划分：44岁以下为青年人；45～59岁为中年人；60～74岁为年轻老人(the young old)；75～89岁为（　　　　）(the old old)；90岁以上为（　　　　）。

3. 我国老年人按时序年龄的划分标准为：45～59岁为老年前期即中老年人；60～89岁为（　　　　）；90～99岁为（　　　　），100岁及其以上为寿星，即长寿老人。

4. 基因突变论认为老化是（　　　　），造成老年人体内细胞的特性的改变，从而使细胞的功能发生改变。

【单项选择题】

1. 2010年我国人口平均预期寿命达到（　　）岁，比10年前提高了3.43岁。

    A. 74.83　　　　　　B. 70

    C. 72　　　　　　　D. 68

2. 关于老化的生理学理论以下错误的是：（　　）

    A. 免疫理论　　　　B. 长寿和衰老理论

    C. 人格发展理论　　D. 基因控制理论

3. 我国人口老龄化的特点不包括：（　　）

    A. 高龄化显著　　　B. 地区分布比较均衡

    C. 人口"未富先老"　D. 人口老龄化的发展呈现阶段性

4. 我国人口老龄化的对策以下哪个说法是错误的：（　　）

    A. 要让老年人融入充满活力的经济社会生活，充分发挥老年人力资源优势的作用，并认识老年的价值，愉快安度晚年。

    B. 在城镇建立老年医疗健康保险制度，逐步实现城镇人口的健康老龄化

    C. 尽早建立和健全养老保险制度

    D. 积极发展老龄产业，开拓老年消费市场

【能力体现】

结合实际，谈谈可以从哪些方面去发展老年产业及开拓老年消费市场。

参考答案：

【填空题】

1. 衰老前期　　衰老期　　2. 老老年人　　非常老的老年人或长寿老年人

3. 老年期，即老年人　　长寿期

4. 体细胞突变或细胞 DNA 复制错误引起损伤

【单项选择题】

1. A　　2. C　　3. B　　4. B

项目三　掌握老年人的身心特征

 学习目标

知识目标

1. 了解老年人生理系统的老化改变；
2. 熟悉老年人常见的健康问题及措施；
3. 掌握老年人的心理特点；
4. 熟悉老年人心理变化的影响因素；
5. 了解老年人心理发展的主要矛盾；
6. 掌握老年人常见的心理问题及维护和促进老年人心理健康的措施。

技能目标

能够在日常生活中观察到老年人在生理、心理方面发生的变化，发现问题并及时采取应对措施。

 情景导入

随着人们进入老年期，一方面，由于老化，人的各种生理功能都逐渐进入衰退阶段，形成老年期特有的生理变化；另一方面，老年人由于社会角色的改变、丧偶等生活事件，使他们必须努力去面对与适应。在面对和适应过程中，老年人常会出现一些特殊的心理变化，这些特殊的心理变化影响着他们在老年期的生活质量。沟通，需要人们去熟悉与了解老年人的身心特征，在这个基础上才能让沟通变得更通畅与有效。

任务一

了解老年期生理特点

案例呈现

> 　　王阿姨这两天看上去心情不是太好，原来是前天好久没照镜子的她突然发现自己的脸上多了几条皱纹，头上的白发好像也明显了，联想到原来轻轻松松就能爬上楼梯，最近也显得有点吃力了，王阿姨心里嘀咕：真的是岁月不饶人，唉，老了！

知识准备

　　顾名思义，老年期的典型特征就是"老"，人的老化、衰老首先都是从生理方面开始的，这种生理方面的衰老主要体现在人体的外表上和人体内部细胞、组织和器官以及各项功能系统的变化上。

一、老年期的形态变化

　　老年期形态上的变化包括细胞的变化、组织和器官的变化以及整体外观的变化。

　　1. 细胞的变化

　　老年人细胞的变化主要是指细胞数的逐渐减少，这一变化是人体衰老的基础。随着年龄的不断增长，死亡细胞数越来越多而再生细胞数却越来越少。生物学家研究认为，再生细胞数下降是导致人体衰老的主要因素。

　　人体衰老的最根本变化发生在细胞，它决定由亿万个细胞组成的人体不同组织、器官和系统的衰老进程。

　　2. 组织和器官的变化

　　由于老年人再生细胞的逐年减少，内脏器官会发生萎缩，重量减轻。据测定，70～75岁老人的脏器和肌肉细胞数目大约相当于20～30岁年轻人的百分之六十左右，脾脏和淋巴结的重量则为中年人的一半。器官在长期活动中的消耗和劳损也引起了功能减退。例如，心脏每时每刻都在不断地搏动，日久天长，就会使心脏的弹性减弱，心肌发生萎缩，功能不断衰退。

　　3. 整体外观的变化

　　老年人衰老的程度最直观的表现就是身体外观的整体变化。具体体现在以下几个方面：

(1)头发：头发变白是老年人最明显的特征。少数人在30岁之前有白发，随着年岁日增，白发的人数不断增多，70岁以后百分之百的人都会有白发。很多老年人还会出现脱发和秃顶的现象。

(2)皮肤：由于皮下脂肪减少，弹性减退，面部的皮肤随着增龄可出现皱纹。皮肤因皮脂腺分泌减少而变得没有光泽，粗糙，弹性减弱。由于脂肪和弹力纤维的消失，皮肤松弛，眼睑下垂，耳及腭部皮肤下垂。眼窝脂肪消失，可引起眼球凹陷。脂褐素沉积在皮下，形成突出的境界清楚、隆起的棕色斑，即老年色素斑。

(3)身高：人到老年，身高会逐渐变矮。老年人在增龄过程中身高下降，主要是由于椎间盘逐渐脱水变薄，出现萎缩性变化，脊柱缩短所致。据统计数据表明，50～90岁期间，男性身高平均降低2.5%，女性平均降低3.0%。老年人还会出现弯腰驼背等现象。

(4)体重：多数情况下，由于老年人再生细胞的逐渐减少，钙代谢异常导致内脏器官与骨骼变轻，从而使老年人体重减轻，变得清瘦。我国40～60岁男性体重下降3.3kg，女性下降4.1kg；60～80岁男性下降4.8kg，女性下降3.7kg。但是也有部分老年人，体重会逐渐增加，这是因为脂肪代谢功能的减退致使脂肪沉积，无法排出体外。女性在更年期内分泌功能发生退化后这种变化更为显著。

(5)其他：肌肉松弛，牙齿松动脱落，语速缓慢，耳聋眼花，记忆力减退，手脚哆嗦等。

需要说明的是，上述这些老年人生理特征的个体差异较大，不同体质，不同生活方式，不同营养条件，不同精神状态下的人体在进入老年期之后，所产生的变化也各有不同。同时，遗传因素和伤病因素也对以上的这些变化起着一定的作用，比如：脱发白发有着一定的遗传因素，一些家族有脱发遗传的人士，他们可能在很年轻的时期就头发稀少甚至秃顶，从而显得老相。再比如：重病在身或者大病初愈的人士，他们身体虚弱，精神不振，年纪轻轻却未老先衰。这些和年龄不相称的老化现象是一种病理表现，不能算做判断老年人生理特征的标准。

二、老年期生理功能的减退

在生理功能方面，老年人也表现出了明显的衰退趋势：

(1)贮备能力减少，一旦环境发生变化或出现意外事故而处于紧张状态时，机体就难以应付，从而影响正常的生理功能，老年人因此难以承担重负荷或应付意外事件。

(2)适应能力减弱，老年人机体多种生理功能的减退，往往导致内环境稳定性失调，而出现各种功能障碍，如短期内改变老年人的生活环境，可能会导致老人水土不服、肠胃不适、睡眠不佳等现象。

(3)抵抗力下降，容易患上某些传染性疾病、代谢紊乱性疾病、恶性肿瘤等。

(4)自理能力降低，随着机体的衰老，体力逐渐减退，老年人往往动作迟缓、反应迟钝，容易出现意外事故，如摔倒、割伤等。

在老化过程中，生理功能的降低也同样存在个体差异，衰退情况各不相同，而且，同一个个体的各个器官功能的衰退情况也不尽相同。但总的说来，机体的生理功能随年龄增长而发生的变化是有规律的，各个组织、器官系统将会出现一系列慢性退行性的衰老变化，并呈现出各自的特点。下面按照人体的功能系统，简单介绍老年人的主要器官功能的老化情况。

(一)心血管系统：包括心脏和血管的功能变化

心血管系统的老化一般从 30 岁开始。随着年龄增长，心脏重量逐渐增加，平均每年增加 1.0～1.5g，30 岁为 240g 左右，60 岁可增至 300g。部分老人的心脏可萎缩或保持不变。心脏随着老化进程，心肌逐渐萎缩、脱水，心瓣膜钙化，心脏变得肥厚硬化，弹性降低，这些变化使得心脏收缩能力减弱，不仅心跳频率减慢，心脏每次搏动输出的血量也会减少。心输出量随年龄增长而减少，到 80 岁时其功能减退约为 35%。心输出量降低，机体组织及心脏供血不全，特别对心脏本身的供血不全，加速了机体的老化；同时输送到各器官的血流量也减少，供血不足则会影响各器官功能的发挥。

另外，动脉硬化是心血管系统老化的又一重要特征。随着年龄增长，动脉弹性降低，动脉硬化逐渐加重，从而使机体主要器官——心、脑、肾的供血不足，导致相应功能障碍，还会引发高血压。冠状动脉硬化造成心肌供血不足时，就会引发冠心病。

(二)呼吸系统：主要包括肺脏和参加呼吸运动的肌肉与骨骼的功能变化

老年人的肺泡总数逐年减少，肺组织萎缩，柔软性和弹性减弱，膨胀和回缩能力降低，呼吸效能降低。另一方面，老年人出现骨质疏松，脊柱后凸，肋骨前突，胸腔逐渐趋于桶状，加上呼吸肌肉收缩力减弱，限制了肺脏的呼吸运动，造成肺通气不畅，呼吸幅度变小，肺活量下降。一般人到 70 岁时，肺活量可减少 25%，气体交换减少，换气效率降低，所以老年人从事强体力劳动和体育活动时，容易出现呼吸困难。

老年人的呼吸功能明显退化，肺的通气和换气功能减弱，造成一定程度的缺氧或二氧化碳滞留现象。气管、支气管纤毛运动减弱，呼吸道自卫能力降低，因而容易发生肺气肿呼吸道并发症，如老年慢性支气管炎、肺炎、肺癌等。

(三)消化系统：包括口腔和胃肠的功能变化

1. 口腔：老年人齿龈萎缩，牙齿组织老化，容易松动脱落。牙釉质逐渐丧失，容易磨损，导致龋齿、过敏。舌和咀嚼肌发生萎缩、运动能力减弱，咀嚼无力，碎食不全，使食物咀嚼时难以搅拌均匀，不能与消化液充分混合，影响食物消化。口腔内的唾液腺逐渐萎缩，分泌功能下降，唾液的分泌减少，消化酶等含量降低，加重了下消化道的负担。

2. 食管：由于食管肌肉萎缩，收缩力减弱，舒张幅度变小，使食物在食管内的蠕动幅度降低而使吞咽缓慢。

3. 胃：胃壁的血管硬化使供血不足，胃黏膜萎缩，胃液分泌明显减少，消化酶活性也有不同程度的降低。胃平滑肌随年龄增长而变薄或萎缩，收缩力降低，使胃蠕动减弱，导致消化能力减弱，容易引起消化不良，易患胃炎。

4. 肠道：老年人小肠重量减轻，收缩蠕动无力，黏膜上皮细胞减少或萎缩，使小肠的吸收功能明显减退。随年龄增长，小肠腺也逐渐萎缩，小肠液分泌减少，各种消化酶水平下降，导致小肠的消化功能也显著降低。大肠黏膜萎缩，黏液分泌减少，平滑肌层萎缩，张力降低，肠蠕动缓慢或不蠕动，容易造成便秘。

5. 肝、胆、胰腺：老年人的肝脏体积变小，重量减轻，血流量减少，肝细胞发生退行性改变，再生能力减退，合成白蛋白的数量减少，解毒功能降低。

胆囊及胆管黏膜萎缩，肌层变厚，弹性纤维减少，弹性降低，管壁松弛，导致收缩和排空能力减弱，胆囊充盈缓慢，胆汁黏稠，胆固醇增多，容易因胆汁积留而发生胆结石。

胰腺重量逐渐减轻，分泌功能下降，胰液分泌减少，酶量及活性下降，影响对脂肪的消化吸收。胰岛萎缩，胰岛素的分泌量也随之降低，是老年人容易发生糖尿病的原因之一。

(四)运动系统：包括肌肉、骨骼和关节的功能变化

1. 肌肉：随着年龄增大，肌纤维逐渐萎缩，数量减少，肌肉弹性降低，收缩力减弱，肌肉变得松弛，失去弹性，肌运动和腱反射减弱，使老年人动作缓慢，容易疲劳和腰酸腿痛，耐力减退，难以坚持长时间的运动。

2. 骨骼：骨骼中的有机物明显减少，无机盐增加，致使骨的弹性和韧性减弱；骨外层变薄、强度减弱，内层的松质骨多孔，骨小梁减少变细，导致骨质疏松，容易出现骨折。

3. 关节：关节逐渐发生软骨变性与骨质增生，关节囊和韧带因蜕变而僵硬，关节灵活性降低，活动范围减小，容易出现骨质增生、关节炎等疾病。

(五)内分泌系统：包括脑垂体、甲状腺、肾上腺、性腺和胰岛等内分泌组织的功能变化

老年人内分泌器官的重量随年龄增加而减少。一般到高龄时，脑垂体的重量可减轻20%，供血也相应减少。另一方面，内分泌腺体发生组织结构的改变，尤其是肾上腺、甲状腺、性腺、胰岛等激素分泌减少，可引起不同程度的内分泌系统的紊乱。例如，甲状腺功能减退，代谢水平降低，血中胆固醇含量增高，可使动脉硬化加重；肾上腺皮质功能减退，对外伤、感染等有害刺激的应激能力减弱；性腺萎缩常导致老年人更年期综合征的出现；胰岛 β 细胞的功能降低，以及细胞膜胰岛素受体的减少，可使血糖水平增高，易患糖尿病。

(六)神经系统：包括大脑和神经的功能变化

进入老年期后，人的大脑逐渐萎缩，脑重量减轻，脑细胞数相应减少，70岁以后老年人神经细胞总数减少达45%。老年人易患脑动脉硬化，导致血管供应区缺血。脑内某些中枢神经递质减少，引起记忆力减退。另外，老年人神经传导功能下降，传导减慢，对刺激的反应时间延长，对温觉和痛觉的敏感性降低，感觉减退、迟钝甚至消失，在日常生活中容易发生意外伤害。

这些改变标志着老年人的脑力劳动能力减弱，只能从事节律较慢的活动、负荷较轻的工作。由于神经中枢机能衰退，老年人变得容易疲劳、睡眠欠佳、睡眠时间减少。此外，由于脑功能失调而出现的智力衰退还易引发老年痴呆症。

(七)感觉系统：主要包括视觉、听觉、味觉、嗅觉、皮肤感觉等感官功能的变化

1. 视觉：老年人均会出现不同程度的视力障碍。比较常见的是远视(即老花眼)，主要原因是视觉感官的调节功能减退。此外，还会出现视野狭窄、对光亮度的辨别力下降以及老年性白内障等。

2. 听觉：老年人对声音的感受性和敏感性持续下降，表现出生理性的听力减退乃至耳聋。

3. 味觉：舌面上的味蕾数量逐渐减少，使得老年人味觉迟钝，常常感到饮食无味。研究表明，50 岁以前味蕾数约为 200 多个，70 岁时减少到 100 个以下。

4. 嗅觉：老年人鼻内感觉细胞逐渐衰竭，导致嗅觉变得不灵敏，而且对从鼻孔吸入的冷空气的加热能力减弱，因此老年人容易对冷空气过敏或患上伤风感冒。

5. 皮肤感觉：包括触觉、温度觉和痛觉。由于皮肤内的细胞退化，老年人的触觉和温度觉减退，容易造成烫伤或冻伤。另外，痛觉也会变得相对迟钝，以致难以及时躲避伤害性刺激的危害。

6. 其他：此外，老年人维持身体平衡的器官也出现功能减退，容易因失去平衡或姿势不协调而摔跤，造成意外事故。

总之，所有以上变化都标志着老年人感觉器官系统的老化，各种感觉能力和功能的衰退，他们对外界各种刺激往往表现出感受性较弱、反应迟钝等状况。

课堂互动

讲述自己观察到的老人的衰老变化，从身边最亲近的老人(比如父母、爷爷奶奶等)开始说起。

拓展阅读

有一天父母会变老

如果你在一个平凡的家庭长大；

如果你的父母还健在；不管你有没有和他们同住；

如果有一天，你发现妈妈的厨房不再像以前那么干净；

如果有一天，你发现家中的碗筷好像没洗干净；

如果有一天，你发现母亲的锅子不再雪亮；

如果有一天，你发现父亲的花草树木已渐荒废；

如果有一天，你发现家中的地板橱柜经常沾满灰尘；

如果有一天，你发现母亲煮的菜太咸太难吃；

如果有一天，你发现父母经常忘记关瓦斯；

如果有一天，你发现老父老母的一些习惯不再是习惯时……就像他们不再想要天天洗澡时……

如果有一天，你发现父母不再爱吃青脆的蔬果；

如果有一天，你发现父母爱吃煮得烂烂的菜；

如果有一天，你发现父母喜欢吃稀饭；

如果有一天，你发现他们过马路行动反应都慢了；

如果有一天，你发现在吃饭时间他们老是咳个不停，千万别误以为他们感冒或着凉，（那是吞咽神经老化的现象）；

如果有一天，你发觉他们不再爱出门…

我要告诉你，你要警觉父母真的已经老了，器官已经退化到需要别人照料了，如果你不能照料，请你替他们找人照料，并请你千万千万要常常探望他们，不要让他们觉得被遗弃了。

每个人都会老，父母比我们先老，我们要用角色互换的心情去照料他们，才会有耐心、才不会有怨言。当父母不能料理自己的时候，为人子女要警觉，他们可能会大小便失禁、可能会很多事都做不好，如果房间有异味，可能他们自己也闻不到，请不要嫌他脏或嫌他懒，为人子女的只能帮他清理，并请维持他们的"自尊心"。

当他们不再爱洗澡时，请抽空定期帮他们洗身体，因为纵使他们自己洗也可能洗不干净。当我们在享受食物的时候，请替他们准备一份大小适当、容易咀嚼的一小碗，因为他们不爱吃可能是牙齿咬不动了。

从我们出生开始，喂奶换尿布、生病的不眠不休照料、教我们生活基本能力、供给读书、吃喝玩乐和补习，关心和行动永远都不停。

如果有一天，他们真的动不了，角色互换不也是应该的吗？为人子女者要切记，看父母就是看自己的未来，孝顺要及时。

如果有一天，你像他们一样老时，你希望怎么过？

（http://www.kaixin001.com/repaste/20055031_714998656.html）

任务二
认知老年人常见的健康问题及处理措施

案例呈现

"路上有老人跌倒，扶还是不扶？"是近来一个比较受人关注的社会道德问题。但在道德问题背后，是老人因跌倒引发的严重后果：老年人跌倒最易发生骨折，骨折不仅对老年人生活及行动造成了不便，更有可能引发褥疮、坠积性肺炎等并发症，导致住院时间延长甚至危及老人性命。

知识准备

一、跌倒

跌倒是老年人最常见也是最严重的健康问题之一，在 65 岁以上老年人的死因中排在第六位。由于年老而引起的机体各器官生理功能的衰退，尤其是骨骼肌肉系统的生理性退化，骨质疏松，加上多数老年人患有各种慢性疾病、平衡功能失调，虚弱、眩晕、视力障碍、心悸、体位性低血压、药物不良反应（尤其是服用止痛药、抗高血压药和利尿剂等）、骨关节系统疾病等，都可导致身体平衡失调而跌倒。环境因素也是引起老年人跌倒的主要原因，如地面潮湿不平整，室内家具的摆放位置不合理，室内障碍物过多，缺少扶手，光线过于昏暗或过强，居住环境的改变如搬迁到新的环境等。跌倒后可发生软组织损伤、骨折、关节脱位等，严重的可导致脑部组织损伤、肢体瘫痪和意识障碍。跌倒造成的长期卧床可导致多种并发症，如压疮、栓塞、肺炎等。跌倒带来的严重后果，使老年人产生对再跌倒的恐惧，部分老人因此减少活动，使生活质量和自理能力下降。

预防与处理措施：

1. 积极防治可能诱发跌倒的疾病。

2. 清除易致跌倒的环境因素，改善环境。

3. 指导老年人进行步态训练，加强肌力，改变体位时速度要缓慢，行路不稳者加用合适的辅助工具：如拐杖、助步器。

4. 老年人穿着不宜过大过肥，鞋子应合脚、防滑。

5. 跌倒后要做详细体检。对软组织损伤按一般外伤处理，对疑有骨折或硬膜下血肿者送医院做进一步检查。

二、疼痛

疼痛是由感觉刺激而产生的一种生理、心理反应及情感上的不愉快经历，是老年人中最为常见的症状之一。疼痛并非老化的正常反应，往往提示一种或多种疾病。老年人的疼痛大多是内脏(如大脑、心脏、胃、肠等脏器)的急慢性疾病或肿瘤引起的疼痛，以及运动系统疾病造成的四肢关节、背部、颈部疼痛。老年人疼痛表现为：持续性疼痛的发生率高于普通人群；骨骼肌疼痛的发生率增高，疼痛程度加重；功能障碍与生活行为受限等症状明显增加。老年人疼痛经常伴有抑郁、焦虑、疲劳、睡眠障碍、行走困难和康复缓慢的特点。对慢性疼痛的忍耐性强者，可导致诊治的延误。持续的疼痛，可使生活质量明显下降，出现抑郁及残疾。疼痛常使老年人服用过多的药物，社会交往能力减退。

预防与处理措施：

1. 老年人以慢性疼痛常见，疼痛的治疗需要综合的干预措施(药物、非药物方法联合应用)以减轻疼痛、恢复机体的功能，并有效缓解病人的焦虑、抑郁、愤怒等不良情绪。

2. 老人的疼痛以慢性多见，药物治疗最好选择长效缓释剂。

3. 运动锻炼对缓解慢性疼痛非常重要，应鼓励老人保持一定的活动。

4. 纠正对疼痛的错误认识，及时采取措施有效控制疼痛。

三、便秘

便秘是指大便在肠腔内滞留时间过长，水分被过分吸收，排出过干、过硬的粪便，且排便困难。老年人因咀嚼能力下降，肌肉的收缩力下降以及机体对排便反应的敏感性降低等因素，易造成便秘。其他原因，如进食含纤维素的食物减少，食物过于精细或食量过少，水量不够，脂肪摄入过少；生活习惯不好，睡眠不足，情绪紧张、抑郁或过度激动；缺乏体力锻炼或年老体弱久病卧床；经常有意憋便，或经常服泻药等，均可引起便秘。

预防与处理措施：

1. 改正饮食习惯：食物中增加含纤维素较多的蔬菜、水果及豆制品、粗粮、杂粮，适当用些脂类食物。多饮水，每天 1500～2800mL，最好早晨空腹饮些白开水或加蜂蜜，注意补充维生素 B。

2. 合理安排生活：注意生活规律，避免长时间坐着工作，每天要有适量运动，注意膈肌、腹肌和盆腔肌的锻炼，进行腹部按摩。身体欠佳的老年人，可让家属帮助进行被动运动。有高血压、心脑血管疾患的老年人要避免用力排便，以防发生意外。

3. 养成每天排便的习惯。

4. 症状严重者，按医嘱使用缓泻剂，或用手指将粪便抠出。必要时给予灌肠，以缓解便秘腹胀的痛苦。

四、大便失禁

大便失禁是指在不恰当的时间或不合适的场合的无意识排便。老年人常因机体的老化，排泄系统的功能减退，肛门括约肌松弛，大脑皮质控制能力下降或因疾病导致意识障碍而发生失禁。失禁在老年人、重危病人及瘫痪卧床病人中发生率很高，不仅造成老人身体容易发生多种并发症，如褥疮、感染等，同时也给老人造成很大的心理压力，如忧郁、自卑，甚至自我厌恶等。

护理措施如下：

1. 根据老人失禁的原因，采取适当的措施，以减轻和改善失禁的状态。若经过各种努力后仍不能解决失禁的问题，就要使用失禁的用品。掌握卧床老年人排便的规律，定时给予便盆设法接便。

2. 保持会阴部及肛门周围皮肤的清洁干燥，防止发生破溃。及时更换尿垫、床单，排便后用温水清洗肛周、会阴，必要时使用油膏或消炎药涂擦。

3. 排泄频繁者应卧床休息，减少活动，减少能量的消耗。失水严重时，应及时补充水分，防止水、电解质失衡。

五、尿失禁

尿失禁是指老年人不能自我控制膀胱排尿功能，使尿液不自主地流出的现象。尿失禁可能由神经系统疾病、阻塞性损伤、泌尿系统感染、神经精神因素、环境因素所致，也可是年龄增长、排尿功能减退、膀胱容量减少、盆底肌肉组织松弛等原因造成的。女性老年人尤为多见，卧床不起的老人几乎半数以上都有尿失禁。尿失禁不仅损伤老年人的外阴皮肤，增加尿路感染的机会，还易使老年人产生心理压力，影响老年人正常生活。

预防与处理措施：

1. 改善老人日常生活能力，指导老人有意识地进行收腹提肛动作，以加强盆底肌肉的张力。

2. 告知老人应及时排尿，避免长时间憋尿。

3. 对尿失禁的老年人应指导其保持会阴部皮肤的干燥、清洁，以防局部皮肤因尿液刺激造成糜烂、破溃等。生活不能自理的老人可使用尿片或尿不湿，每天两次用温水清洗会阴部，并保持会阴的干燥。必要时，使用一些油膏或消炎药膏擦拭臀部及外阴部，防止发生压疮。

六、听力障碍

随着年龄增大听觉器官逐渐老化而出现的听力障碍，称为老年性耳聋。老年性耳聋是以双耳听力对称性、进行性下降，高频听力减退显著和语言分辨能力差为特征的感应性耳聋。除老化因素外，老年性耳聋还与遗传因素、长期高脂肪饮食、接触噪声、多年吸烟饮酒、使用了易损伤听力的药物、精神压力和代谢异常等有关，高血压、冠心病、动脉硬化、高脂血症和糖尿病等是加速老年性耳聋的重要危险因素。65岁以上老年人中约1/3有听力下降，75岁老年人几乎一半有听力障碍。老年性耳聋妨碍了老年人与他人沟通，常导致老年人孤独、抑郁，甚至加速认知功能减退。

预防与处理措施：

1. 建立健康的生活方式，清淡、低脂饮食，尤其要注意减少动物性脂肪的摄入。坚持体育锻炼，进行耳部按摩，使内耳的血液供应得到改善。避免过度劳累和紧张，避免戴耳机听音乐，避免经常挖耳垢，戒烟。

2. 创造有助于交流的环境，避免噪声刺激。

3. 定期做听力检查，及早发现治疗，必要时佩戴助听器。

七、视觉障碍

随着老年人年龄的增大会出现不同程度的视力下降、视物模糊等现象，这多数是生理性的衰老过程，也有部分是由于病理原因所致，糖尿病、心血管疾病和老年性眼科疾病可加重或促进老年人的视觉障碍。视力减退的主要原因为屈光不正和白内障，其次是青光眼、黄斑变性、视网膜病变等。视力障碍直接影响老年人的日常生活和身心健康。

预防与处理措施：

1. 定期接受眼科检查，及早发现问题，积极治疗眼科常见疾病和相关慢性疾病；

2. 创造良好的环境，方便老年人；

3. 爱护眼睛，避免用眼过度，必要时可佩戴眼镜；

4. 日常生活中要注意安全，防止意外伤害的发生。

八、皮肤瘙痒

皮肤瘙痒是由于皮肤释放的一些化学物质刺激皮内感觉神经末梢而出现的一种症状，多见于60岁以上的老年人。老年人往往因皮脂分泌减少，皮肤水分丢失增加，角质层内水合能力降低，汗腺和皮脂腺萎缩，分泌功能减退，皮肤表面水脂乳化物减少，导致皮肤干燥，从而诱发皮肤瘙痒。或继发于其他疾病，如糖尿病、肝胆疾病、肾病、甲状腺疾病、血液病、慢性胃肠病及恶性肿瘤等。有些皮肤感染、局部炎症也可发痒。瘙痒多发生于晚间入睡前，多为阵发性，持续时间不等。可为几分钟或长达数小时；常见部位为四肢和背部。皮肤瘙痒不仅会影响老年人的睡眠，同时会给老年人的生活带来烦恼和痛苦，甚至引发焦虑、失眠等。

预防与处理措施：

1. 积极治疗原发皮肤疾病。

2. 进行心理护理。

3. 进行健康教育，如：饮食宜清淡，忌烟酒、辛辣、刺激性食物；生活环境中温、湿度适宜；内衣用全棉衣料；瘙痒严重时只能用手轻轻拍打，不用手抓；沐浴次数不过勤、时间不过长、水温不过高、不使用碱性强的肥皂；在瘙痒局部涂抹护肤剂。

课堂互动

同学们二人为一组，一组扮演有各种健康问题的老年人，另一组对其进行相应的处理。

拓展阅读

疼痛也是一种病 治病莫要乱求医

浙江在线嘉兴频道健康栏目指导专家

嘉兴市第一医院医学博士、疼痛科主任 姚明

中国镇痛周来临，专家为您解读疼痛。身体某个部位长期疼痛，经过多方诊治都没有解决问题——如果您有这样的疾病，或许可以在医院疼痛科专家的帮助下告别苦恼。

疼痛科是我国自 2007 年夏才开始在各大综合医院创建的新的临床科室，不少人对这一"最年轻的"临床学科还比较陌生，但是，它的出现已经让许许多多患者摆脱病痛、恢复了正常生活。本周，是我国第十一个"镇痛周"，昨日，就疼痛科这一新兴学科的相关话题，记者专访了嘉兴市第一医院副院长、疼痛科主任姚明。

科学看待疼痛很关键

"疼痛虽然是最常见的一种身体感觉，但长期以来人们对疼痛及疼痛医学的认识还比较片面。许多人认为年纪大起来，总会东疼西痛，慢性疼痛不会致命，也没有好的治疗办法，所以，至今还有众多患者一直在忍受着疼痛的折磨。"姚明告诉记者，疼痛已被现代医学列为继呼吸、脉搏、血压、体温之后的第五大生命体征，慢性疼痛本身就是一种疾病，在人群中的发生率高达 25％。很多人对于疼痛医学和疼痛科还比较陌生，疼痛科作为与内科、外科并列的"一级诊疗科目"，综合了麻醉学、神经科学、影像学等相关知识和技能，针对患者某些部位的慢性疼痛，主要采用神经阻滞、微创神经治疗等技术进行治疗，让患者摆脱疼痛的苦恼。

造成人体疼痛的原因和病理异常复杂，正因为如此，疼痛医学相关研究发展较晚。其病理到底有多复杂，姚明主任用一个简单的例子给出了解释：一些因外伤而截肢的人士，完成截肢手术多年后，还可能不时感到已经不存在的脚趾部位在痛。"疼痛是一种意识，是人脑接收的一种信息。即使某个部位的肢体并不存在了，但大脑中仍可能储存有某种信息，并不时地在人脑中闪现，让人产生疼的感觉。人脑是人体最神秘的组织，我们对它的了解仍十分有限，这也是现代医学治愈某些疼痛疾病最大的障碍所在。"

长期以来，有些人对一些疼痛疾病不甚了解，病急乱求医，结果，病没治好，还常常耽误了治疗的最佳时机。姚明主任告诉记者，尽管如今医学科学已较为发达，但在嘉兴农村地区，用巫医方法治病的情况仍然残存。市第一医院的医生每个月都能遇到不少曾以巫术治疗"蛇缠腰"的患者。

"蛇缠腰",是一些人对带状疱疹的称呼。这种病发作时,腰部出现带状的红点或红色水泡,病人感觉非常疼痛。巫医治疗"蛇缠腰",无非是在疱疹周围抹上红墨水,皮疹处涂上纸灰、香灰、再念些咒语。这种方法毫无根据。免疫力较弱的老年人病情持续、加重的可能性很大。如不及时正确治疗,所产生的后遗症常常会让病人承受长期的剧痛折磨,严重影响生活质量。姚明说,带状疱疹是疼痛科诊治的一种常见疾病,治疗方法并不复杂,患者及时到正规医院治疗才是正确的选择。

疼痛可治观念渐入人心

俗话说,牙痛不是病,痛起来真要命。其实,一部分所谓的"剧烈的牙痛"并不是发生了牙齿的病变,而是"三叉神经痛"。姚明说,三叉神经位于人的颜面部,三叉神经痛是这组神经支配区反复发作的、阵发性、闪电样剧痛,因发作时疼痛程度严重,被称为"疼痛之王"。由于疼痛常波及牙齿,被误认为"剧烈的牙痛"。有不少人不明就里,甚至为了止痛去牙科拔牙。

"人们对于疼痛治疗的认识,不能停留在传统和表面上。对于一些晚期肿瘤,目前国际上还没有彻底治愈的方法,但通过疼痛科的微创介入治疗,可控制严重疼痛,显著提高生存质量。"姚明告诉记者,除了带状疱疹与三叉神经痛,疼痛科处置最多的还包括癌症患者的疼痛。"许多癌症患者晚期会面临巨大的痛苦。癌痛出现后,对于患者本人及患者家属而言,都是一种难以承受的折磨。关于安乐死的话题,多数都是由严重癌痛引发的。镇痛药虽然可以部分减轻癌症病人的这种痛苦,但常会出现严重的呕吐、便秘等副作用,对于病人而言,同样是一种煎熬。在病人身体状况允许的情况下用微创介入手段让其彻底摆脱癌痛,让这些无法治愈的癌症患者,能够享有生命的尊严,无痛地走完人生,对于患者无异于一种人道的关爱。"

"用新的思维、新的方法帮助患者,让疼痛病人减轻痛苦,保证生活的质量,一直是疼痛学科医务工作者努力的方向。"姚明说,七年多来,疼痛学科从业人员不断增加,医疗技术不断提高,诊疗领域日益扩展,学科得到了快速发展。疼痛医学和疼痛科正在被越来越多的患者所认识,包括糖尿病性神经痛、软组织疼痛、颈椎病、腰椎间盘突出症、雷诺氏病等多种疾病的患者已经知道,这一新兴临床学科能够帮助他们减轻、消除痛苦,像常人那样生活。免除疼痛,是患者的一种基本权利。疼痛科的出现,已经改变了以往"小痛科科看,大痛无人管"的状况。我们希望,随着疼痛医学的快速发展,通过中国镇痛周、世界镇痛日等主题宣传,"疼痛可治"的观念会进一步深入人心,让每一个人都能抛开疼痛!轻松生活!

(jx.zjol.com.cn,2014 年 10 月 16 日)

任务三
了解老年期的心理特点

 案例呈现

"我刚才放哪里了，好像就在这儿啊?"张大爷着急地在房间里转悠，原来是刚刚戴过的老花镜想不起来放到哪里了。这种事这两年在张大爷身上已经司空见惯了，记忆力的下降给老人的生活带来不少麻烦。

知识准备

一、老年人的心理特点

大量研究表明，老年期的心理变化伴随生理功能的减退而出现老化，使某些心理功能或心理功能的某些方面出现下降、衰退，而另一些心理功能或心理功能的某些方面仍趋于稳定，甚至产生新的适应代偿功能。老年人的心理变化是指心理能力和心理特征的改变，包括感知觉、智力和人格特征等。老年人的心理变化特点主要表现在以下几方面:

1. 智力的变化

智力是学习能力或实践经验获得的能力。老年人在限定时间内加快学习速度比年轻人难，老年人学习新东西、新事物不如年轻人，其学习也易受干扰。人的智力与个体因素(如遗传、身体状况等)、社会环境因素(文化水平、职业等)有密切关系。

2. 记忆的变化

随着年龄的增加，老年人记忆变化的总趋势是逐年下降的。但下降的速度并不一样，记忆衰退的速度和程度也因记忆过程和个体因素的不同而存在差异。老年人的记忆以有意识记忆为主，无意识记忆为辅，辨认能力尚好，回忆能力较差，表现在能认出熟人但叫不出名字。老年人靠理解意义保持的记忆较好，对于自己理解的材料的识记与青年人相比，没有多少差别;但机械记忆(如人名、地名、数字等)不如年轻人，对自己不理解的材料或无意义联系的材料记忆能力下降。另外，老年人在规定时间内速度记忆衰退。从提取过程来看，和回忆相比，老年人的再认能力下降得不是太多。老年人可以"知道"很多事情，只是不能很快把这些事情从大脑中提取出来。如果给他们一些提示，或者时间长一些，他们就能想起来。记忆与人的生理因素、健康、精神状况、记忆的训练、社会环境都有关系。

3. 思维的变化

思维是人类认识过程的最高形式，是更为复杂的心理过程，思维过程是对事物进行分析、综合、比较、抽象、概括的过程。老年人记忆力的减退，无论在概念形成、解决问题的思维过程，还是创造性思维和逻辑推理方面都对老年人产生了影响，而且个体差异很大。

4. 人格的变化

人到了老年期，人格（即人的特性或个性，包括性格、兴趣、爱好、倾向性、价值观、才能和特长等）也相应有些变化，如对健康和经济的过分关注与担心所产生的不安与焦虑，因各种能力下降产生的保守，因社会交往减少造成的孤独，因把握不住现状而产生的怀旧和易发牢骚等。这些变化是由于人的生物学老化，老年人"自我老化"，脱离社会，交往减少以及社会家庭等因素造成。所以，和睦的家庭、良好的社会环境是老年人安度晚年的基本保证。

5. 情感与意志的变化

老年人的情感和意志过程因社会地位、生活环境、文化素质的不同而存在较大差异。老化过程中情感活动是相对稳定的，即使有变化也是生活条件、社会地位的变化所造成的，并非年龄本身所决定的。

二、老年人心理变化的影响因素

1. 各种生理功能减退

随着年龄的增加，各种生理功能减退，并出现一些老化现象，如神经组织，尤其是脑细胞逐渐发生萎缩并减少，导致精神活动减弱、反应迟钝、记忆力减退，尤其表现在近期记忆方面。视力及听力也逐渐减退。由于骨骼和肌肉系统功能减退，运动能力也随之降低。

2. 社会地位的变化

由于社会地位的改变，可使一些老年人发生种种心理上的变化，如孤独感、自卑、抑郁、烦躁、消极等。这些心理因素均会促使身体老化。

3. 家庭人际关系

离退休后，老年人主要活动场所由工作场所转为家庭，家庭成员之间的关系对老年人影响很大，如子女对老年人的态度、代沟产生的矛盾等，对老年人的心理都会产生影响。

4. 营养状况

营养物质是维持人体组织与细胞的正常生理活动必需的，尤其是神经组织及细胞，更需要充足的营养。当营养不足时，常可出现精神不振、乏力、记忆力减退、对外界事物不感兴趣，甚至发生抑郁及其他精神及神经症状。

5. 体力或脑力过劳

体力及脑力过劳均会使记忆减退、精神不振、乏力、思想不易集中，甚至产生错觉、幻觉等异常心理。

6. 疾病

有些疾病会影响老年人的心理状态，如脑动脉硬化，使脑组织供血不足，使脑功能减退，促使记忆力减退加重，晚期甚至会发生老年性痴呆等。还有些疾病，如脑梗死等慢性疾病，常可使老年人卧床不起，生活不能自理，以致产生悲观、孤独等心理状态。因此，为了使老年人保持良好的心理状态，应加强锻炼以减慢各种生理功能老化，经常保持心情舒畅，坚定信念，培养情操，合理安排生活等都可促进良好的心理状态。

三、老年人心理发展的主要矛盾

1. 角色转变与社会适应的矛盾

这是老年人退休后带来的矛盾。退休、离休本身是一种正常的角色变迁，但不同职业群体的人，对离退休的心理感受是不同的。据对北京市离退休干部和退休工人的对比调查，工人退休前后的心理感受变化不大。他们退休后摆脱了沉重的体力劳动，有更充裕的时间料理家务、消遣娱乐和结交朋友，并且有足够的退休金和公费医疗，所以内心比较满足，情绪较为稳定，社会适应良好。而离退休干部的情况则不同。这些老干部在离退休之前，有较高的社会地位和广泛的社会联系，其生活的重心是机关和事业，退休、离休以后，从昔日紧张有序的工作中突然松弛下来，生活的重心变成了家庭琐事，广泛的社会联系骤然减少，并因无所事事的现状与他们强烈的社会责任感发生冲突而使他们感到很不习惯、很不适应。

2. 老有所为与身心衰老的矛盾

具有较高的价值观念和理想追求的老年人，通常在离开工作岗位之后，都不甘于清闲。他们渴望在有生之年，能够再为社会多做一些工作，退而不休、老有所为，便是这些老年人崇高精神追求的真实写照。然而，很多年高志不减的老年人，身心健康状况并不理想，他们或者机体衰老严重，或者身患多种疾病，有的在感知、记忆、思维等心理能力方面的衰退非常明显。这样，就使得这些老年人在志向与衰老之间形成了矛盾，有的人还为此而陷入深深的苦恼和焦虑之中。

3. 老有所养与经济保障不充分的矛盾

根据国外的一些研究，缺乏独立的经济来源或可靠的经济保障，是老年人心理困扰的重要原因。一般来说，由于缺乏经济收入，社会地位不高，这类老年人容易产生自卑心理。他们的心情也比较郁闷，处事小心，易于伤感。如果受到子女的歧视或抱怨，性格倔强的老年人常常会滋生一死了之的念头。所以，老有所养与经济保障不充分的矛盾，既是社会矛盾，也是心理矛盾。

4. 安度晚年与意外刺激的矛盾

老年人都希望平平安安，幸福美满地度过晚年，而且大多数老年人都希望健康长寿，但这种美好愿望与实际生活中的意外打击、重大刺激，往往形成强烈的对比和深刻的矛盾。当老年人突然遇到丧偶的打击，若是缺乏足够的社会支持，容易引发疾病，甚至导致早亡。除丧偶之外，夫妻争吵、亲友亡故、婆媳不和、突患重病等意外刺激，对老年人的心理打击也十分严重。

课堂互动

举例描述老年人的心理特点。

拓展阅读

"传奇奶奶"姜淑梅：从"文盲"到"网红作家"

▲姜淑梅老人在家中写作（9月24日 谢剑飞摄）

60岁学识字，75岁学写作，80岁学画画。到了82岁，她已写下近60万字，画了上百幅画，出版了5本书。

一头银发，笑意浮动，眼睛里散发出柔和慈善的光，讲话幽默风趣，还有一点出人意料的机智……在黑龙江省绥化市，"传奇奶奶"姜淑梅用自己精彩的后半生，实现了从"文盲"到"网红作家"的"逆袭"，让人们从这个"活到老、学到老"的普通老人身上，看到了人生难以预测的潜能，以及岁月和时代给予她的馈赠。

自写自画，6年出版5本书

"俺家门前一棵桃，青枝绿叶梢儿摇。开的桃花一样大，结的桃儿有大小。大桃摘了集上卖，小桃树上风来摇……"这首民谣简洁易懂，富含哲理，正是姜淑梅从山东老家收集整理而来的，当地人称作"小唱"。

两个月前，姜淑梅的第5本书《拍手为歌》出版，那些过去的歌谣和民俗故事，都汇成时光的河流在书中流淌。"会的人越来越少了，得赶紧记下来"，操着浓重的山东口音，她乐呵呵地说，"这里头的插图都是俺自己画的"。

6年前的秋天，姜淑梅的处女作《乱时候，穷时候》出版。书中的一个个故事短小精悍，情节生动。有评论说，姜淑梅书写的是从民国到新中国的乡土家族史，也是一部被战乱、死亡和饥饿浸泡的民族血泪史。

"每个字都钉在纸上，每个字都戳到心里"，"质朴的乡间叙述，不用华丽，就已动人"……姜淑梅收获了不少"姜丝"——粉丝自称，她也成了"网红作家"。

而在此之前，这个"大字不识一个"的老太太说想学写作，就连家人都不信。

姜淑梅回忆说，起初听说自己想跟着闺女学写作，向来沉默寡言的三哥笑得前仰后合。等书出版了，年过八旬的三哥流泪了，姜淑梅也激动得一宿没睡着。

"老了老了，俺还红火了，跟辣椒似的。"姜淑梅说，她从小最羡慕的就是"文化人儿"，但原先想学习没条件。

1937 年，姜淑梅出生在山东省巨野县。家境遭变，加上战乱，她白天做衣服，晚上纺棉花，根本没机会上学。后来为了糊口，一家人跟着乡亲"闯关东"。她和丈夫在黑龙江一家砖厂落脚，她做了半辈子临时工。等到老了，她又像"打补丁"一样给各个子女带孩子，哪里需要就去哪里……她的身上，中国传统女性的坚韧、奉献和任劳任怨，一样都不少。

写作的路一旦走通，姜淑梅的笔就像话匣子打开了。第二本《苦菜花，甘蔗芽》如同第一本书的姊妹篇，《长脖子的女人》收集了聊斋般的民间传说，《俺男人》记录了各种家族故事……

很多人想象不到，这个"高产作家"从没有属于自己的书房。

在家里，姜淑梅坐客厅沙发上，把沙发靠垫放平搁在腿上，再垫上一块毡子，她就开始"码字"。打印纸的背面、各类包装纸、小孩子的作业本、医院就诊手册……手边有啥就拿啥写，还有的书稿写在纸条上。

这样的"伏案"写作，在当代"网红作家"里是别具一格的。

"女儿是我的老师"

为何活到 60 岁又开始识字？

姜淑梅说，1996 年 9 月，老伴儿在一场车祸中意外去世，她一下子变得郁郁寡欢。担心母亲一蹶不振，女儿张爱玲想了个办法开导她："娘，你学认字吧。"

没想到，同年 12 月，在北京进修的张爱玲收到了母亲写的第一封信。这封信，是姜淑梅问别人学几个字就写下几个、一连写了一个多月才写完的。

张爱玲回忆说："娘不懂笔画，她不是写字，而是把每个字都当成一幅画，画出来的。"

为了识字，姜淑梅摸索出一些诀窍。她自己编歌词，让孩子们写在纸上，她照着一遍一遍地念。时间长了，自己编的歌会唱了，她也把字记住了。

别人上街问路，姜淑梅上街"问字"。广告牌、宣传单、公交站，还有看电视和小人书，只要看到不认识的字，她就张口问。

女儿张爱玲在绥化学院教书，也是一位作家。等妈妈认了不少字，女儿会把一些文学作品拿给她看。

"这个好看，有细节，真细。"姜淑梅赞不绝口，"我也有故事，我也要写。"

那时，姜淑梅已经 70 多岁，手颤颤巍巍，写出来的字笔画横不横、竖不竖，像锯齿一样，一天时间一句话都写不下来。挠磨了三五天，姜淑梅就不想练了。

"老人跟小孩一样，得靠哄。"张爱玲告诉她，"你写得挺好，我小时候学写字也这样，多练练就好了。"

也许是觉得时间宝贵，姜淑梅是个勤奋的学生。每天凌晨三四点，天还没亮，她就摸黑起床了。打开台灯，开始了一天的写作。除了吃饭、上厕所，她基本都在写，像入了迷似的，有时一天只睡 4 个小时。

姜淑梅有一个笔记本已翻得毛了边，这是她的"生字本"，也是"字典"。"撅折""裤子""簸子"……里面塞满了各种口语、土话里的生僻字，大大小小密密麻麻，"大的是张老师写的，小的是我'照葫芦画瓢'画下来的。"姜淑梅说。

对于姜淑梅来说，写字，就是写故事。

张爱玲告诉她："娘，你就当对面有个人坐着听你讲，你就想你要怎么讲，人家才能听懂。"

"写自己经历过的、熟悉的，但是别人又不知道的事，就能写成独家和特色。"这也是姜淑梅的"写作秘密"。她笔下少有废话，总是直截了当，讲最有意思的故事，讲故事里最好玩的细节。

有一次，姜淑梅写了一篇关于"闯关东"的文章。拿给女儿看后，被评说"没细节，一篇得分三次讲，写成三篇故事。"她便翻来覆去，来来回回改了三遍。在讲"大宿舍"的故事里，"要是侧身睡会儿，再想平躺就难了，旁边的人早把这点地方占了"，她用寥寥数笔就把几十户人家躺在两张大通铺的情形勾勒了出来。

"一是哄，二是教方法，三就是要严格要求。"张爱玲解释道，在她知道怎么写之后，就可以批评了，该重写就必须重写。

好故事靠出门"上货"

这些故事源源不断，是从哪儿而来？

姜淑梅说，有的是她在老家亲历的，有的是逃荒路上听来的，有的则从邻居、乡亲那里"勾"出来的。等把自己的故事写完了，就得去"上货"。

"人家说'采访''采风'，我不是知识分子，就说'上货'。我知道，山中有好货。"姜淑梅说。

她和女儿利用寒暑假回到山东老家，走访亲戚，找村子里的老人讲故事。有时候一个老人讲完了，还会介绍另一个老人讲，跟滚雪球似的，姜淑梅搜罗了不少"好货"。

录音笔、笔记本、笔，是姜淑梅的贴身三件套。火车上、扑克牌局，都是她"上货"的地方。她只要看到脑瓜儿聪明的、会说话的人，就问："你会讲故事吧？给我讲个故事吧？"有时遇到不知咋讲的人，她就先讲一个，把人家的故事"勾"出来。

就这样，她的写作半径，从自己的故事拓展到乡村的故事，又拓展到别人家族的故事。

但有时，"上货"并不容易。有的故事不精彩，她就不写了。有的人讲得虽好，但不让发表。还有的老人自己愿意讲，但儿女们不干。

"上货"过程中，姜淑梅有一种"危机感"。有一次，一个邻居老太太特别会讲故事，可等她过了几个月再去核实，怎么敲门都没应答，"人没了"。

把一沓沓手稿变成铅字，女儿是她的"第一编辑"。刚开始，姜淑梅写的没标点、没题目、没段落，这"三无产品"让人头大。张爱玲便边把文稿敲进电脑，边让母亲坐在一旁，和母亲一一核实，随时修改。

给母亲当编辑，张爱玲坚持一个原则，就是"原汁原味"，她所做的工作最多的就是改错别字和病句，删掉多余的话。

"娘写的故事，像刚出土的瓷器，可以去尘，但不能用力过猛，稍微把握不好力道，就容易碎了。"张爱玲说。

"不怕起步晚，就怕人偷懒"

有一天，张爱玲一进门，姜淑梅就说："你跪下。"

"我犯啥错了，娘？"张爱玲心头一紧。

"我说跪下你就跪下，别冲着我，侧着跪。"老人坚决地说。

张爱玲刚一跪下，姜淑梅就乐了起来："我说咋总画不对，这回明白了。"原来，姜淑梅在学画画，她用的笨办法就是照着实物"临摹"。

蜡笔、铅笔、水彩、墨汁，想用什么就拿什么。她画的多是民俗画，有的画还把书里的故事讲了出来，色彩鲜艳，很是有趣。

最近两个月，姜淑梅又拿起了毛笔，开始练书法。因为她曾"夸下海口"："等我老了的时候，要成为四个'家'——作家、画家、书法家、老人家。"

"不怕起步晚，就怕寿命短，千万别偷懒。"姜淑梅从没把写作、画画当成负担，而是"乐子"。

"娘操劳一辈子，其实是个典型的传统妇女。以前，她的天地很小，用她自己的话说，就是'整天围着锅台转'。现在生活条件好了，她不再拘泥于生活小事，开始为自己活。学认字，帮她推开一个看世界的窗口。学写作以后，这个窗口更大了，世界也向她走来了。"张爱玲说。

如今，每次接受采访或者参加活动，母女两人都穿旗袍，不同季节选择不同材质和花色，母女俩总被人夸"太好看了"。一次，一位英国作家对姜淑梅说："你不是文盲，你是女王。"

同样身为作家，张爱玲深感时代赋予娘的机会。

以往作品传播靠文学期刊、杂志、报纸，作品发表也有一定门槛，把一些文学爱好者挡在了门外。

"娘最初的习作就是由我贴到博客上，得到了多位作家朋友的认可，才有机会出书。"张爱玲说，近些年，不少像娘一样的草根作家都受益于网络，甚至掀起一阵民间述史热。

有人说，她写的故事复活了艰苦岁月，让人看了揪心。姜淑梅说："看俺的书，不要哭，不要流泪。事都过去了，要是没有这么多苦难，俺也写不出这些书。写以前的苦，是为了让年轻人珍惜现在的甜。"

"她在打捞历史，"张爱玲说，"但她不知道，她感兴趣的只是故事。"

（来源：新华每日电讯，2019年10月8日）

任务四
认知老年人常见心理问题及处理措施

 案例呈现

> 王奶奶原本是个积极向上的老人，可半年前老伴突发心梗，她也随之出现烦躁、坐立不安、爱哭等症状，常担心自己和老伴的身体和以后的生活。失眠，常常半夜两三点钟就起来，双眼发直地呆坐着；白天精力很差，什么都不想干，也不能照顾老伴；不想吃饭，人也消瘦了。家人带王奶奶到医院看病，做了许多检查也没发现异常。经过详细评估后，王奶奶被诊断患有老年抑郁症，并有较严重的自杀倾向。与家属协商后，王奶奶入院系统治疗。2个月后，她又变为原来那个乐观、积极的老人。

知识准备

一、老年人常见的心理问题

1. 焦虑

焦虑是个体由于达不到目标或不能克服障碍的威胁，导致自尊心、自信心受挫或失败感、内疚感增加，所形成的一种紧张不安带有恐惧性的情绪状态。焦虑是一种较为常见的情绪状态，每个人都避免不了会有焦虑的时候，适度的焦虑是一种正常的生理反应，能在人们处于危险时，激发人的潜能，有益于个体更好地适应变化。这种焦虑是一种保护性反应，也称为生理性焦虑。当焦虑的严重程度和客观事件或处境明显不符，或者持续时间过长时，就变成了病理性焦虑，称为焦虑症状。如果符合相关诊断标准，就会被诊断为焦虑症。

日常生活中，我们经常可以看到有些老年人心烦意乱，坐卧不安，有的为一点小事而提心吊胆，紧张恐惧。这种发生在老年人群中的焦虑称为老年焦虑，老年焦虑发展到严重的程度就会成为老年焦虑症，对老年人的健康有很大的影响。老年焦虑症原本是较易治疗的心理疾病，但因为容易被忽视而导致精神致残、自杀率高，成为老年健康的一大杀手。

焦虑症可分为急性焦虑和慢性焦虑两大类：

急性焦虑主要表现为急性惊恐发作。老年人会突然感到惊慌、紧张、惊恐、激动、心烦意乱、坐卧不安或有一种不舒适的感觉，常伴有潮热、大汗、口渴、心悸、气促、脉搏加快、血压升高、尿频尿急等躯体症状。严重时，老年人还会出现阵发性气喘、胸闷，甚至濒死感，并产生妄想和幻觉。急性焦虑发作一般可以持续几分钟或几小时，一般不长，经过一段时间后会逐渐趋于缓解。

慢性焦虑症表现为持续性精神紧张，焦虑程度也会有波动。老年慢性焦虑症一般表现为经常提心吊胆，有不安的预感，平时比较敏感、处于高度的警觉状态，容易发脾气、生闷气，生活中稍有不如意的事就心烦意乱，注意力不集中，健忘等。

焦虑比死神厉害

一天早晨，死神向一座城市走去，一个人问道："你要去做什么？""我要去带走100人。"死神回答道。

"太可怕了！"那个人说。"事实就是这样，"死神说，"我必须这么做。"

这个人跑去提醒所有的人：死神将要来临。

到了晚上，他又碰见了死神。

"你告诉我你要带走100人，"这个人说，"为什么有1000人死了？"

"我照我说的做了，"死神回答，"我带走了100个人，焦虑带走了其他的人。"

2. 抑郁

抑郁和焦虑一样，也是人的一种正常的情绪反应。当人遇到不高兴或伤心难过的事情就会表现出抑郁情绪，伤心落泪。但是这种情绪变化短时间就会过去，如果这种抑郁情绪持续超过两周，而且影响到正常的工作生活，就有可能得了抑郁症。抑郁症是一种比较严重的心理疾病，没有年龄的限制，任何年龄段都可能患抑郁症。它是老年期最常见的功能性精神障碍之一，抑郁情绪在老年人中更常见。现实生活中很多人都有抑郁症的隐患，只是很多没被及时发现，因此在抑郁症初期错过了治疗时机。

抑郁症状主要包括情绪低落、思维迟缓和行为活动减少三个主要方面。老年人抑郁表现特点为大多数以躯体症状作为主要表现形式，心境低落表现不太明显，称为隐匿性抑郁；或以疑病症状较突出，可出现"假性痴呆"等。

抑郁症通常表现为情绪低落，不想说话、不想动，对以往自己感兴趣的事缺乏甚至失去兴趣，少言少语，脑子里想的常常是悲观、不愉快的事情，对未来失去希望，觉得生活无意义，出现睡眠障碍，还常伴有不同程度的焦虑情绪。严重抑郁症老人的自杀行为很常见，也较坚决，如疏于防范，自杀成功率也较高。

忧郁三兄弟 打败抑郁症

地球上最搞笑的人，以前许是卓别林，现在大概是憨豆先生。

他俩都是抑郁症患者。

早年有个段子也这么说——理发师对一个愁眉苦脸的顾客说，你别这么愁苦，有个著名的喜剧演员来演出，去看看吧。顾客说，我就是那个喜剧演员。

喜剧演员患抑郁症的并不少见，比如金·凯瑞。像凌峰在《小丑》中唱的："启幕时欢乐送到你面前，落幕时孤独留给自己。"

幽默作家也有不少患抑郁症的。

阿尔特·布赫瓦尔德，美国幽默大师，《地球上还有生命吗》的作者，人称报界卓别林。

他一开口，一写文章，总能将人逗乐。但有粉丝跟踪过他几天，发现他独处时，就很不开心。他中年时两度患上抑郁症，差点自杀。

威廉·斯泰伦是《索菲的选择》的作者，写过《看得见的黑暗：抑郁症述忆》。

他患抑郁症后，酗酒到酒精中毒，后来戒了酒，调整中也差点自杀。他认为他的病因，是他13岁丧母之后的长期苦闷。但在著名作家库尔特·冯内古特眼里，他是个强壮、风趣的人物。

这两个人都那么幽默，文字那么搞笑，怎么会抑郁？

他们可能算不上"例外"。当年狄更斯的《匹克威克外传》，笑倒了千万人，可作者也患有抑郁症。还有马克·吐温，幽默小说大师，晚年也饱受抑郁症折磨。

2008年9月12日，大卫·华莱士自缢身亡。他是美国实力派作家，终年46岁，患重度抑郁症。

还有一个更出名的华莱士，迈克·华莱士，也患了抑郁症。

迈克是世界闻名的记者，美国哥伦比亚广播公司《60分钟》主持人。

1982年，他的节目播出纪录片《数不尽的敌人——越南骗局》，其中暗示陆军四星上将威廉·威斯特摩兰吹牛、欺骗总统和公众，上将一怒起诉，这是美国最大的诽谤案之一。华莱士饱受压力和公众质疑，名声大坏，遂抑郁成病，曾想过自杀。

"一开始我没法睡觉，然后没法吃东西。我绝望，又没法压制这种情绪，对所有事没了期望，疯了似的。"华莱士后来回忆，"最后我崩溃了，只能卧床休息。"

妻子带华莱士去看医生，医生说，如果你公开病情，你的形象就会受损。

他也不愿让人知道，将病情藏着掖着，只有家人、医生和两个好朋友知道。

"我是个公众人物，是公认的强硬和难以对付的记者，如果给人发现是个受抑郁症困扰的'可怜蛋'，我会感到羞耻。"他说，"因为我知道，这是多数人对这种病的看法。"

即使在美国，也有这么多人如此看待抑郁症。

所以著名艺术家安迪·沃霍尔患了抑郁症，但严厉反对别人说他，觉得"自己正被一件不存在的东西烦着是一种耻辱"。

华莱士并非对抑郁症一无所知，他曾做过这种病的节目。他还采访过肯尼迪总统的保镖克林特·希尔，希尔因总统被刺杀而患上抑郁症。

就算这样，华莱士也忌讳自己的病。

他是患病十年后公开病情的。

"随着时间流逝，我慢慢认识到，如果我能公开谈论我的病，也许能帮助别人更好、更正确地认识抑郁症。"他在回忆录《你我之间》里写道。

但他说，一些人想让他当抑郁症代言人，他还是很抵触的，只是同意偶尔在一些筹款会上发个言。在这些筹款会上，他遇到了罗莎琳·卡特，前总统卡特的妻子，她还是第一夫人之时，就投身于各种项目，以消除对抑郁症等疾病的偏见。

两人越来越熟，罗莎琳给了他很大鼓舞。

"几乎是一种怪诞而恐怖的巧合。"华莱士说。

那两个幽默的、患抑郁症的名人，阿尔特·布赫瓦尔德、威廉·斯泰伦，是华莱士两个最要好的朋友。

这三人常常一起受邀，出席那些为研究治疗抑郁症的筹款会，似乎形成了"抑郁症三人组"。

2004 年在亚特兰大的筹款会上，他们开始自称"忧郁兄弟组合"。有 800 多个捐助者听了这三个大名人与抑郁症作斗争的故事。

名人患抑郁症的故事非常多，可以列出长长长长一串名字：

牛顿、达尔文、居里夫人、爱因斯坦、安徒生、莫泊桑、托尔斯泰、陀思妥耶夫斯基、海明威、凡·高、毕加索、伍尔夫、萨松、J.K. 罗琳、腓力五世、林肯、丘吉尔、里根、拉宾、戴安娜、奥尔德林、伍迪·艾伦、波姬·小丝、三毛、翁美玲、张国荣……

超级阳光的美国前总统克林顿，还有他的妻子希拉里，也都患过抑郁症。

希拉里的家族也许有这种病的遗传基因，她叔叔曾因重度抑郁自杀未遂，后来抽烟失火而死。

克林顿与抑郁症作战的时间非常长。1980 年争取连任阿肯色州州长失败，严重抑郁；1987 年考虑竞选总统，后来宣布不参选，那段时间也严重抑郁；当总统时出了"拉链门"，严重抑郁；2005 年心脏支架手术后，据说又抑郁了。

有人曾经问华莱士：你最骄傲的事是什么？

"幸存。"他说。

"没有什么比找到自己的方式去对抗疾病更令人骄傲的了。"他解释道，"而我的方式就是坦诚面对自己、坦诚面对别人。同时我还学会了友善。"

"忧郁兄弟组合"三人，都得享遐龄。

斯泰伦 2006 年死于肺病时，已过了 81 岁生日。

布赫瓦尔德也超级坚强，因为肾衰竭，医生说他活不过三周，他硬活了一年多，才在 2007 年去世，当时还没到 82 岁生日。

华莱士 2012 年 4 月 7 日以 93 岁的高龄平静去世。

这忧郁三兄弟，是对抗抑郁症的典型事迹。

（来源：都市快报，2014 年 5 月 11 日）

3. 孤独

孤独在现实生活中经常被人提到，它是一种主观上的社交孤立状态，伴有个人知觉到自己与他人隔离或缺乏接触而产生的被疏远、被抛弃、不被接纳的痛苦体验。一般来说，短暂或偶然的孤独不会造成心理行为紊乱，但长期或严重的孤独可引发某些情绪障碍，降低人的心理健康水平。孤独感还会增加与他人和社会的隔膜与疏离，而隔膜与疏离又会强化人的孤独感，久之势必导致个体的人格失常。

孤独感的产生，通常与老人社会角色与家庭成员变化有关。老年人离退休后远离社会生活，儿女长大离家使老年家庭空巢，加上自己行动不便，与亲朋来往减少，这种人际交往的改变是老年人孤独感产生的主要原因，在失去配偶时孤独和寂寞表现得更加明显。除了这些客观因素外，还有老人主观上的原因，有些老人除了吃饭睡觉便是看电视，没有自己的兴趣爱好，更容易感到孤独。孤独的程度受个人性格及过去家庭生活形态是否和谐幸福等因素的影响。

孤独的老人精神萎靡不振，常常顾影自怜，有时偷偷哭泣，因孤独感而产生的烦躁无聊，在高龄老人中更为严重。孤独也会改变老年人的生活方式，如有些老人变得喜欢吸烟、酗酒，不爱活动等，不良的生活方式与心脑血管疾病、糖尿病等慢性疾病的发生关系密切，因而影响老年人的健康。老年人孤独感严重时还可以转化为抑郁症，出现自杀倾向。

"常回家看看"被写入法律

2013 年 7 月 1 日起，新修订的《中华人民共和国老年人权益保障法》施行，其中规定，家庭成员应当关心老年人的精神需求，不得忽视、冷落老年人。与老年人分开居住的家庭成员，应当经常看望或者问候老年人。这也被媒体解读为"常回家看看写入法律"，不常看望老人将属违法。调查表示，六成网友认为目前"空巢老人"面临的最大问题是心理孤独。

4. 自卑

自卑即自我评价偏低，也就是自己瞧不起自己，它是一种消极的情感体验。一个人形成自卑心理后，往往从怀疑自己的能力到不能表现自己的能力，从而怯于与人交往到孤独地自我封闭。本来经过努力可以达到的目标，也会认为"我不行"而放弃追求。当人的自尊需要得不到满足，又不能恰如其分、实事求是地分析自己时，就容易产生自卑心理。

老年人产生自卑心理的原因通常为老化引起的生活能力下降；疾病引起的部分或全部生活自理和适应环境的能力丧失；离退休后，角色转换障碍以及家庭矛盾等。

自卑心理最容易引发老年抑郁症这类心理障碍，给老年朋友的身心健康带来严重威胁，需要及时加以调整。

与成功失之交臂的弗兰克林

1951 年，英国女医生弗兰克林从自己拍摄 X 射线衍射的照片中发现了 DNA（脱氧核糖核酸）的螺旋结构。经过研究，她大胆地提出了假说，并以此为题做了一次很出色的演讲。

然而，许多人对她的发现提出质疑，怀疑她的照片的真实性和假说的可靠性。在这些压力下，弗兰克林也开始怀疑自己：作为一个普通医生，提出这样高深的理论问题，也许太不自量力了吧？她动摇了。于是，她公开否认了自己提出的假说，也没有再继续研究下去。后来，另外三位科学家在这个领域的研究中取得重大成果，并因此获得诺贝尔医学奖。然而，他们最初关于 DNA 结构研究论文的发表，是在 1953 年，比弗兰克林的发现晚了两年。

5. 失落

失落是原有的希望不能实现而产生的一种对生活失去信心的消极情绪，可能转变为孤独和抑郁等心理障碍。老年人由于社会角色的改变、家庭角色的改变、经济收入的降低、多病、丧侣等因素，心理上会产生一种失落感，从而表现出两种情绪：沉默寡语，表情淡漠，情绪低落，凡事都无动于衷；或者急躁易怒，易发脾气，对周围的事物看不惯，为一点小事而发脾气。这两种情绪均可引起一系列哀伤反应，影响老年人的心理状态。

性格开朗的老年人，较易通过心理调整，可重新找到自己生活中的位置，离退休后仍然做些力所能及的事，发挥余热，重新发现自我，从而克服失落感；性格内向孤僻，兴趣狭窄，不善交往的老人则难克服失落感。

6. 多疑

多疑是一种不良心理个性，表现为极度的神经过敏，遇事好疑神疑鬼。从心理学角度来看，多疑是一种不符合事实的主观想象，是一种消极的自我暗示。多疑的人，往往先在主观上假定某一看法，然后把许多毫无联系的现象通过所谓的"合理想象"拉扯在一起，用来证明自己看法的正确性。为了达到这一目的，他们甚至能无中生有地制造出一些现象，就像俗话所说的："疑鬼就有鬼"，"疑心多见鬼"。

多疑与猜疑不同，猜疑只是一般性的怀疑，这种怀疑有可能毫无道理，纯粹是神经过敏所致，但也可能有一定道理并符合客观事实。正常的猜疑，人皆有之，不属于心理问题。多疑则是猜疑的极端状态，绝大多数都是无端生疑。在日常生活中，我们遇到意料之外的事时，常常表现出猜疑、坐立不安等，一旦事情的原因搞清楚了，这种猜疑也就自行消失了，这属于正常的范围内的猜疑。而老年人感觉能力衰减，对外界认识造成困难，易于凭主观去猜测。多疑老人总是在自寻烦恼中苦熬，疑虑越积越深而不能自拔。

疑邻偷斧

有个人丢失了一把斧头，怀疑是邻居家的孩子偷的。他看看那孩子走路的动作，鬼鬼祟祟，像是偷了斧头；瞧瞧那孩子脸上的表情，慌慌张张，像是偷了斧头；听听那孩子说话的样子，吞吞吐吐，也像是偷了斧头。总之，那孩子的一言一行，一举一动，没有一点不像是偷了斧头的。不久，这个人在山沟里挖地的时候，找到他丢失的那把斧头。他再见到邻家的孩子时，看到孩子的动作神态，没有一点像是偷了斧头的了。

二、促进老年人心理健康的措施

1. 帮助老年人树立正确的健康观

老年人常对自己的健康状况持消极评价，对疾病过分忧虑，常常怀疑自己得了什么不治之症，甚至生病后还会产生濒死的恐怖感。如果过度担心自己的疾病和不适会导致疑病症、焦虑、抑郁等心理问题，加重疾病和躯体不适，对健康十分不利。因此，应当树立正确的健康观、生死观，保持乐观、豁达的心境，养成良好的生活方式，注意身心保健。

2. 指导老年人做好离退休的心理调节

老年人到了一定的年龄，从原来的工作岗位上退下来，这是一个自然的、正常的、不可避免的过程，离退休必然会带来社会角色、地位、人际关系等一系列的变动，对此，老年人应有足够的心理准备，正确看待离退休，为离退休作好心理上的准备。

离退休并不意味着人生之路已走到了尽头，而是人生新的开始，是人生的第二个春天。

3. 鼓励老年人勤用脑

老年人退出工作岗位后，仍然需要学习，学习不仅是老年人的精神需要，而且可以增长知识，活跃思维，开阔眼界，端正价值观等，同时也有益于身心健康。完全不用脑或很少用脑会导致脑力衰退，"勤用脑可以防止脑力衰退"。从这个角度来说，老年人也应该学习和用脑：应指导老人根据自身的具体条件和兴趣学习和参加一些文化活动，如阅读、写作、绘画、书法、音乐、舞蹈、园艺、棋类等，不但可以开阔视野、陶冶情操，丰富精神生活，减少孤独、空虚和消沉之感，而且是一种健脑、健身的手段，有人称之为"文化保健"。它既可以通过使用大脑来锻炼大脑的思维、逻辑、想象、识别、运算、感知觉等功能，而且由于大脑和眼睛、四肢等的并用，使人的感官和肌肉、关节都得到锻炼。因此，合理用脑既可以促进大脑健康，提高人的智力，也是一种适合老年人的健身方法。

4. 妥善处理家庭关系

家庭是老年人晚年生活的主要场所，老人的精神状态和家人的关系、家庭气氛息息相关，良好和睦的家庭气氛能使老人精神放松，有利于健康长寿，家庭的和睦是老年人身心健康的基础；相反，家庭不和、家庭成员之间关系恶劣对老年人的身心健康极其有害。

课堂互动

讨论老年人常见的心理问题。

拓展阅读

老年抑郁量表 (GDS)

老年抑郁量表 (GDS) 是由 Brank 等人在 1982 年创制，专用于老年人抑郁的筛查，针对老人一周以来最切合的感受进行测评。由于老年人躯体主诉多，所以许多老人其躯体主诉在这个年龄阶段属于正常范围，却被误诊为抑郁症。设计 GDS 是为了更敏感地检查老年抑郁患者所特有的躯体症状。另外，其"是"与"否"的定式回答较其他分级量表也更容易掌握，其 30 个条目代表了老年抑郁的核心。在对老年人的临床评定上，它比其他抑郁量表有更高的符合率，在年纪较大的老人中这种优势更加明显。

本量表为 56 岁以上者的专用抑郁筛查量表，而非抑郁症的诊断工具，每次检查需 15 分钟左右。临床主要评价 56 岁以上者以下症状：情绪低落、活动减少、易激惹、退缩、以及对过去、现在和将来的消极评价。但56岁以上主诉食欲下降、睡眠障碍等症状属于正常现象，使用该量表有时易误评为抑郁症，因此分数超过11分者应做进一步检查。

老年抑郁量表(GDS)

选择最切合您一周来的感受的答案，在每题后[　]内答"是"或"否"。

您的姓名(　)　　性别(　)　　出生日期(　)　　职业(　)　　文化程度(　)。

1.[　]　　你对生活基本上满意吗？

2.[　]　　你是否已放弃了许多活动与兴趣？

3.[　]　　你是否觉得生活空虚？

4.[　]　　你是否感到厌倦？

5.[　]　　你觉得未来有希望吗？

6.[　]　　你是否因为脑子里一些想法摆脱不掉而烦恼？

7.[　]　　你是否大部分时间精力充沛？

8.[　]　　你是否害怕会有不幸的事落到你头上？

9.[　]　　你是否大部分时间感到幸福？

10.[　]　　你是否常感到孤立无援？

11.[　]　　你是否经常坐立不安，心烦意乱？

12.[　]　　你是否愿意待在家里而不愿去做些新鲜事？

13.[　]　　你是否常常担心将来？

14.[　]　　你是否觉得记忆力比以前差？

15.[　]　　你觉得现在活着很惬意吗？

16.[　]　　你是否常感到心情沉重、郁闷？

17.[　]　　你是否觉得像现在这样活着毫无意义？

18.[　]　　你是否总为过去的事忧愁？

19.[　]　　你觉得生活很令人兴奋吗？

20.[　]　　你开始一件新的工作很困难吗？

21.[　]　　你觉得生活充满活力吗？

22.[　]　　你是否觉得你的处境已毫无希望？

23.[　]　　你是否觉得大多数人比你强得多？

24.[　]　　你是否常为些小事伤心？

25.[　]　　你是否常觉得想哭？

26.[　]　　你集中精力有困难吗？

27.[　]　　你早晨起来很快活吗？

28.[　]　　你希望避开聚会吗？

29.[　]　　你做决定很容易吗？

30.[　]　　你的头脑像往常一样清晰吗？

每个提示抑郁的回答得1分。(问题1，5，7，9，15，21，27，29和30回答"否"，其他问题回答"是"提示抑郁可能。)

课后练习

【名词解释】

尿失禁 焦虑

【填空题】

1. 老年期形态上的变化包括（   ）、（   ）、（   ）。

2. 老年人的心理变化特点主要表现在以下几个方面：（   ）、（   ）、（   ）、（   ）、（   ）。

3. 老年人心理发展的主要矛盾：（   ）、（   ）、（   ）、（   ）。

【简答题】

说明老年人常见的心理问题。

参考答案：

【填空题】

1. 细胞的变化　组织和器官的变化　整体外观的变化

2. 智力的变化　记忆的变化　思维的变化　人格的变化　情感与意志的变化

3. 角色转变与社会适应的矛盾　老有所为与身心衰老的矛盾　老有所养与经济保障不充分的矛盾　安度晚年与意外刺激的矛盾

项目四　与老年人沟通

 学习目标

⬤ 知识目标

　　1. 学习沟通心态的相关知识；
　　2. 学习与老年人有效沟通的步骤、与老年人沟通的三个环节与方式；
　　3. 掌握各种与老年人沟通的技巧与方法。

⬤ 技能目标

　　1. 能自觉培养与老年人进行沟通的心态；学会按照有效沟通步骤与老年人进行有效沟通；
　　2. 在与老年人进行沟通的过程中能灵活应用适合的沟通方式、把握各沟通环节的重点；
　　3. 能使用各种沟通技巧与方法与老年人进行有效的沟通。

 情景导入

　　　沟通无处不在，与老年人进行沟通不仅可以减少甚至消除误解、加强了解、联络感情、增进老人的健康，甚至可以打开老人的心结挽救老人生命。每个人都有自己的喜怒哀乐，都有着与别人不同的心理活动；高质量的沟通，让我们从心灵开始。一天某养老机构新入住一对夫妇，爷爷生活能自理，婆婆奄奄一息，入院时其子女和爷爷都介绍：婆婆不吃饭了，背上还有一个很深的压疮，全身多处骨折，也就是活一天算一天了，相当于临终护理，已经没有存活的希望了。经过观察与沟通，让婆婆重新看到了生的希望，养老机构经过精心的治疗与护理，老人活过来了。

任务一
养成良好的沟通心态

 案例呈现

> 李奶奶，76 岁，三无老人，现住在某公办养老机构。一天李奶奶突然生病了，经医生诊断为急性肺炎，需要立即输液治疗。当护士把所有输液治疗用的药物准备齐全后去给李奶奶输液时，李奶奶非常恐惧地说："这是什么，我不要，不要害我，我没病，一会儿就好了。"无论护士怎么解释，李奶奶就是不配合。

知识准备

沟通从心开始，心态决定未来；每个人都有自己的喜怒哀乐，都有着与别人不同的心理活动；高质量的沟通，必须从正确的心态开始。

在与人的交往中，我们需要有个什么样的心态，对于不同的人，我们也要有不同的心态与之交流。

父与子的对话(一)

子："上学真是无聊透了！"

父："怎么回事？"

子："学的都是些不实用的东西。"

父："现在的确看不出好处来，我当年也有同样的想法，可是现在觉得那些知识还是蛮有用的，你就忍耐一下吧！"

子："我已经耗了十年了，难道那些 X 加 Y 能让我学会修车吗？"

父："修车？别开玩笑了。"

子："我不是开玩笑，我的同学王明辍学学修车，现在月收入不少，这才有用啊！"

父："现在或许如此，以后他后悔就来不及了。你不会喜欢修车的。好好念书，将来不怕找不到更好的工作。"

子："我不知道，可是王明现在很成功。"

父："你已尽了全力了吗？这所高中是名校，应该差不到哪儿去。"

子："可是同学们都有同感。"

父："你知道不知道，把你养到这么大，妈妈和我牺牲了多少？已经读到高二了，不许你半途而废。"

子："我知道你们牺牲很大，可是不值得。"

父："你应该多读书，少看电视！"

子："爸，唉，算了，多说也没用。"……

父与子的对话(二)

子："上学真是无聊透顶了!"

父："你对上学有很深的挫折感。"

子："没错，学校教的东西根本不实用。"

父："你觉得读书对你没有什么用?"

子："对，学校教的不一定对我有用。你看王明，他现在修车技术一流，这才实用。"

父："你觉得他的选择正确?"

子："从某个角度看确实如此。现在他收入不错，可是几年后，或许会后悔。"

父："你认为将来他会觉得当年做错了决定?"

子："一定会的，现在的社会里，教育程度不高是会吃亏的。"

父："你认为教育很重要?"

子："如果高中都没毕业，上不了大学，也找不到工作。有件事我真的很担心，你不会告诉妈妈吧?"

父："你不想让你妈妈知道吧?"

子："跟她说也无妨，反正她迟早会知道的。今天学校举行阅读能力测验，结果我只有小学程度，可是我已经高二了!"

父："我有个构想，也许你可以上补习班加强阅读能力。"

子："我已经打听过了，可是每个星期要耗掉几个晚上!"

父："补习的代价太高了。"

子："而且我答应同学，晚上另有节目。"

父："你不想食言。"

子："不过补习如果真的有效，我可以想办法跟同学改期。"

父："你其实很想多下点工夫，又担心补习没用。"

子："你觉得会有效吗?"

(http：//blog.sina.com.cn/s/blog _ 693449df0100nvd8.html)

沟通从心灵开始。沟通的目的是要让别人明白你的想法，交流需要心与心的交流，才能走进对方的心理，才能做到真正的沟通。良好的沟通需要稳定的情绪和比较健康的心态，以及对于沟通对象的尊重。

一、养成敬人之心

尊重是一种礼貌，是架起人与人之间友谊的桥梁;尊敬别人是自己获得尊敬的前提，无敬人之心，必无受人之敬。只有尊重别人，才能把别人的话听进去，才能进入进一步的沟通程序。

平等是一切交往的基础，失去平等交流必然不会走进别人的心，失去平等的沟通，也必然产生不了很好的沟通效果。我们不能因别人的兴趣、爱好、人生观和价值观与自己不同而降低对别人的评价。

打　禅

据说，有一天苏东坡与老和尚一起打禅。老和尚问苏东坡："你看我打禅像什么？"苏东坡想了一下，并没有回答，同时反问老和尚："那你看我打禅像什么？"老和尚说："你真像是一尊高贵的佛。"苏东坡听了这一番话，心中暗暗地高兴。于是老和尚说："换你说说你看我像什么？"苏东坡心里想气气老和尚，便说："我看你打禅像一堆牛粪。"老和尚听完苏东坡的话淡淡一笑。苏东坡高兴地回家找家里的小妹谈论起这件事，小妹听完后笑了出来。苏东坡好奇地问："有什么可笑的？"苏小妹斩钉截铁地告诉苏东坡，人家和尚心中有佛，所以看你如佛；而你心中有粪，所以看人如粪。当你骂别人的同时，也是在骂自己。

（http：//guangzi-hu.blog.163.com/blog/static/19883018201132891 5221/）

二、养成宽容之心

宽容的心态，是梳理人际障碍的润滑剂，是人际交往中的一种艺术，也是立身处世的一种态度，同时也是人格的一种涵养。任何一句话都有其道理，人们往往不在乎某种道理，而是听其是否好听，俗话说忠言逆耳，有时候，不好听的话往往是最需要听的话。在沟通的过程中只要双方都认真地听，我们的沟通便会顺畅。

三、养成真诚之心

在与人交往的过程中，每个人都希望得到别人的真诚相待，要想得到别人的真诚，我们首先应当主动真诚地去对待别人。

弗莱明与丘吉尔

在英国的苏格兰，有一位贫苦农夫叫弗莱明，他心地善良，乐于助人。有一次他在田里耕作时，忽然听到附近的泥沼地带有人发出呼救的哭泣声，他当即放下手中的农具，迅速地跑到泥沼地边，发现有一个男孩掉进了粪池里，他急忙将这个男孩救起来，使他脱离了生命危险。两天以后，一位高雅的绅士驾着一辆华丽的马车来到了弗莱明所住的农舍，彬彬有礼地自我介绍说，他就是被救男孩的父亲，特此前来道谢。这位绅士表示要以优厚的财礼予以报答，农夫却坚持不受，他一再申明："我不能因救了你的小孩而接受报酬。"正在互相推让之际，一个英俊少年突然从外面走进屋来，绅士瞥了一眼便问道："这是你的儿子吗？"农夫很高兴地点点头说："正是。"绅士接着说道："那好，你既然救了我的孩子，那就也让我为你的儿子尽点力，让我们订个协议吧，请允许我把你的儿子带走，我要让他受到良好的教育。假如这个孩子也像他父亲一样善良，那么他将来一定会成为一位令你感到骄傲的人。"鉴于绅士的诚心诚意，农夫只好答应了他的提议。

绅士非常讲信誉，重承诺，不但把农夫的孩子送到学校读书，而且还供他到圣玛利医学院上学，直至毕业。这个农夫的孩子不是别人，他就是后来英国著名的细菌学家亚历山大·弗莱明教授。他于1928年首次发明了举世闻名的青霉素，后来又经过英国病理学家弗洛里和德国生物学家钱恩的进一步研究完善，于1941年开始用于临床，并于1943年逐渐加以推广。青霉素被公认为是第二次世界大战中与原子弹和雷达相并列的第三个重大发明。

而上面提到的那个绅士便是英国上议院议员丘吉尔，他那个被农夫救起的儿子后来成了英国著名的政治家，二战时期的首相丘吉尔爵士。

谁也没有料到，一个农夫救起一个素不相识的孩子对后世会发生如此重大的影响，他自己的儿子也因此而获得受高等教育的机会，日后竟然会成为英国著名的细菌学家和青霉素的发明者。丘吉尔首相在二战中的卓著功勋无须赘述，弗莱明教授发明的青霉素也不知拯救了多少过去根本无法拯救的生命，真是为全人类造福不浅。从这个意义上讲，那位行善积德的农夫弗莱明所得的报酬是最高和最优厚的，也可以说是举世无双的！

四、养成平等之心

社会中，有人地位高，有人地位低；有人富有，有人贫穷。但从人格上讲，每个人都是平等的。因此，平等待人，是人与人相处时应该持有的一种正确态度。

俄国作家屠格涅夫有一次在街上散步，一乞丐跪倒在地求道："先生，给我一点食物吧。"屠格涅夫寻遍全身无一点可充饥之物。只好说："兄弟啊！对不起！我没带吃的！"这时，那乞丐站起身，脸上挂着泪花，紧握作家的手说："谢谢你！我本已走投无路，打算讨点吃的后就离开这个世界。您的一声'兄弟'让我感到这世间还有真情在，它给了我活下去的勇气。"

五、养成自信之心

美国作家艾默生说过："自信是成功的第一秘诀"。在与他人进行沟通时，自信的程度可以在很大程度上影响着别人对你的态度，如果自己都看不起自己，那么你让别人怎么赏识你。增强自信心，克服自卑感，是我们在沟通过程中必须学习的课程。

小泽征尔胜于自信的故事

小泽征尔是世界著名的交响乐指挥家。在一次世界优秀指挥家大赛的决赛中，他按照评委会给的乐谱指挥演奏，敏锐地发现了不和谐的声音。起初，他以为是乐队演奏出了错误，就停下来重新演奏，但还是不对。他觉得是乐谱有问题。这时，在场的作曲家和评委会的权威人士坚持说乐谱绝对没有问题，是他错了。面对一大批音乐大师和权威人士，他思考再三，最后斩钉截铁地大声说："不！一定是乐谱错了！"话音刚落，评委席上的评委们立即站起来，报以热烈的掌声，祝贺他大赛夺魁。

原来，这是评委们精心设计的"圈套"，以此来检验指挥家在发现乐谱错误并遭到权威人士"否定"的情况下，能否坚持自己的正确主张。前两位参加决赛的指挥家虽然也发现了错误，但终因随声附和权威们的意见而被淘汰。小泽征尔却因充满自信而摘取了世界指挥家大赛的桂冠。

尼克松败于不自信的故事

尼克松是我们极为熟悉的美国总统，但就是这样一个大人物，却因为一个缺乏自信的错误而毁掉了自己的政治前程。

1972年，尼克松竞选连任。由于他在第一任期内政绩斐然，所以大多数政治评论家都预测尼克松将以绝对优势获得胜利。

然而，尼克松本人却很不自信，他走不出过去几次失败的心理阴影，极度担心再次出现失败。在这种潜意识的驱使下，他鬼使神差地干出了后悔终生的蠢事。他指派手下的人潜入竞选对手总部的水门饭店，在对手的办公室里安装了窃听器。事发之后，他又连连阻止调查，推卸责任，在选举胜利后不久便被迫辞职。本来稳操胜券的尼克松，因缺乏自信而导致惨败。

六、养成同理之心

同理之心是指在与他人交往的过程中，能够站在他人的立场去体会他人的感受，站在他人的立场去思考和处理问题。"己所不欲勿施于人"以及"将心比心，心同此理"强调的就是同理之心，用自己的心去推理别人的想法，自己希望怎样，其实别人也是希望怎样的，自己不愿意的别人也同样不愿意。无论在生活还是工作中，凡有同理心之人，都善于体察他人的意愿，乐于理解和帮助他人，这样的人也最受大家的欢迎，也最值得大家的信任。

不吸烟

病房里，住进了一个患有肺脓肿的孩子，他只有5岁左右，医生给他下了雾化吸入的医嘱，护士老师带着雾化吸入器和药水去了孩子的床前，准备给孩子进行雾化吸入的治疗，孩子觉得好玩就吸了一口，紧接着就不愿意了，怎么说都不愿意，给玩具不行，给糖也不行，每次都是边哭边说，我不吸烟，我不吸烟！怎么解释都没用。这一天，轮到我去给那个孩子做雾化了，听了前面老师们的介绍，我也就抱着试试的心态去了病房。当我走进病房的时候，发现孩子斜躺在病床上，无助地看着周围的大人，我走过去就轻轻地对他说："小弟弟，你真乖！在床上躺着很不舒服，是吧？"

"嗯"，小孩看了我一眼答道。

"来，我们坐到椅子上舒服点好吗？"我问道。

"嗯。"小孩又答了一声。

"吸烟烟有一点点苦，但是只吸一会儿。吸了烟烟后呢，身体会舒服一些，病病呢就会好一点点。咱们吸烟烟好吗？"

"嗯。"孩子居然就这样答应了。

然后，我就把他抱到椅子上，顺利地完成了这次工作。自那以后，这个孩子每一次做雾化吸入都只要我去帮他。

　　这个故事发生在17年前，我当时只是一名刚进入临床实习的学生，那时的我不懂什么是同理心，只知道把孩子可能会想到的但是无法表达出来的想法说了出来，理解他的想法，这样就获得了孩子的认可与配合。在后来的工作中我也用同样的方法对待我的服务对象，他们中有年龄大的、有年龄小的；有学生、有老师；有专家、有教授；有男的、有女的。不论是谁，我们都站在他们的角度去体会他们的感受，然后给予理解与支持，关心与爱护，往往都能收到较好的效果。

课堂互动

　　讨论：案例中，为什么护士无论怎样对李奶奶解释，李奶奶都不配合？护士应该以什么样的心态去与李奶奶沟通？

拓展阅读

沟通心态测试

请根据自己的实际情况回答下列问题：

1. 你现在对自己抱有信心吗？
　　不是　　基本不是　　说不准　　基本是　　是

2. 当你情绪不好时，你会进行调解吗？
　　不是　　基本不是　　说不准　　基本是　　是

3. 你有明确的人生目标吗？
　　不是　　基本不是　　说不准　　基本是　　是

4. 你有业余爱好吗？
　　不是　　基本不是　　说不准　　基本是　　是

5. 对于生活中出现的问题，你能往积极乐观的方向想吗？
　　不是　　基本不是　　说不准　　基本是　　是

6. 你经常进行体育锻炼吗？
　　不是　　基本不是　　说不准　　基本是　　是

7. 当事情没做好时，你也不因为此否定自己吗？
　　不是　　基本不是　　说不准　　基本是　　是

8. 你能以幽默的态度对待生活中的许多事情吗？
　　不是　　基本不是　　说不准　　基本是　　是

9. 你能不过分关注自己的心理问题或症状，而去做你该做的事情吗？
　　不是　　基本不是　　说不准　　基本是　　是

10. 你的惧怕心理越来越少，胆量越来越大吗？
　　不是　　基本不是　　说不准　　基本是　　是

11. 你只关注着自己的进步，而不和别人盲目比较吗？

　　不是　　基本不是　　说不准　　基本是　　是

12. 你能把学到的理论运用于自己的生活实践吗？

　　不是　　基本不是　　说不准　　基本是　　是

13. 你是否认为你应该对自己的人生负责，而不应该归咎于父母等外界因素？

　　不是　　基本不是　　说不准　　基本是　　是

14. 你有可以相互交流、相互倾诉、相互帮助的朋友吗？

　　不是　　基本不是　　说不准　　基本是　　是

15. 当别人提出你不愿意接受的要求时，你敢不敢加以拒绝？

　　不是　　基本不是　　说不准　　基本是　　是

16. 你是否能理解别人和关心别人？

　　不是　　基本不是　　说不准　　基本是　　是

17. 你是否能静下心来专心地做事？

　　不是　　基本不是　　说不准　　基本是　　是

18. 你对生活充满热情而不是无聊消沉吗？

　　不是　　基本不是　　说不准　　基本是　　是

19. 你已明确了自己的长处和短处并能辩证地看待吗？

　　不是　　基本不是　　说不准　　基本是　　是

20. 你能保持对外界的关注，而不是盯着自己的心理症状吗？

　　不是　　基本不是　　说不准　　基本是　　是

21. 你对自己出现退步或反复能加以宽容吗？

　　不是　　基本不是　　说不准　　基本是　　是

22. 你能把生活安排得井井有条吗？

　　不是　　基本不是　　说不准　　基本是　　是

23. 你是否已不十分在意别人的看法？

　　不是　　基本不是　　说不准　　基本是　　是

24. 你是否已不拿一些无关紧要的事情来否定和考验自己？

　　不是　　基本不是　　说不准　　基本是　　是

25. 你的情绪基本上处于稳定和良好的状态吗？

　　不是　　基本不是　　说不准　　基本是　　是

积分方法：完全否定为 0 分；基本否定为 1 分；说不准为 2 分；基本肯定为 3 分；完全肯定为 4 分。

解析：

总分 65 分为及格；66～80 分为基本合格；81～95 分为良好；96 分以上为优秀。低于 65 分则要引起注意，应进行调整。

任务二
掌握老年人沟通的步骤、环节与模式

 案例呈现

> 　　夏婆婆，82 岁，入住某养老机构时是救护车用担架抬着来的，据同来的家属与医生介绍："婆婆已经吃不下任何饮食了，几乎呈半昏迷状态，背上还有一个四期压疮，全身多处骨折。属于临终护理的老人。"经过机构管理人员仔细的观察与评估，发现老人不是进不了任何饮食，而是不想进食，是觉得生命没有希望了而拒绝进食。通过有效的沟通，夏婆婆开始进食。经过精心的喂养与护理，夏婆婆活过来了，截至笔者将其记录案例的这一天，她已经活了整整三年了。

　　与案例中的老人进行沟通其步骤如下：

　　第一步：了解老人的现状，前往夏婆婆的床前仔细地观察和评估，发现她的现状不像家属与医生说的那样，不是夏婆婆吃不下任何饮食，而是感觉到生命没有希望了而拒绝进食。

　　第二步：确定老人的现实情况——心理问题：失望、绝望而放弃生命。

　　第三步：

　　1. 明确我们的目的。让老人进食，慢慢让老人好起来。

　　2. 确认老人的需要。老人究竟想不想活下来，老人表达了想活下来的愿望。

　　第四步：进行沟通

　　1. 建立希望。告诉夏婆婆"您的情况还不是很差，只要配合我们的护理，我们就有办法让她慢慢地好起来"。问老人："婆婆您愿意配合吗"？婆婆回答："愿意配合"。

　　2. 制订针对婆婆一个人的个性化护理方案。

　　3. 告知婆婆，我们针对她的个性化护理方案，以及在这个护理方案中她应该怎样去配合我们的工作。

　　4. 与家属取得联系，告知其老人的现状以及老人的愿望；告知家属我们的护理方案以及家属在这一方案中怎样去配合我们的工作。

　　5. 告知老人和家属，这个方案的预期目标和不可预见的风险。

　　6. 老人和家属表达意愿。表示愿意配合并接受预期的目标和一切不可预见的风险。

　　第五步：共同实施达成的共识，实施相应的护理方案。

　　第六步：信息反馈，效果比预期的还要好、不可预见的风险没有出现。

　　结果：婆婆活过来了，存活的时间已经超过了 3 年。

知识准备

一、与老人有效沟通的步骤

1. 事前准备

事前准备就是在沟通前的准备工作，沟通前的准备工作做得越充分，沟通成功的可能性就越大，反之，盲目的沟通，不但达不到预期的目的，有时还会将矛盾激化，与沟通的目的背向而驰。

沟通前的准备主要包括的内容有：了解和分析沟通对象的情况；明确沟通的目标；制订沟通的计划；预测可能预见的异议和争执。

(1)了解和分析沟通对象的情况

沟通之前我们要去了解老人，了解他最近怎么了，发生了什么样的事情，老人有什么特殊的表现和举动，有什么样的想法和目的，说了些什么，做了些什么？其家属有什么想法和举动等，然后对这些现象进行分析，发现需要通过沟通去解决的问题。

(2)明确沟通的目标

我们在与老人进行沟通之前，一定要确定一个沟通的目标，也就是通过沟通想达到什么样的预期效果。

(3)制订沟通的计划

在与老人进行沟通前我们有了沟通的目标，也了解了老人的具体情况，我们就要对沟通的过程进行计划，决定选择什么样的沟通环境、采用什么样的沟通方式、先说什么、后说什么等一系列具体的问题。

(4)预测可能遇到的异议和争议

在沟通过程中遇到异议和争议是很正常的事情，如果在沟通前能正确地预测出这些异议和争议，预先周密地做好各种应对的准备，我们就可以在较短的时间内迅速而妥善地解决这些问题。这样做一方面可以增强我们在沟通中的主动性，另一方面也利于在较短时间内使沟通顺利地进行。

2. 确认需要

确认需要是指在沟通过程中要确认沟通双方的需要，明确双方的目的是否一致。

我们在沟通过程中首先要确认对方的需要是什么，如果不能确认需要就无法通过沟通达成一个共同的协议。要明确彼此的需要，就需要在沟通过程中采用问、听、说、观察等方法去获得。其中提问是非常重要的一种沟通行为，因为提问可以帮助我们了解更多更准确的信息，同时提问还能够帮助我们控制沟通的方向、控制谈话的内容。其次要积极聆听。要设身处地地去听、用心和脑去听，以理解对方的意思。最后还要及时确认。当你没有听清楚或者没有理解对方的话的意思时要及时提出，一定要完全理解对方所要表达的意思才能达到有效沟通的目的。

3. 表达信息

表达信息就是要向沟通对象发送和表达自己的思想、情感、信息。怎样才能把自己的信息更好地表达出来，发送给对方，这是沟通中非常重要的环节。也就是我们把我们的想法和意思说完了，对方是否听到了，听到了是否理解了，理解了是否能够接受，接受了是否有能力去完成。因此在表达信息的时候我们要选择合适的沟通环境、适合老人的沟通方式、采用让老人容易理解和接受的沟通技巧等。例如：我们的沟通对象的听力受损，你说的话可能只有三分之一能听到或听懂，但他有文化，可以通过书写的方式进行交流。这时我们与这样的老人进行沟通就需要选择一个相对比较安静的环境进行，可以采用语言沟通与图片、书写沟通相结合的多元化的沟通方式，以确保沟通的有效性。

4. 处理异议

沟通中出现异议或者争议表示对方不认同自己的观点，或者不认同自己某些方面的观点。这个时候我们应该如何处理呢？在后面的沟通技巧中我们会做一些介绍。

5. 达成共识

有效的沟通需要沟通双方在某方面达成共识或协议，但共识的达成往往不是一次或两次沟通就能达成的，有时需要反复的沟通，多次的沟通才能达成共识，而沟通的结束也意味着某项工作的开始。

6. 共同实施

达成共识是有效沟通的结果，但是在工作中，任何沟通的结果意味着某项工作的开始，沟通双方要按照所达成的共识去实施，如果一方没有实施，或者没有完全按照共识去实施，彼此间的信用将受到考验。所以我们一定要注意，信任是沟通的基础，如果彼此失去了对方的信任，那么下一次的沟通将变得非常困难。

7. 信息反馈

当沟通达成某项共识后，双方会共同去实施，其实施的效果如何，是否达到了最终的目标，这就要求双方进行信息的反馈。信息的反馈才能检验沟通的目的正确与否，沟通的过程畅通与否，此次沟通是否是有效的沟通。

二、与老年人沟通的环节

在与老年人进行沟通的过程中有三个非常重要的环节：信息的表达与发送、信息的接收与理解、信息的反馈。每一个环节缺一不可，否则沟通就会出现障碍，影响沟通的效果。在信息发送的环节，要掌握好如何表达信息和如何发送信息，在信息的接收环节，要掌握好如何接受信息和理解信息，在信息反馈环节，要掌握好如何给予反馈以及如何接受反馈。

1. 信息的表达与发送

第一、与老年人进行沟通的时候如何进行信息的表达

要根据老人的特点进行选择，比如：听觉良好的老人，我们可以采用语言进行表达；听觉受损的老人，我们可以采用非语言的表达方式，如文字、图片、手势、表情、动作等多种非语言或肢体语言进行沟通。但其中语言沟通能比较准确的传达自己的信息，让对方容易接收和理解。有效表达有以下要求：(1)使用合适的语法，把话说正确；(2)使用合适的词语把话说清楚；(3)使用合适的修饰把话说好听；(4)使用合适的语气把话说实；(5)站在合适的角度把话说活。

春运来临，火车站、汽车站人山人海，一小伙子在候车厅看见一个空座位上放了一个包裹，想坐那个座位，就问旁边的那位乘客：请问这个座位有人吗？旁边的乘客回答：有啊，马上就回来。小伙子只好放弃了这个座位。另一位小伙子走过来问：我可以坐一会儿这个座位吗？您的同伴回来了我就起来。旁边的乘客回答：你坐吧。这个小伙子成功地坐在了这个座位上。

第二、在沟通中信息成功表达后还需要有效的发送，才能被对方所接收

在信息发送的过程中我们还需注意几个问题：

(1)选择有效的信息发送方式。信息，可以是语言，可以是文字，可以是情感，可以是思想，我们根据不同的内容来选择不同的信息发送的方式。

大家回想一下，日常生活与学习中我们采用了什么样的方法来传递信息？你没生活费了，怎么告知父母给你生活费呢？周末想约同学出去郊游，你们怎样联络呢？老师让你们完成某项作业，你们怎样交给老师呢？这些方法有什么优缺点？在什么样的情况下，选择怎样的发送方式最妥？

(2)选择信息发送的时间。在与老人沟通的过程中我们可能会想想什么时候进行会更好，会让老人更容易接受和理解。

早上，老人刚睡醒了，精神矍铄，此时，我们向老人发送信息，老人可能很高兴地接受。晚上，老人疲倦了想休息的时候，你还喋喋不休地给他说这说那，老人家可能一句话都没听进去。

(3)确定信息内容，发送信息内容有两种形式，一种是口头语言，另一种是肢体语言。在与老人进行沟通的过程中，你说的什么是很重要，但如果加入相应的肢体语言，你所传递的信息内容可能会更加的确切。口头语言中有没有载入肢体语言，其沟通效果会是大相径庭的。

某老人今天去某养老机构咨询入住的情况，两位接待的工作人员都说了一句话"欢迎光临"，其中一位工作人员面无表情，而且说完了就转身离开了。这时候老人可能会想，这哪里是欢迎我，明摆着就是赶我走吧。而另一位工作人员却面带微笑，说完过后马上扶老人坐在椅子上。这时候，老人一定会非常高兴地坐下来认真地咨询入住的程序等。所以，在选择具体的内容时，我们一定要确定说哪些话，用什么样的语气去说、什么样的肢体语言去配合，这样才能起到良好的沟通效果。

(4)由谁接受信息，在与老年人沟通的过程中我们发送的信息由谁来接收，是沟通对象？还是沟通对象的家人？还是沟通对象的照顾者？同时还要考虑信息接收者的观

念、接收者的需要、接收者的情绪如何等，这些都是沟通过程中的影响因素。

　　周末，奶奶和爷爷吵嘴了，情绪不好，孙女也好不容易有一天休息，孙女趁休息去接爷爷奶奶一起出去郊游，此时奶奶正生爷爷的气呢，便不想和爷爷一起出去。这时，孙女与爷爷奶奶的沟通就失败了。

　　(5)在何处发送信息，在与老年人进行沟通的过程中，信息的发送还要考虑环境和场合，一般要在比较安静、整洁、温度适宜、光线明亮的环境下发送比较好。
　　现在对沟通场地的选择已经越来越引起人们的重视，大家都认识到环境对沟通效果的影响是非常大的。

　　大家想一想，在什么样的环境中发送的信息会更好一点？发送信息时需要注意哪些方面的问题呢？

　　2. 信息的接收与理解
　　(1)选择性注意
　　在与老年人进行沟通的过程中，信息接收者总会不由自主地、自动地把那些自己认为毫无相干的信息排除掉，同时也会主动地回避那些与自己观点相悖、自己不感兴趣的信息，只注意那些与自己观念一致的以及自己需要的、关心的或者对自己有用的信息。因此影响信息接收者选择性注意的因素有：信息接收者原先的态度和立场、信息内容同信息接收者的关心程度。

　　(2)选择性理解
　　选择性理解就意味着不同的接收者会以不同的方式对同样的信息做出不同的选择和反应，通常情况下，人总是依照某些经验来接收和理解传播的内容、或者根据自己已有的观念来理解信息，对于那些与自己观念相反的内容加以排斥或者歪曲，使之符合自己的观念和立场。因此影响选择性理解的因素有：信息接收者的情绪状态、原有的态度、信息接收者的需要和动机以及其个性特点。

　　两位偏瘫的老人进餐的时候，工作人员将同样的饭菜放在老人的面前，告诉他们，你们先吃着，一会我再来喂你们。其中一位老人就说，这个工作人员太懒了，叫我们自己吃饭，我都瘫痪了，怎么能自己吃嘛？另一位老人呢，就尽量地拿着勺子一点一点地自己吃饭，结束了还告诉另一位老人，你看这里的工作人员多有耐心啊，多有知识啊，知道怎样对我们的功能进行康复训练。同样的工作方式对于不同观念的老年人来说具有截然不同的解释。

　　(3)选择性的记忆
　　信息接收者者的选择性记忆是指对信息的记忆受到需要、态度及其他心理因素的影响，从而使记忆结果表现为对自己关心的信息印象深刻，或者只记住了其中对自己有利的部分、又或者只记住了自己愿意记住的那一部分，其余的部分就被忽略了。

怎样才能让老年人增强对重要内容的记忆呢？通常可以运用以下这些方法：创造良好的环境，使信息接收者不受其他信息的干扰和刺激；尽量为老年人带去最好的最初和最后的印象；组织座谈讨论；适当的奖惩等。

（4）从众行为

所谓从众行为是指沟通对象是一个群体，群体成员中的个体放弃自己的意见和态度，采取与大多数成员相一致的行为，也叫作"随大流"。信息接收者在信息传播活动中经常表现出从众的行为，即接收者不知不觉地受到一个群体的真实的或臆想的压力的影响，从而按照群体中大多数人的意愿去接受和理解信息。

为什么会产生从众行为呢？首先信息接收者对自己的判断不是十分的相信，需要得到指导，这时候往往需要借助于别人的意见或效仿别人的行动，尤其是那些缺乏自信心的人们，更容易产生从众行为。其次便是群体规范的压力。个人之所以遵从群体，最重要的原因也是他们不愿意被称为越轨者和"不合群的人"，或者是因为不愿意惹人注目或丢面子，于是便与群体规范保持一致，归根结底是由于群体规范的一致性要求所致。

（5）逆反心理，逆反就是人们对某种观点、立场或结论等具有抵触情绪，进行反方向的考虑，对此表示怀疑和不信任，然后得出与之相反的结论，表现出相反的行为。在沟通过程中，信息接收者在逆反心理的作用下，对于传递所极力倡导的观念和行为加以反对，而对于传递所批评和禁止的东西加以赞赏和接受。信息接受者的逆反心理可以表现为：强化原有的心态，表现为更加坚定不移地确信自己原来的立场和态度；做出逆向的选择，对传递的内容和观点反着听、反着看、反着想、反着做，反正就是唱反调；贬损信息传递者，信息接收者有时会还会进一步地对信息传递者进行贬损或攻击。

3. 信息的反馈

反馈就是沟通双方都期望得到信息的回流。反馈信息有正面的、也有反面的、还有建设性的信息。所谓正面的反馈信息就是对自己认可的信息予以肯定、褒扬，希望再次出现这样的信息。反面的反馈信息就是对自己不予认可或者反对的信息予以批评甚至反对。建设性的反馈信息是指信息接收者对信息发送者做得不足的方面提出意见或建议。

在反馈的过程中，我们需要注意有的情况并不是反馈，比如：指出正确或者错误的地方；对于他人言行的解释也不是反馈；对于未来的建议也不是反馈。

我们怎样做才是反馈呢？

（1）反馈应该明确、具体、提供实例；

（2）反馈应不具有判断性；

（3）反馈应该集中于可以改变的行为；

（4）应在正确的时间给予反馈；

（5）反馈应充分考虑接收者的需求；

（6）反馈应具有平衡性好、积极性与建设性。

在与老年人进行沟通的过程中我们应该如何去接受反馈呢？仔细认真地聆听；总结接收的反馈信息并确认理由；表明我们将考虑如何去行动；提出问题、澄清事实、询问实例。

三、与老年人沟通的方式

在与老年人进行沟通的过程中，都有些什么样的沟通方式呢？首先是语言沟通，它包含口头语言、书面语言、图片以及其他的语言；其次是非语言沟通，即肢体语言，它包括动作、姿态、表情、态度、眼神以及手势等。

1. 语言沟通

语言沟通在词语发出时开始，它利用声音这个渠道进行传递信息，它能对词语进行控制，是结构化的，并且是被正式教授的。

在与老年人进行的沟通工程中，最常用的就是语言沟通。语言沟通又包括口头语言、书面语言、图片或图形等。口头语言的形式多种多样，如会谈、电话、会议、广播、对话等。图片包括如电影、幻灯之类的。书面语言是指借助文字进行的信息传递与交流。书面沟通的形式也很多，例如，通知、文件、通信、布告、报刊、备忘录、书面总结、汇报等。在沟通的过程中，语言沟通更利于信息的传递。

（1）口头沟通的优缺点

口头沟通的优点在于快速传递和快速反馈。在这种方式下，信息可以在最短时间里进行传送，并在最短时间内得到对方的回复。同时沟通者可以理解提问来澄清不清楚的情况，可以减少误会。口头沟通的缺点：没有文字的记录、时间长了可能会被遗忘；浪费时间；也有不方便的时候，比如正在进行沟通的时候被其他的人或者事情打断；有时会把沟通变成闲聊。

（2）书面沟通的优缺点

书面沟通的优点：有形而且可以核实。发送者与接受者双方都拥有沟通记录，沟通的信息可以无限期地保存下去。如果对信息的内容有所疑问，完全可以而后进行查询。书面沟通更加正式；书面沟通更为严谨、逻辑性强，而且条理清楚。

书面沟通的缺点：耗费时间，同是 1 小时的测验，通过口试，你向他人传递的信息远比笔试多得多，事实上，花费 1 个小时写出的东西只需 10～15 分钟就能说完；缺乏反馈，书面沟通无法确保发出的信息能够被接收到，即使被接收到，也无法保证接受者按照发送者的本意理解信息。书面沟通要求沟通者具备较好的写作能力。

2. 非语言沟通

非语言沟通又称为肢体语言，指的是人们在沟通过程中，不采用语言作为表达意见的工具，而运用其他非语言的方式传递信息。非语言沟通一般可以区分为动态和静态两种。静态非语言沟通包括容貌、体态、衣着、服饰以及仪表。动态非语言沟通可根据所使用的符号系统分为四类：动觉系统：手势、表情、体态等；超语言（额外语言）：音质、振幅、音调、停顿、流畅、语气、速度等；时—空接近：时间、空间、朝向、距离等；视觉沟通：目光接触等。

非言语沟通具有传递信息、沟通思想、交流感情的功能。其功能归纳起来是：

(1)使用非言语沟通符号来重复言语所表达的意思或来加深印象的作用；具体如人们使用自己的言语沟通时，附带有相应的表情和其他非言语符号。(2)替代语言，有时候某一方即使没有说话，也可以从其非言语符号上比如面部表情上看出他的意思，这时候，非言语符号起到代替言语符号表达意思的作用。(3)非言语符号作为言语沟通的辅助工具，又作为"伴随语言"，使语言表达的更准确、有力、生动、具体。(4)调整和控制语言，借助非言语符号来表示交流沟通中不同阶段的意向，传递自己的意向变化的信息。

3. 非语言沟通即肢体语言的理解

不同的肢体语言有着不同的行为含义：

来回走动————发脾气或受挫；

扭绞双手————紧张，不安或害怕；

向前倾————注意或感兴趣；

眯着眼————不同意，厌恶，发怒或不欣赏；

懒散地坐在椅中————无聊或轻松一下；

抬头挺胸————自信，果断；

避免目光接触————冷漠，逃避，不关心，没有安全感，消极，恐惧或紧张等；

正视对方————友善，诚恳，外向，有安全感，自信，笃定等；

点头————同意或者表示明白了，听懂了；

摇头————不同意，震惊或不相信；

晃动拳头————愤怒或富攻击性；

打呵欠————厌烦；

轻拍肩背————鼓励，恭喜或安慰；

咬嘴唇————紧张，害怕或焦虑；

抖脚————紧张；

环抱双臂————愤怒，不欣赏，不同意防御或攻击。

身体语言信息是潜意识的外在表现，最接近真实内心。身体语言信息在沟通中具有重要作用。

此时无声胜有声

某机构有一位老人，因不满院方的费用调整，整天破口大骂。一波又一波的沟通者对老人进行了大量的沟通，均不见成效。有一天早上，老人又敞开嗓子开始大骂的时候，该科室的领导就静静地站在他的面前，认真地听老人大骂，大约过了十几分钟，老人中途休息了，科室领导平静地去给老人端来一杯水，柔和地问道，爷爷累了吗？请喝口水吧。老人不好意思地笑了一笑，说了声不用了。从此以后再也没有听见老人骂人了。

这个故事告诉我们，当老年人在情绪激动的时候，安静地听他进行宣泄，也许比什么样的大道理都更有效果。恰当的肢体语言的配合在沟通中起着不可估量的作用。

课堂互动

回旋沟通

活动目的：

1. 彼此交换信息，了解他人的想法、感受与经验；

2. 自由地表达自己的感受、情绪；

3. 以开放的态度接纳不同的观念。

时间：30分钟

准备话题：

1. 如果医生告诉你，只有半年的生命，你将如何安排这半年的生活？

2. 假如你有100万元，你将如何使用？

3. 假如你是教育部部长，最想做的事是什么？

4. 假如你是市长，最想为市民做是事是什么？

5. 假如你有机会环游世界一周，会如何计划你的旅程？

6. 假如你能回到十年前，你会如何安排这十年？

活动过程：

1. 请成员报数一、二、一、二，报"一"的人在外圈，报"二"的人在里圈，外圈脸朝内，内圈脸朝外，两个面对。

2. 由老师点出话题，内圈的先讲，外圈的人先听，两分钟后，换外圈的人讲，内圈的人听，也是两分钟。

3. 老师再换第二个话题，此时内圈的人向左移一个位子，外圈的人不动，以同样的方式进行。如此可以进行五至六个题目，让成员有机会与不同的人沟通。

活动规则：

1. 讲述方必须用第一人称"我"来表述自己的观点；

2. 倾听者不可打断对方的话语或反驳对方的意见；

3. 交谈的双方不得将话题岔开。

讨论：

1. 每组学员推出最佳的倾听者，说明原因；

2. 分享活动后的感受，谈谈游戏中沟通的三个环节是什么；

3. 每组学员推选出最佳的表达者，被推选者分享一下自己的表达的技巧。

（http://wenku.baidu.com/view/9a69cabff121dd36a32d8248.html）

拓展阅读

你的沟通方式是否已经OUT

1. 你只用邮件和电话的方式和朋友、家人、同事、客户沟通交流？ 是 否

如果答"是"，你已经out了，至少你也应该知道还有个QQ可以聊工作聊生活吧？

2. 在网上，只有新闻网站才能看到新闻？ 是 否答"是"也out了，看新闻的地方多的是，比如还有博客和论坛。

3. QQ只是一个聊天工具是吗？　　是　否

答"是"让腾讯和你都很伤心。QQ是个非常好的Web2.0工具，它不仅可以即时聊天，还可以写博客、玩游戏、交朋友、打电话、看视频、购物、看新闻，它强大的截图、截视频、传输文件的功能是分享的最好体现。

4. 你用Skype打电话、开会吗？　　是　否

Skype可以实行多方通话，包括越洋通话，而这一切都是免费的，或者只需要支付少量的费用，公司、家人需要集体商议或者长时间通话时，这是个很好的工具。答"是"，证明你在这个Web2.0时代很潮。

5. 你有自己的博客吗？　　是　否

难道你从来没有想要表达一下自己的时候？如果你还是通过记录在日记本上或者打电话向朋友述说来完成，那你肯定out了。

6. 你不知道RSS是什么？　　是　否

RSS，Really Simple Syndication的简称，按照同为Web2.0的维基百科的定义，这是一种消息来源格式规范，用以发布经常更新资料的网站，例如博客文章、新闻、音讯或视讯的网摘。

7. 你30%以上的用品会通过网络购买？　　是　否

网购是Web2.0最大的赢家，如果你不仅书、碟片通过网购完成，而且大或小家电、服装、鞋子等都有过网购经历，那就不算out。

8. 你在论坛的时间每周不会超过两小时？　　是　否

论坛已经成为商业关注点，如果你是商场精英，却不经常上相关论坛，你的市场感觉肯定没多久就退化。答"是"表示你out了。

9. 你至少有三个交友网站的账号并且经常去看看？　　是　否

网络交友不仅可以丰富生活，也可以带来商业利益，很多人是通过类似Friendster这样的网站找到旅行时的地陪、工作机会和合作关系。答"是"，你很潮。

10. 你手机上至少有一个即时聊天工具？　　是　否

5～10元的包月，不仅可以让你浏览各种新闻，还可以即时和亲朋好友保持联络，让他们知道自己的动向，也知道他们的近况。答"否"，有点不合时宜。

11. 开心网是不是个种菜、抢车位的小游戏网站？　　是　否

这是个交友网站，小游戏是为了交叉互动，凝聚人气。答"是"

(http://www.docin.com/p-275930355.html)

任务三
与老年人沟通

案例呈现

> 杨婆婆，75岁，听到老伴在医院里病逝的消息，情绪非常低落，常常一个人无声地流泪，饮食也差，眼看着她的健康状态一天比一天差。这时，应该对杨婆婆进行怎样的沟通，采用哪种沟通方式比较妥当？

知识准备

我们在与老年人进行沟通的过程中，我们应该注意些什么呢？我们需要采用什么样的沟通方式才能让我们的沟通顺利地进行？

一、选择适合自己和沟通对象的沟通方式，不同沟通方式互补

在与老人进行沟通之前，我们便会对老人进行评估、了解老人的身心状况，根据老人的身心状况来选择适合自己也适合老人的沟通方式。沟通方式的选择不是单一的，为了达到良好的沟通效果，往往需要同时采用两种或多种方式的沟通。比如，我们与一位有听力损伤的老人进行沟通的时候，我们可以采用口头语言给老人进行讲解，老人听不清楚的地方，我们可以采用书写的方式让老人看，还可以借助手势、表情、行为礼仪、眼神等多种沟通方式的互补。

1. 口头语言中配合着声音语言的表达

在与老人进行口头语言交流时，声音的表达方式在沟通效果中占有非常重要的意义。声音它包括语速、音调、音量、节奏、声音补白等。据研究者估计，沟通中38％的含义受声音的影响，即不是语言的本身、而是沟通表达方式中的声音语言的影响。

(1)语速。与老年人交流过程中，语速应快慢适中，尽量放慢语速，太快了老年人听不清楚，就算勉强听清楚了有时也反应不过来。

(2)音量。在与老年人进行沟通的过程中，老年人由于听力受损，在和老人说话的时候声音的音量要适当高于年轻人，但是，高音量的声音会让人感觉到不满的情绪，此时应将柔和的表情、关心的语气等方式加以配合。才不使声音变得生硬而让人误解。

(3)节奏。应抑扬顿挫，保持均衡、规律。

声音补白。在与老人的沟通中需要加入如"啊、嗯、呀、哦、好的、行、是吧"等短语，这样会让老人感觉到你的反应和注意。

（4）发音。在与老年人进行沟通时一定要注意发音的准确性，吐词要清楚、音节要清晰等。

2．口头语言中以文字语言进行配合

在与老年人进行沟通的过程中，配以文字进行沟通会显得更加的直观和条理、清晰、简洁、恰当而敏捷。

3．口头语言配合肢体语言

在与老年人进行沟通的过程中，由于老人的听力与听力的减退，对语言、声音的感知降低，因此在与老人进行沟通的过程中配合肢体语言将会达到更好的效果。肢体语言包括形象与仪态、表情与行为礼仪、眼神、手势、小动作等。

（1）形象。形象应该是整洁、美观、大方、朴实。

（2）仪态。仪态反映了一个人的精气神，应"站如松、行如风、坐如钟"。

（3）表情。真诚的微笑是最美、最有效的沟通语言。

（4）礼仪。招呼、握手、递接名片、倒茶、让座等都是一个连贯的过程，过程必须以热情、微笑为基础。

（5）目光。要保持与人目光交流，热情、友好、亲切、坦诚。

（6）手势。明确、精练、自如、和谐，但千万别错误运用。

（7）触摸。触摸是对老年人的一种特殊的沟通语言，不同的部位、不同的触摸方式所表达的意思有所不同，要注意场合、情景而正确运用。比如老人伤心时，可以轻轻地触摸老人后脑的头发；提醒老人，需要告知老人事情的时候，可以轻拍老人的肩背以引起老人的注意。

图 4-3-1

二、与陌生老人的初次沟通

沟通是一个从陌生到熟悉的过程。怎样了解一个陌生的老年人呢？从沟通开启。首先我们以善意的微笑诚恳的态度、尊重的称呼开始，再以巧妙的起始语将老人引入一个恰当的话题。从而开始我们的沟通旅程。

1. 微笑

微笑在与老年人的沟通中能发挥极大的作用，它能展示一个人独特的魅力。无论在家里、在办公室，甚至在路途中，不管你碰到的是牙牙学语的婴孩还是老态龙钟的老奶奶、不管是靓丽的姑娘还是满身臭气的乞丐，只要你不吝惜微笑，立刻就会为你带来意想不到的良好效果。"微笑是人类的特权"、也是我们的宝贵财富。它是自信的标志，也是礼貌的象征。陌生的老年人往往依据你的微笑来辨别你是善是恶、是真情实感还是虚情假意，从而决定对你采取相对应的态度。

图 4-3-2

只要我们献出一份微笑，我们与老年人之间的距离就变得很小，年龄上的代沟也会因此而忘掉。微笑是人类最美丽的表情，它可以给人以自信、给人以坚强、给人以勇气、给人以温暖。微笑着的人给人的感觉是成熟、稳重、有安全感，值得信赖。

2. 诚恳热情的态度

诚恳热情的态度是一个人由内而外表现出来的一种气质，表现为：待人平等、举止大方，从容不迫而不要扭捏和拘束。和蔼可亲的面部表情、关心体贴的说话和行为都能表达出诚恳的态度。诚恳的态度会更容易得到老年人的信赖。

3. 尊重

尊重是一种美德，尊重别人同时也是尊重自己，在与陌生老年人的初次沟通中，尊重可以温暖老年人的心，从而让我们的沟通变得更加通畅。老年人由于退休，身体衰老，他们从曾经的权力地位中退了出来，社交能力降低，心理障碍增加，有时甚至失去家庭的帮助，会经常感到不被尊重的威胁，因此老年人对尊重的需要更为迫切。

4. 巧妙的起始语

在与陌生老年人首次进行沟通交流的时候巧妙的起始语对打开老年人警惕的心扉非常重要。在不同的环境中、不同的场合里需要采用不同的起始语。

养老机构里，陌生的老人来参观或者咨询入住的情况，我们可以以这样的话语开启沟通历程，"爷爷或婆婆，您好，我叫什么什么，是这里的工作人员，欢迎您的到来，请问您贵姓呢?"这样，一下子就抓住了老人们的心，热情诚恳的态度，尊重的语气加上巧妙的起始语，将老人们的心一下子就热络了起来。接下来的沟通就会比较顺利了。如果是在大街上、广场里我们应该怎样去开启沟通之门呢? 可以以请教问题的方式作为开场白，老年人由于其丰富的人生阅历和工作经验，希望与别人分享，同时也喜欢对年轻人进行指导和教育，因此谦虚的受教也是一种巧妙的沟通方式。

5. 恰当的话题

与陌生老年人的首次谈话中选择恰当的话题非常重要，恰当的话题往往是沟通中的难点，如果我们能找到源源不断的话题，那么我们的沟通就会顺利地进行下去。反之，开展沟通就比较困难。老年人不同性别之间的关注度差别不太大，他们所关注的大多是关于子孙、休闲、健康、社区活动之类的话题。探索式的提问可以找到老年人的兴趣点，所谓探索式的提问就是通过提问以获得对对方日常生活的了解，通过对老年人日常生活的了解进而获知他们的兴趣和爱好。

比如，对老人们这样提问"爷爷（奶奶），你平常吃了饭，都干些什么呀，整天的时间怎么打发呀？"老人们可能告诉你："我们呀，可忙了，早上起床洗漱后先去什么什么地遛个弯，回来吃了饭就在家里看看书，上上网（别认为现在的老年人不会上网，他们的学习能力不可小觑啊），然后怎么样怎么样。"这时候你就可以知道老人的兴趣中有着年轻人的元素，咱们就有了沟通的话题了。另外老年人比较喜欢教导年轻人，可以让老年人给你传授经验的方式激发他们的兴趣。

另外，对陌生老年人的沟通还要注意循序渐进，先从老人们容易回答的问题入手，等他们健谈后，再慢慢地深入到深层领域。比如，和陌生老人首次沟通的时候，可以先问问，从"您有几个子女啊？您以前是做什么工作的啊？你现在身体还不错啊？"之类的话题入手，慢慢地解除对方的戒心，然后再提一些与之密切的话题，他们也就比较自然地接受了。

课堂互动

同学们两人一组，相互体验不同的沟通方式所表达的意义，将自己的体验写在纸上。

拓展阅读

聪明的宰相

从前有位很好的宰相，知道广东发生了大水灾，请求皇上让广东那一年不用上缴粮食，也就是免税。可是皇帝不置可否，只说"让我想想"，就把事情搁下了，这个宰相每天都要陪皇帝下棋，唱着"锵、锵、锵，广东免解粮"。一天唱、两天唱，有一天皇帝也跟着他敲着棋盘："锵、锵、锵，广东免解粮。"宰相立刻跪在地上谢主隆恩。因为君无戏言，广东当年真的不用上缴粮食了。

案例中这位宰相采用了哪种沟通方式呢？沟通方式还有哪些？如何选择恰当的沟通方式呢？

任务四
掌握听的技巧

案例呈现

> 某养老机构里，一老人告诉护理员："我治疗心脏病的药快服完了，请给管理人员说一声，帮我给女儿打电话，过几天给我带点治疗心脏病的药来"。护理员告诉管理人员："某老人的心脏病发了，老人请你给其女儿打电话带治疗心脏病的药来。"管理人员给其女儿打电话没人接，给其孙子打电话说了，其孙子告诉其女儿："爷爷心脏病发了，养老院打电话叫你带爷爷去买药。"其女儿非常着急地打车赶到养老院，准备把老人送医院，结果老人才说他治疗心脏病的药快要服完了，不是心脏病发作了。其女儿非常气愤地去找领导说这里的管理太混乱了……

知识准备

倾听是这个世上最美的动作

美国著名的主持人林克莱特在一期节目上访问了一位小朋友，问他："你长大了想当什么呀?"小朋友天真地回答："我要当飞机驾驶员!"林克莱特接着说："如果有一天你的飞机飞到太平洋上空时，飞机所有的引擎都熄火了，你会怎么办?"小朋友想了想："我先告诉飞机上所有的人绑好安全带，然后我系上降落伞，先跳下去。"

当现场的观众笑得东倒西歪时，林克莱特继续注视着孩子。没想到，接着孩子的两行热泪夺眶而出，于是林克莱特问他："为什么要这么做?"他的回答透露出一个孩子真挚的想法："我要去拿燃料，我还要回来! 还要回来!"

看到这里我从心底油然产生了对主持人林克莱特的敬佩之情，佩服他与众不同之处，他能够让孩子把话说完，并且在"现场的观众笑得东倒西歪时"仍保持着倾听者应具备的一份亲切、一份平和、一份耐心。

一、听的意义

1. 听是了解老人最基本的方法

在与老年人的沟通过程中，"听"老人说，听老人家人、朋友和邻居说，是了解老人最基本的方法。倾听可以尽可能多地掌握信息。每个人表达信息的层次是不一样的，可能有的人开门见山，有的人半天也说不到正题。比如经常有老年人向我们提出各种问题，各种抱怨，但经常老人只是想找个对象发泄一下，并不想怎么样。或者是由于个人在生活中心情不好，看什么都不顺眼，抓到什么就拿什么来说事。这些情况都需要我们用心地去倾听，只有这样我们才能掌握尽可能多的信息，以便处理和解决问题。倾听也是获取老年人信息最直接、最有效的办法。获取老人的信息种类又可以分为：第一种是直接的信息，即说话者直接说出来的内容，如时间、地点、发生什么事等。第二种是间接信息，如他的口头禅，可以体现他是不是伪装。他想表达一个请求，但又有太多的说明，体现了他的不自信。

2. 耐心的倾听能表达对老人的尊重和诚恳的态度，从而获得老人的信任

在与老年人的沟通中耐心地倾听老人说话，可以给他们满足感，从而激发他们的表达欲望。当老人们滔滔不绝的时候，一定是感觉很棒的时候，这时他们甚至可以把你当成朋友来信任你。

3. 此时无声胜有声的倾听是老人倾诉的需要

耐心的倾听可以缓解老人们心中的压抑，释放老人们心中的壁垒。每个人在烦恼和喜悦后（特别是深层次的烦恼和巨大的喜悦后）都有一份渴望：那就是对人倾诉，尤其是对最亲近的人倾诉。倾诉的方式各种各样，在遇上烦恼痛苦时，有的会是一味地"生气"和"责骂"，目的就是希望得到理解和安慰，然后能共同面对和承担……如果对方不懂得倾听这样的"生气"，甚至严加责备、批评和训斥，大讲特讲一些"道理"，这一定会适得其反。

二、听的障碍

请问你家有蜡烛吗

一位单身女子刚搬了家，她发现隔壁住了一户穷人家，一个寡妇与两个小孩子。有天晚上，那一带忽然停了电，那位女子只好自己点起了蜡烛。过了一会儿，忽然听到有人敲门。原来是隔壁邻居的小孩子，只见他紧张地问："阿姨，请问你家有蜡烛吗？"女子心想："他们家竟穷到连蜡烛都没有吗？千万别借他们，免得被他们依赖了！"于是，对孩子吼了一声说："没有！"正当她准备关上门时，那穷小孩展开关爱的笑容说："我就知道你家一定没有！"说完，竟从怀里拿出两根蜡烛，说："妈妈和我怕你一个人住又没有蜡烛，所以我带两根来送你。"那一刻，女子的心里，是从未有过的感动！

在与老年人沟通过程中，沟通障碍来自于环境、信息发送者和信息接收者三个方面。倾听作为与老年人沟通的一个重要环节，其障碍也存在于环境、倾诉者和倾听者三个方面。存在于环境、倾诉者和倾听者的倾听障碍根据其客观性与主观性还可以分为客观障碍和主观障碍。

1. 客观障碍

所谓倾听的客观障碍是指在倾听的过程中客观存在的障碍，它是不以人的意志为转移的。

客观障碍有环境障碍、倾听者的理解能力和倾诉者的表达能力。

（1）环境障碍

环境对倾听的影响显而易见，也是客观存在的。例如，养老机构中，管理者与老

人进行沟通的时候，如果是在办公室，老人的说话会有所顾忌，想倾诉的话不敢或不愿意说出来，但如果是在老人的房间，老人就会随心所欲地倾诉自己的想法。同时，环境中的噪声也会妨碍倾听者完整的倾听。

环境之所以影响倾听，是因为环境能产生两个方面的作用：一方面，环境干扰信息的传递过程，使信息产生消减或歪曲；另一方面，环境影响倾听者的心境。

（2）倾听者的理解能力

在倾听老人诉说的过程中，倾听者的知识水平、文化素质、职业特征及生活阅历往往与他本身的理解能力和接受能力紧密联系在一起，具有不同理解能力的倾听者必然会有不同的倾听效果，因此，倾听者的理解能力就成了倾听障碍中的客观障碍了。

（3）倾诉者的表达能力

在倾听老年人诉说过程中，老年人的知识、文化素养、职业特征、生活阅历以及他的健康状况影响着他们的语言表达能力，影响着他们是否能够把自己的思想和情感准确地表达出来。所以倾诉者的表达能力也是倾听障碍中客观存在的。

2. 主观障碍

主观障碍是指在倾听过程中讲话者与倾听者的主观心理所造成的倾听障碍。包括倾听者和倾诉者性格、气质、态度、情绪、见解等。例如：倾听者在倾听的过程中不专心，甚或三心二意、心不在焉，这时候的倾听就形同摆设。另外，倾听者如果具有拒绝异议、喜欢发言、偏见以及感到厌倦或消极的心理，倾听的效果肯定不好。

另一方面，讲话者如果对倾听者不信任、甚至心怀抵触的情绪，他也不会敞开心扉进行诉说，从而干扰了倾听者对信息的理解与判断。

有的人喜欢听和自己意见一致的讲话，偏向和自己观点相同的人，这种拒绝倾听不同意见的人，不仅拒绝了许多通过沟通获得信息的机会，而且在倾听的过程中就不可能集中精力，也不可能和任何人都愉快交谈。

在每个人的心里，都存在有意或无意的某种程度的偏见，由于人都有根深蒂固的心理定势和成见，很难以冷静、客观的态度接受说话者的意见，这样就会大大地影响倾听的效果。

如果在倾听的过程中讲话者的思维的速度与听话的速度有差距，人们往往容易在听话的过程中感到厌倦，思维往往会在空闲时"寻找"一些事情，或者停留在某处，拒绝进一步的思考。这样也成了倾听的主观障碍。

三、克服倾听障碍

在与老年人进行谈话时，我们要尽量减少倾听障碍，进行有效沟通，主要从以下几个方面入手：

1. 创造和选择良好的倾听环境

倾听环境是否适宜，对倾听效果具有重要的影响，在与老年人进行沟通时我们要尽量选择并创造一个良好的环境，才能够在很大程度上改善倾听效果。一般情况下，良好的环境包括适宜的时间、适当的地点和平等而和谐的谈话氛围。

2. 改善讲话者的表达能力或表达方式

在与老人沟通的过程中，讲话者需要向对方传达自己的思想、情感等信息，讲话者能否准确地表达自己的思想和情感也是影响沟通效果的重要因素。沟通过程中最基本的要求就是说话者说出来的信息能让对方懂你，同时也要懂别人。如果你的说话的方式和表达的能力让别人听不懂你在说什么，那你的说话就成了白说。所以讲话者在讲话的过程中，要注意说话的方式。比如，说话尽量不要说得太快，太快可能会让人听不明白或者让别人反应不过来；尽量不要使用方言或者说大家都能听得懂的方言；说的过程中不要太注意细节等。说话之前先想一想，用什么样的词语、用什么样的口气才能准确地表达自己的想法。

3. 提高倾听者的倾听能力

在与老年人进行沟通的过程中，倾听者是倾听过程的主体，倾听者所具备的知识水平、理解能力、倾听的态度以及其精神和情绪的状态直接影响着倾听的效果。因此克服倾听障碍，提高倾听者的倾听能力非常的关键。提高倾听者的能力可以从五个方面去做：

(1)调整倾听者的情绪和态度，以平静的心情和关心的态度去倾听；

(2)克服固有的偏见与对异议的排斥，以客观的思维去面对说话者所表达的意思；

(3)安排好时间和工作，排除杂念，专心致志地倾听，防止分散注意力；

(4)加强学习，优化倾听者的知识结构、提升倾听者的理解能力；

(5)训练倾听者的沟通技巧，掌握适时适度的提问及信息的反馈。

一个关于倾听的故事

电影我只看过一遍，却试图写出心中所想，看看支离破碎的记忆长着什么模样。

依旧先从片名说起。原名 The heart is a lonely hunter。中文译名一为《心是孤独的猎手》，如果不看影片会有些不知所云，译名二《天涯何处觅知心》，有点轻佻，不够优雅，而且把"Lonely"这个重要的词丢掉了，总都觉得不够好。

故事发生在美国一座普通的小镇，这里有着各式各样的小人物。

Mick 一家，爸爸很慈爱，总是答应那些他做不到的事情，然后不再被孩子们信服；妈妈很严厉，正因如此，这个家庭才得以支撑下去，Mick 的弟弟很顽皮，想尽办法破坏姐姐的一切。我想这源于贫困家庭的分配总不能达到大家的满足，于是姐弟们都以为是因为对方的存在才把自己陷入如此窘境，所以，年幼的弟弟才处处视 Mick 为资源的争夺者。

说说 Mick，第一次听到像是个男孩的名字，片尾 Mick 说自己其实叫 Margaret. 我猜想是不是因为家境不够好，所以也就被人淡忘了原本美丽的本名，取而代之的是一个平淡无奇的简称。影片最后 Mick 终于提起自己的原名，仿佛预示着她找回了失落已久的真我。

我对这个封皮上的女孩没有喜爱，她世俗，虚荣，任性，为既得利益斤斤计较，但其实她又是可爱的，至少她美丽，有梦想，也会为家人着想。她的性格被现实生生拉扯开来，一方面努力保留尊严，另一方面又不得不一步步屈服，最终高贵变成了卑微。

再来说酒鬼，在每处酒馆都会有这样失意的酒鬼，孤独，失业，落魄，如果单单如此，这个酒鬼就没有什么值得记住的地方，他的不同之处是，在失意时酒醉街头，在工作后焕发光彩，在抱怨中不失斗志，在世俗中据理力争，在愤怒时奋力反抗。酒鬼比 Mick 少的是家庭的牵挂，于是他无所顾忌，可以在黑人被冤枉的时候挺身而出，用辞工来表达对社会的不满，这个酒鬼看上去是醉的，其实心里清醒明白。

黑人医生代表了黑人阶级的上层，他与白人保持距离，试图以此保持自己的高贵。他知道一旦与白人接触，他们在自己圈子中的威信、地位会轰然倒塌，辛苦建立起来的尊严也会付诸东流。黑人渴望女儿与他走一样的路，至少在自己的阶级保有地位和荣耀，但女儿显然不为他的那一套荣耀观影响，走了普通的主妇路，这在医生看来，已经是低人一等了，因为他们生来就地位卑微，如果不选择努力体面的生活，就永远没有高人一等的机会。

这些小人物在一个镇子里，却由来自异乡的 Mr. Singer 串联起来。

他们的共性是向 Singer 倾诉，却不接受 Singer 的倾诉。

Mr. Singer，名字的表面意思是歌者，实际却是聋哑人，听不到说不出，大概有着编剧独特的用意。在别人倾诉的时候，最好的声音莫过于沉默。而 Mr. Singer 正好符合这一特点，于是成了人们心中名副其实的天籁之音。影片通篇 Singer 的脸部表情都是微笑中带些满足，温和中不失理智。他像是永远没有烦恼，愉悦地活着。

他有钱，所以没有 Mick 一家的烦恼；

他有工作，所以没有酒鬼的烦恼；

他是个单身的白人，所以没有黑人医生一家的烦恼。

看似完美无缺！

实际上呢，他死在他们任何一个人前面，自杀。就仿佛一片美丽的风景，像是上帝恩赐，结果有一天，风景被吞噬，面目全非，究其原因，因为上帝是公平的，他可以造就绝佳美景，却也可以设定最具毁灭性的程序。Singer 表面的从容让大家忽略了其实他才应该是最痛苦的一个，因为他根本不具有常人的听说能力，这足以毁掉任何一个意志薄弱的人，即使苦苦支撑，也需要每时每刻的斗争。如果说大家的痛苦是定期的水花四溅，那 Singer 的痛苦就是绵延的涌动暗流，表面波澜不惊，水面下早已汹涌澎湃。于是乎别人仍能痛苦或幸福地活着，而看似幸福的 Singer 先生，选择了自我了结生命。

影片并没有直接阐述 Mr. Singer 自杀的原因。按照一千个观众会有一千个 Mr. Singer 的古训，我也试图通过剧情的发展来剖析一下 Mr. Singer 的心理演变。

1. Mr. Singer 被需要，被当作绝佳倾听对象时，他微笑，因为至少被需要。

Mick 需要 Mr. Singer 倾听她对音乐的热爱；

酒鬼需要 Mr. Singer 倾听他对失意生活的愤怒；

黑人医生需要 Mr. Singer 倾听他作为自己与女儿沟通的桥梁；

还有他的胖朋友需要他每时每刻的精心照料。

2. Mr. Singer 需要别人聆听他的心声，却总是无法被满足，而且身边的人纷纷把他的友好拒之门外，转折在"6点"这个词被着重强调时开始。

Mr. Singer 被激怒，他用巧克力引诱胖朋友上车，因朋友不懂他的良苦用心而情绪失控；

Mr. Singer 被爽约，酒鬼找到工作后，开始专注于自己的生活，不再陪他下棋；

Mr. Singer 被冷落，黑人医生父女冰释前嫌，重温父女情，把他抛在脑后，仿佛陌生人；

Mr. Singer 被呵斥，Mick 在他想送 CD 时，一句"别碰我"，使他热情的心瞬间冷冻。

Mr. Singer 被告知，他最好的朋友永远离开，再也不需要他的照料与陪伴。

他的最终选择或许是因为这几个"被"使他开始绝望，因为这世界在他孤独的寻找后，仍然没有一个愿意倾听他的人；或许是因为内疚于朋友的死，两个本来亲密无间朋友最后一次离别以吵架收场，之后便是永别。

大家想想，其实把故事中的小人物随意换成你我，

都可以顺利地讲述，

只因，

你我都是会孤独的人

你我都是时常试图倾诉的人，

你我都是无暇顾及他人生活的人，

你我都是挣扎在世俗的小人物。

（http：//movie. douban. com/review/2866139/）

亲爱的同学们，听完这个故事，静静地思考几分钟……我们将来或许也将成为一个面临孤独的人，时常试图倾诉的人，无暇顾及他人生活的人，挣扎在世俗的小人物。当我们在向别人倾诉之后也不忘听听别人的心声，让时间的步伐走得慢一点、等等别人，也为自己留一点空间。

四、有效倾听

在与老年人进行沟通的过程中，有效的倾听是一种技巧，是一种富有警觉性与费心思的过程。在与老年人面对面的沟通过程中，倾听要达到"耳到、眼到、心到、脑到"的倾听境界。集中注意力把老人所说的每句话都听清楚；用眼神去注视和观察老人的表情、神态、动作、手势与姿势等，以此来判断老人的所说、所想的真实含义；用心去思考、站在老人的角度与立场去体会他们的处境与感受；用大脑去分析对方的动机，以理解其话中是否还有话，还包含有其他的意思。

与老年人进行有效倾听的技巧：

1. 诚恳的态度，同理心

同理心，就是站在说话者的角度去思考问题、去体会他们的感觉和处境。以积极的心态、诚恳的态度去倾听。在倾听的同时要思考，老人们想要说明什么样的内容和

观点，哪些内容和观点自己可以借鉴，在他们的身上我们学到了什么！怎样面对与自己观点相悖的内容，怎样关注自己不感兴趣的谈话等。在倾听的过程中我们不能以自己的好恶进行取舍，而不愿意听取自己不感兴趣的内容。

2．耐心、专心地倾听

由于记忆力衰退、牙齿脱落、有的还中风等多种原因导致老年人在说话的过程中出现重复，啰嗦，同一个问题、同一件事情反复说许多遍，吐字不清楚，说话停顿，甚至前后矛盾的现象。作为倾听者的我们要表现出耐心状态、专注的神情，不能三心二意，心不在焉，以免引起老人的反感与失望。

图 4-4-1

3．做笔记、不打断说话

在与老年人进行谈话的过程中要注意记录，记录可以表示我们对这次谈话的重视；记录还可以向老人传递一个信息"会对自己的建议或意见付诸实施，对自己的问题会予以解决"。这样，老人会对自己的说话予以肯定和激励，从而激发老人继续往下说的兴趣。

不打断老人的谈话，一方面：既是表达对老年人的尊重，也是礼貌的象征。另一方面：老年人由于其记忆力的减弱，思维的敏捷性降低，如果说话的时候被突然打断，当再度开始谈话时，前面所说的事情已经忘了，或者前面想着的接下来将要说的话也因为被打断而失去了方向。这样会让老人感到无所适从甚至愤怒。

4．复述、停顿、询问、沉默及信息反馈

(1)复述是指用自己的话来重新表达说话者所说的内容。在与老年人谈话的过程中，往往由于年代的差异、文化背景的不同、生活阅历的区别导致我们对老年人所说的某些话或表达的某些观点的接受程度不高，从而怀疑是不是听错了，或者疑惑是不是老人自己说错了或表达错了，这时候我们为了确定老人说的话或表达的意思是其真实想法，往往需要予以复述。比如"我听你刚才说的话是……""你的意思是不是……""你刚才说的是不是……"等。复述是核查我们是否认真倾听的有效手段；也是确保倾听信息精确性的保障机制；同时还可以表达对说话者的尊重、用对方的观点说出自己的想法。这样可以赢得说话者的信任，拉近彼此间的距离。

(2)停顿。在与老年人进行交谈的过程中，当老人滔滔不绝地一个接一个地抛出问题时，我们要适当地示意老人停顿下来。停顿下来后休整一下自己的情绪。停顿不是打断老人的说话。因为老人在向你诉说委屈的时候，不满的情绪会将细小的问题扩大化，很小的委屈化成天大的冤屈，这样不利于老人的身体健康和正常的宣泄。适当的停顿，在停顿的过程中回顾一下前面所提到的问题，将老人觉得委屈的地方换个角度去重复，然后可以将某个问题反复重复，最后老人又会觉得刚才提到的问题就不是问题了，所受的委屈可能不是委屈，而是误解了的关心与爱护。

有位偏瘫老人，在中风前与子女同住，中风后去医院治疗完了就被送进了养老机构，老人不理解子女为什么这样做，觉得是抛弃了自己，觉得辛辛苦苦养育了他们，最后落得了被抛弃的下场。自己越想越委屈，越想越难过。这时我们该如何倾听老人的诉说呢？

当我们听到老人不停地诉说自己的委屈、不停地骂孩子们的不孝的时候。我们可以换个角度把这件事说出来。告诉他"如果我是您的孩子，您生病的时候我的感受是怎样的。"当您那天生病的时候，我吓坏了，您那么痛苦，我非常自责，我责怪自己：平常怎么就没有把您照顾好呢？我怎么就没有提前发现您中风的迹象呢？因为我不懂医学，因为我所谓工作的忙碌忽略了您。你生病了，我害怕失去您，所以送您去最好的医院找最好的大夫为您医治。当医生说您可以出院了，我又担心，您回家后我怎么照顾的了您，怎么能照顾好您，我不想失去我最爱的亲人，于是到处打听，找到了大家公认的最好的养老机构照顾您。希望您过得好一点，但是我们没有来得及向您征求您的意见，让您受委屈了。对不起、这是我们的错。希望您能理解我们对您的爱护与不舍。

其实这样的想法也是大多数孩子的想法。但父母不一定能理解。当这位老人听了我们站在孩子的角度来解答这一疑惑的时候。老人的心胸豁然开朗，顿时将委屈的心情变成了幸福的感叹。

（3）询问。在与老年人进行沟通过程中，我们作为一名倾听者，其主要任务是听老人说，但在听的过程中适时地询问可以表示你对其说话的话题感兴趣，表示你对他的说话很重视。但是询问要做到适时适度、多听少问。

（4）沉默。在与老年人进行沟通的过程中，我们有时需要保持沉默。当老人表达的观念和想法与自己的观点和想法有出入时，我们不适宜马上反对，要学会控制自己的情绪，有时保持沉默也可以向老人传递反对的信号，这样不至于引起争执，同时沉默也可以提醒老人调整自己说话的方式。

（5）信息反馈。有效的倾听不仅会对听到的信息表现出兴趣，也能够利用各种让对方理解的动作与表情给予反馈。例如：积极的目光接触与恰当的面部表情相配合、赞许的点头可以向老人们表示我们在认真倾听；利用皱眉、迷惑不解的表情给讲话人提供准确的反馈信息以利于其及时调整。

五、积极聆听

在与老年人沟通的过程中积极聆听是有效沟通的关键，其目的是为了清楚向对方反映自己对于他的遭遇产生同感，可借此一方面鼓励对方表达得更清晰，另一方面使对方明白自己的感受。

图 4-4-2

方法：积极聆听并不止于默默地听，反而应适时提出开放式问题（Open question）、鼓励（Encourage）、译意（Paraphrase）、反映感受（Reflection of Feelings）及总结（Summary）：

1. 开放式问题。在与老年人进行沟通的过程中，开放式的提问是比较常用的沟通方法与技巧。具有灵活性大、适应性强，有利于发挥被调查者的主动性和创造性，使他们能够自由表达意见。开放型问答能提供更多的信息，甚至还会发现一些超出预料的、具有启发性的信息。

2. 鼓励。老年人在交谈期间遇到难于继续倾吐的地方，可能由于表达力的不足，也可能是犹疑是否应透露更多，有时还可能因为疾病的原因，教我们可以以简短的字句，如"哦，原来是这样子。"或"还有呢？"这类表示愿意倾听的话去鼓励他继续表达。

3. 译意。为了澄清对方的意思或为了向对方表示你真的明白他的意思，都可用自己的言语重述对方所说的话，对老年人来说，知道我们的确在用心倾听他的心底话，往往会收到很好的效果。

4. 反映感受。老年人的语汇表达有时未必很准确，如困惑？沮丧？委屈？无助？扫兴？后悔？被忽略？我们如能在言语上反映出他的感受，不但能使老人们知道我们产生了同感，能够设身处地去感受事物，更可帮助老人们充分处理自己的感受。

5. 总结。特别在老人作了较长的表达后，我们不妨用一两句话总结其处境或感受，以表示对他的问题了解，也可使之后的对谈聚焦于问题的核心，使其知道我们对他的情况有一定的掌握。

课堂互动

传话游戏

教学目标：

让同学们理解倾听的重要性以及倾听的障碍

游戏规则：老师随意点同学的学号，点到学号的同学走上讲台，排成一行。我把几句话写在纸条上，悄悄地说给第一位同学听，第一位同学把听到的话语轻轻地传给第二位同学，绝对不能让第三者听到，依此类推。最后一位同学大声宣布自己听到的答案。

将最后一位同学听到的话与写在纸条上的话进行比较，会发现有很大的差别，甚至有天壤之别。

讨论：1. 为什么话传到最后会和纸条上的内容不一样呢？

2. 结合所学知识谈谈倾听的障碍。

拓展阅读

"倾听"能力测试

上天给了我们一张嘴，两只耳朵，为的是让我们多听少说。充分倾听才会有正确的判断，我们在日常的谈话中，经常可以看到、遇到性急之人，不待别人说完就马上下结论；也会遇到慢条斯理之人，别人说完老半天，也不见他开口，你知道他怎么想的？倾听是一种心态、行为的反映，是对一个人品德的评价，听者善言。你是哪种呢？

（几乎都是—5，常常—4，偶尔—3，很少—2，几乎从不—1）

一、态度

1. 你喜欢听别人说话吗？

    A. 几乎都是   B. 常常   C. 偶尔   D. 很少   E. 几乎从不

2. 你会鼓励别人说话吗？

    A. 几乎都是   B. 常常   C. 偶尔   D. 很少   E. 几乎从不

3. 你不喜欢的人在说话时，你也注意听吗？

    A. 几乎都是   B. 常常   C. 偶尔   D. 很少   E. 几乎从不

4. 无论说话人是男是女，年长年幼，你都注意听吗？

    A. 几乎都是   B. 常常   C. 偶尔   D. 很少   E. 几乎从不

5. 朋友、熟人、陌生人说话时，你都注意听吗？

    A. 几乎都是   B. 常常   C. 偶尔   D. 很少   E. 几乎从不

二、行为

6. 你是否会目中无人或心不在焉？

    A. 几乎都是   B. 常常   C. 偶尔   D. 很少   E. 几乎从不

7. 你是否注视听话者？

    A. 几乎都是   B. 常常   C. 偶尔   D. 很少   E. 几乎从不

8. 你是否忽略了足以使你分心的事物？

　　A. 几乎都是　　　　B. 常常　　　　C. 偶尔　　　　D. 很少　　　　E. 几乎从不

9. 你是否微笑、点头以及使用不同的方法鼓励他人说话？

　　A. 几乎都是　　　　B. 常常　　　　C. 偶尔　　　　D. 很少　　　　E. 几乎从不

10. 你是否深入考虑说话者所说的话？

　　A. 几乎都是　　　　B. 常常　　　　C. 偶尔　　　　D. 很少　　　　E. 几乎从不

11. 你是否试着指出说话者所说的意思？

　　A. 几乎都是　　　　B. 常常　　　　C. 偶尔　　　　D. 很少　　　　E. 几乎从不

12. 你是否试着指出他为何说那些话？

　　A. 几乎都是　　　　B. 常常　　　　C. 偶尔　　　　D. 很少　　　　E. 几乎从不

13. 你是否让说话者说完他（她）的话？

　　A. 几乎都是　　　　B. 常常　　　　C. 偶尔　　　　D. 很少　　　　E. 几乎从不

14. 当说话者在犹豫时，你是否鼓励他继续下去？

　　A. 几乎都是　　　　B. 常常　　　　C. 偶尔　　　　D. 很少　　　　E. 几乎从不

15. 你是否重述他的话，弄清楚后再发问？

　　A. 几乎都是　　　　B. 常常　　　　C. 偶尔　　　　D. 很少　　　　E. 几乎从不

16. 在说话者讲完之前，你是否避免批评他？

　　A. 几乎都是　　　　B. 常常　　　　C. 偶尔　　　　D. 很少　　　　E. 几乎从不

17. 无论说话者的态度与用词如何，你都注意听吗？

　　A. 几乎都是　　　　B. 常常　　　　C. 偶尔　　　　D. 很少　　　　E. 几乎从不

18. 若你预先知道说话者要说什么，你也注意听吗？

　　A. 几乎都是　　　　B. 常常　　　　C. 偶尔　　　　D. 很少　　　　E. 几乎从不

19. 你是否询问说话者有关他所用字词的意思？

　　A. 几乎都是　　　　B. 常常　　　　C. 偶尔　　　　D. 很少　　　　E. 几乎从不

20. 为了请他更完整解释他的意见，你是否询问？

　　A. 几乎都是　　　　B. 常常　　　　C. 偶尔　　　　D. 很少　　　　E. 几乎从不

(http://www.67gu.com/show/1OU6XGt9DJAdyWFD.html)

解析：

　　总分为 90～100 分：你是一个优秀的倾听者；总分为 80～89 分：你是一个很好的倾听者；总分为 65～79 分：你是一个用于改进，还算良好的倾听者；总分为 50～64分：在有效倾听方面，你确实需要再训练；总分为 50 分以下：你注意倾听吗？

任务五
掌握说的技巧

案例呈现

> 杨奶奶，79岁，听力下降，性格有点倔强，脾气有点怪。如果早上十点钟还有人问她吃早饭没有，她会说："你认为我很懒吗？这个时候还没吃早饭。"如果十二点以前有人问她吃中午饭没有，她会说："你认为我是猪吗？整天只知道吃，离吃午饭的时间还早得很呢"。人们担心她听不见而大声地与她说话时，她会说："我又不是聋子，说那么大声干什么？想吵架吗？"声音小点的时候她又会认为是不是有人在说她的坏话，怕被人听见了。面对这样的老人，我们应该怎么说话呢？

知识准备

一、语速与声音

在与老年人进行说话的过程中，普通话标准、吐字清晰，只是能让听者理解你说话的内容，但并不一定能达到你说话的目的。具体说来，当你要强调一件事时，你的语速不可过快，即使你的普通话相当流利，你应该在重点强调处提高语气、放慢语速，这样听者才能有一个接受的过程。另外就是在不同场合，对不同的人，语速也是不一样的，在与老人说话的过程中，语速不急不缓，娓娓道来，使对方更能领会你说话的意思。

另一方面，大多数老年人的听力或多或少都存在一定的减弱，在与老年人说话时，我们说话的声音要比与年轻人说话的声音高一些，洪亮一些，但需要在大声的说话中加入委婉、关切以及接受的元素。这样就不会让说话显得生硬、有拒人千里之外的感觉。说话的时候要注意，温和的面部表情、柔和的肢体语言。

比如，邻居家有一对老夫妇，平常总听到其子女吼话，但老人家总是笑眯眯的，显得异常慈祥与温和，外人总觉得其子女对老人不好，这么好的老父母怎么舍得大声地呼来喝去呢？经过近距离的接触我们才发现，这对老夫妇听力很差，又不愿意佩戴助听器，需要大声说话老人才能听得见，其子女也非常的温和，虽然和老父母大声地说话，但表情总是带着微笑，一举一动中尽显着对老人的关爱与呵护。

二、适宜的称呼与距离

老年人由于其丰富的人生阅历，有的曾经可能在权力的核心位置、有的可能是高级知识分子、有的可能是专家、有的可能是教授、但也有的可能只是普通的老百姓。现在他们虽然已经退出了权力的舞台，但昔日的风雨仍是他们的美好回忆。当我们在与老人说话的时候，适宜的称呼可能会唤醒老人们对过去的美好回忆，激发他与你沟通的热情。

在普通的人际交往过程中，我们强调交流过程中人们之间的距离，不同的距离代表着不同的人际关系。但是在这里我要说，我们在与老年人说话的过程中，与老人的距离要视老人的状况而定，当老人的听力、视力正常的情况下，我们可以像与年轻人说话一样保持适当的社交距离。但是当老人的听力、视力有损伤的时候，这时在与老人说话，要尽量地靠近老人，有时可能还要俯在老人的耳朵边上说话，有时要面对老人，让他们看清楚你美丽的微笑、听清楚你关切的话语，给他们带去温暖与希望。说话时拉近与老人的空间距离但并不是没有距离，没有距离的说话也容易引起他人的误解。另外在与老人说完话之后，需要保持一定的空间距离。

实例：在一个家庭中、爷爷生活完全不能自理了，婆婆还基本能自理，但是也不能照顾爷爷的日常生活起居。这种情况下，子女就为老人请了一位女保姆，保姆每天照顾爷爷的饮食起居，夜间也住在爷爷房间以方便照顾老人翻身和大小便。刚开始的几天，婆婆还能接受，但是几天过后，婆婆不高兴了，无论如何都不让保姆工作了。

三、简洁与重复

老年人由于其衰老，其听力、记忆力、思维能力和理解能力都有不同程度的减退，因此在与老人说话时，尽量使用简洁的语言，并予以重复，这样有利于老人听清楚、有利于老人记忆与理解。

四、恰当的赞美

人人都喜欢被赞美，老年人也是需要赞美的，因为赞美他人能满足人们的自我，如果你能以诚挚的敬意和真心实意的赞扬满足一个人的自我，那么任何一个人都可能会变得更令人愉快、更通情达理、更乐于协力合作。美国的一位学者这样提醒人们：努力去发现你能对别人加以夸奖的极小事情，寻找你与之交往的那些人的优点，那些你能够赞美的地方，要形成一种每天至少五次真诚地赞美别人的习惯，这样，你与别人的关系将会变得更加和睦。

古时有一个说客，当众夸口说："小人虽不才，但极能奉承。平生有一愿，要将一千顶高帽子戴给我最先遇到的一千个人，现在已送出了999顶，只剩下最后一顶了。"一长者听后摇头说道："我偏不信，你那最后一项用什么方法也戴不到我的头上。"说客一听，忙拱手道："先生说的极是，不才从南到北，闯了大半辈子，但像先生这样秉性刚直、不喜奉承的人，委实没有！"长者顿时手持胡须，扬扬自得地说："你真算得上是了解我的人啊。"听了这话，那位说客立即哈哈大笑："恭喜恭喜，我这最后一顶帽子刚刚送给先生你了。"

这只是一则笑话，但它却有深刻的寓意。其中除了那位说客的机智外，更包含了人们无法拒绝赞美之辞的道理。

五、把逆耳的话说好听

1. 明褒暗贬。例如，有一位老人，喜欢把剩饭倒在窗台边喂鸟，剩饭常常掉落在楼下住户的窗边，常常让楼下的住户非常恼火。一天，我们无意中又碰到他正往窗边倒剩饭的时候，我们微笑着对老人说：您真是一位有爱心的爷爷啊，经常都喂外面的小鸟，我们都非常非常的敬重您。这时老人非常的高兴。紧接着我们又说：但是爷爷，您倒在窗边的剩饭都掉到楼下婆婆家里去了，她天天打扫，非常辛苦，最近都生病了。哦，爷爷忽然醒悟，腼腆地说，以后不把剩饭倒在窗户边了。

2. 有"难"同当。有一位刚刚担任差班班主任的老师，开学第一天，他亲切地对同学们说："有人说我们是放牛班、垃圾班，我很生气！我们班的同学，有热情，有爱心，为什么会被人叫成垃圾班？不就是每次考试平均分比别班差一点点吗？我不愿意再受这种侮辱，我们一起脱掉这个枷锁，好吗？"

3. 代人受过。举例：有位老人总是不喜欢整理房间，房间里经常都是乱糟糟的，护理人员给他整理好了后，一会儿又被他弄得乱糟糟的。有一天，科室领导去了他的房间，和蔼地说："爷爷，领导们都说我们科室脏乱差，老人的房间一个比一个乱，这都是我的管理不善造成的，我去向领导背书去。"老人听了非常过意不去，自觉地把房间整理了。

提意见时先提供假设，在向老年人提意见时，如果你直接说"这样不好"不如说"如果……是不是更好一些呢"？为他们提供一些假设、意见，比直接而生硬地提意见更容易让人接受。同样的意思，只是换了不同的说法，结果就截然不同。

六、根据老人的特征进行相应的说话

在与老年人说话的过程中，要抓住老人的特征进行交流，会显得更有针对性。俗话说，"上什么山唱什么歌"，碰到什么样的老人咱们就说什么样的话。说话时要看老人的性格和性别特征、兴趣爱好以及心理需求来确定该说什么，不该说什么，什么时候该说，什么时候不该说。

某人是个爱说奉承话的人。

一日，四个人到他家做客，他分别问他们是如何来的。

A说："我坐轿来的。"

他说："威风、威风"

B 说："我骑马来的。"

他说："潇洒、潇洒!"

C 说："我走路来的。"

他说："从容、从容!"

D 实在听不惯他的奉承之辞，便说："我爬着来的!"

他笑眯眯地朝他伸出大拇指说："稳当、稳当!"

这虽是一则笑话，但这个笑话告诉我们说话的一个道理，与人说话要观察其人的特征。毛泽东是伟大的政治家、军事家、思想家，也是杰出的语言大师，他说过"看菜吃饭，量体裁衣"，"到什么山上唱什么歌"，这也就是告诉我们，说话要看对象，切不可对牛弹琴。

课堂互动

讨论：在日常生活与学习中，你们还采用过哪些说话的技巧，举例并书面表达出来。

拓展阅读

测测你的说话技巧

1. 好友向来不修边幅，这次更是一身邋遢地出现，你会对他说什么？

你是不是想令生人勿近？打扮一下好吗？—2分

你怎可穿成这样，快去换件衣服吧。—1分

你这样子穿，很可爱。—0分

2. 同事心血来潮烫了个新发型，回来问你好不好看，你怎样说？

不予置评—2分

若搭上定型水，一定迷死人—1分

这发型很适合你—0分

3. 相熟的按摩师以新的手势为你作推拿，但你完全不觉得舒适。你会如何向他示意？

有礼貌地说：请轻力一点。—1分

只是大叫：哇！—0分

不客气地说：放轻一点，太大力呀！—2分

4. 你认为自己说话有多诚实？

言语间从不轻易得罪人。—0分

为了不令人听了不悦，偶尔会说善意的谎言。—1分

有话直说。—2分

5. 你将新爱人介绍给好友认识，见面后新爱人说感觉你的好友不喜欢他。事实上，好友的确对你的新爱人无甚好感。你听了新爱人的话会如何回应？

是真的，你没见到刚才你说笑时，他那副不以为然的样子吗？—2分

傻了。他只是对陌生人比较慢热吧。—1分

你这个笨蛋。你看不出他很喜欢你吗？—0分

6. 一位有业务往来的客户向你表示好感，并问你要家中电话，你会：

当面跟他说你对他无感觉。—2分

把电话号码给他，但心里却望他别打来。—0分

跟他说他虽然不错，不过你是从来不跟业务上认识的异性约会的。—1分

7. 请完成下列句子：若真相会给他人造成伤害……

那也没办法。—2分

那就不说出来。—0分

把话说得好听一点。—1分

8. 热爱音乐的他，为你弹奏一曲，你听了觉得他不是搞音乐的料子。当他询问你的意见时，你说：

这不是我喜欢的音乐，低音部分很重。—1分

很好！你有资格灌录唱片。—0分

亲爱的，你千万别辞了份正职不做哦。—2分

9. 上司听闻有人对公司不满，于是向你打听真实性，你如何回应？

有谁会想离开公司啊？—0分

最近有人频频发表意见。—2分

我不太清楚，不过，的确有同事不满意新的管理层。—1分

10. 假设你是一名时装店售货员，遇上一位有大肚腩的顾客，你会说：

用皮带束紧一点就行了。—0分

很好看，不过，你或者该将裤头拉低一点？—1分

我们没有你的尺寸。—2分

结果分析：

16分或以上

"老实"不是你待人处世的策略，你以自己诚实而自豪，但老实已成为你手中的"机关枪"，随时可以伤人，令人难堪。你以为有话直说就是老实，但事实上，这只是你踩别人的一种手段，见人不开心你就会心凉。如果你说话有技巧一些，能多顾及别人的感受，人家才会把你说的话听得入耳。你必须分清楚直率和鲁莽是两回事。不妨易地而处想一想，若别人以同样方式对你，将有何感受？如何控制这份直肠直肚的个性？你必须试图说服自己，没将真相道出，并不代表你不诚实，你这么做只是在帮人而已。例如，朋友问你"我的裙子好看吗？"若她的打扮明明并不怎么样，可以这样回答。"很好呀！不过我还是觉得你那套红色套装的剪裁好一点。"这句话就很有技巧地把应说的话说了出来，但又不会令人难受。这样人们才不会被你"口没遮拦"的话吓坏。

8—15分

你很圆滑，是外交高手，直率却令人不讨厌，说话不会让人听了难受，所以，大家事无大小都爱向你讨教意见。你何以如此懂得说话的技巧？可能是因为你聪明、明白事理，懂得为他人设想，知道怎样说话才不会伤人。你既诚实也敏锐，说话的分寸拿捏得很准，坦白而善解人意，是个人见人爱的人。

7分或以下

你十分害怕说实话会让人留下不好的印象，所以为了赢尽他人的欢心，你经常说些无伤大雅的谎言。你渴望全世界的人都是你的朋友，所以常会想办法说些你以为别人爱听的话，哪晓得到头来却害了自己。没有人会跟你交心，因为你经常掩饰自己的事实感受和想法。不要再虚伪了，否则就没有人再理会你。警惕自己不准再撒谎，每天记下自己说谎的次数，这样你就能看清自己有多"虚伪"。不妨奖励一下老实的自己，一周说谎不超过三次就给自己买份礼物，以此慢慢戒掉撒谎的习惯。诚实才会受别人尊重，得人欢心。

同学们，你是一个会说话的人吗？会说话的人左右逢源，如鱼得水；不会说话的人将处处受限，寸步难行。

人生一世，我们不可能生活在一个孤立无援的空间里，无论我们将怎样度过漫漫人生，选择怎样的生活方式，实现什么样的目标，都无可避免地要与人交往、沟通以及和谐相处。因此，成为会说话的人，也许是生命中最基本、最重要的一件大事。

任务六

实现共鸣

 案例呈现

> 　孙大爷，79岁，高级工程师，卒中后遗症左侧偏瘫，语言表达困难。总觉得自己被子女抛弃在养老机构而不管他，想方设法找借口，编理由想回家。昨天说护理员态度不好，今天说饭菜难吃，过两天又说同寝室老人影响他休息等。作为养老机构管理人员该怎样与老人进行沟通呢？

知识准备

　　在与老年人进行沟通交流的过程中，实现共鸣是沟通成功的重要标志，也是沟通能够持续的标志。相反，如果缺乏共鸣，沟通将难以持续下去。如何实现共鸣呢？我们可以采用以下方法：

一、融入

　　在与老年人进行沟通的过程中，巧妙地将自己的经历、兴趣与爱好、感受与想法巧妙地融入，凸显出彼此之间的相似性，这样就可以营造出共鸣的交谈气氛。例如，在与一位老人的交谈过程中，获知他老家是安徽，于是我就告知我去过你们安徽的黄山，雄伟壮丽，非常想再次前往。老人一听说我去过他的老家的风景名胜地，非常骄傲与自豪，然后就会滔滔不绝地向我介绍黄山各个景点的特点、游览的注意事项。交谈的气氛非常融洽。

二、顺向求同法

　　所谓顺向求同法就是在交谈的过程中寻找与对方的共同的语言，渲染共同体验，缩短双方之间的心理距离，引起心理共鸣。例如，有一位老人，他说他年轻的时候是高级工程师，修铁路虽然工作非常辛苦，但是收入还比较可观，现在退休了，收入少了一大截，觉得家人是因为自己收入的减少才疏远了自己。然后我就给他说，你真是了不起，我的某某亲人也是高级工程师，在工地上上班非常辛苦，虽然收入比您退休了拿的多一点，但是面临的危险要多很多。现在你虽然退休了，但是您的退休金仍然比我现在上班还多很多，我相信您的子女不是因为你的收入减少了与您疏远，你们之间可能没有进行仔细的沟通产生了一些误会让您觉得他们对您疏远了。我相信只要您和你的子女进行坦诚的沟通，一切问题都会迎刃而解了。之后他和他的子女进行了一次面对面的沟通，所有的误会都解除了。

三、对比法

在与老年人沟通的过程中还可以采用对比法强调自己的观点。例如，有一位老人突然生病了，非常难受，一切日常生活都需要别人的帮助，产生了轻生的念头。这时候我问他，爷爷你经过六十年代吗？他说经历过，我又问他，在那个年代，你生过病吗？他说生过病。我又问他，那个时候更难受还是现在更难受？他说，那个时候更难受。我又问，那个时候更难受、更困难都活过来了，现在就活不下去了吗？他说活得下去。于是我们都说，珍惜现在的幸福生活，好好活着才是更好。

课堂互动

两人一组，相互交流，体会如何与对方实现共鸣。

拓展阅读

为了生存

一次海难中生还的 5 个人漂流到了一个小岛上，他们为了生存，必须建造一栋房屋，以抵御野兽与即将到来的寒冬，幸好，这个小岛曾经有人居住过，留有很多残存的建筑物，有大量的石料可以使用。但是，这些石料都非常巨大且沉重，每块都需要 4 个人各抬一角，才能移动，想把这些石料搬运到适合盖房子的地方实在是一件很辛苦的事。漂流到小岛上的一共有 5 个人，大家都相互推诿，不愿意去抬石料，即使是去抬石料，也不愿意出力气，眼看寒冬将至，盖房子的工作却没有一点进展。

这时候，又有一个人遭遇海难漂流到这个小岛，当知道大家在为严冬将至却依然没有盖起房子而苦恼时，这个人先是在小岛上转了一圈，而后把大家召集起来，对大家说："我已经调查并估算过了，我们盖房子大约需要 480 块石料，每块石料要 4 个人抬，那么就是要 1920 人次，我们是 6 个人，每人抬 320 次，每天每人抬 32 次石料，一天就可以抬 48 块，十天全部抬完。用不了一个月，我们的房子就能盖起来，那时候刚好是这里的冬天，我们在屋子里温暖地过冬，也不用担心野兽的袭击，来年春天就会有船经过，我们就都能得救"。

听到这里，大家都非常兴奋。这个人接着说："大家的劳动付出是一样的，不计先后，每天完成这个工作量就可以休息，但是，有一点必须强调，每个人都必须全力以赴，因为，搬石料时，四个人中如果有一个人偷懒，石料就很可能落地，砸伤其他人的脚，这样一来虽然自己没有受伤，但是却打破了这个劳动分工的平衡，如果受伤的人超过两个，我们将无法再完成房子的建造，只能眼睁睁地冻死，或是被野兽吃掉，所以，为了自己，大家也要全力以赴"，大家都由衷地点头表示赞同。"好，既然是我的提议，那么我就第一个去搬石头"，说罢，这个人甩掉上衣走向巨石。因为已经有了明确的分工，大家也就不再推诿，也都抢着去搬运，同时都很卖力气，生怕同伴受伤，因为谁都不希望这个计划失败。

果然，十天时间石料就全部如期搬运完了，这个人用同样的方法解决了后面建造中的团队分工合作问题。不到一个月，一栋温暖、结实的房子便建了起来，他们顺利挨过冬季，第二年有航船经过，他们都顺利获救。

任务七
巧妙地建议、意见和批评

案例呈现

> 杨奶奶，82岁，曾是某知名大学的教授，备受学生们的敬仰。但是杨奶奶的生活非常糟糕，衣裤鞋袜很脏了也不愿意换洗，每天想什么时候起床就什么时候起床，想怎么吃饭就怎么吃饭。我们应该怎样给杨奶奶提点意见和建议，让她的生活更整洁、规律，生活质量更高，但又能不伤害其自尊呢？

知识准备

老年人由于其丰富的人生经历与阅历，在生活中形成了比较固定的思维模式和想法，对年轻人的意见或建议批评的接受不是那么容易，所以我们如果需要向他们提出意见、建议和批评的时候，一定要注意方法与策略。

一、巧妙地提建议和意见

1. 在闲聊中不经意地暗示

当我们在与老年人进行闲聊的时候，他们的戒心会暂时降低，这时候，是我们影响其潜意识、投射有效信息的最佳机会。

一天早上，看见一位爷爷在广场上悠闲的散步，但是他的衣服却很脏了，想建议他把衣服换换，但又担心引起老人的反感。这时候我们可以这样做：加入到老年人的散步行列，再与老人闲聊"爷爷，这么早就出来了锻炼身体了啊?"老人家："是啊，你也早啊"。我们："您真不错啊，身体这么好啊!"。老人家："还可以"。我们："哦，您如果换件衣服，您看起来会更精神一些"。这时候老人就会注意到自己的衣服，果然有些脏了，是该换了。

2. 提居安思危的建议

当老年人意识到问题的严重性的时候，他们才会更有愿望去接受我们的意见或建议。在老人的潜意识里都有追求幸福和快乐的愿望，但任何人都有碰到挫折的时候，当老人在挫折中感到迷茫与痛苦的时候，可以扩大这种痛苦的感觉，从而让他们接受你的建议。

有一位跌倒后骨折的老人，需要卧床三个月的时间，由于骨折后的疼痛，老人不愿意翻身，没几天臀部就出现了一个早期压疮。给他换药时有一点点疼痛，老人又大吵大闹地不愿意换药。我们知道：早期压疮出现后如果不及时换药、还不坚持翻身，早期压疮很快就会向深度发展最后造成坏死，感染，甚至影响老人的生命。于是就将压疮的发展经过与结果告诉老人，同时告诉他，如果配合治疗与护理，其早期压疮几天就好了，否则，肯定就只有坏死、感染，那时候的痛苦比现在强烈几十倍。老人听后，强烈的求生欲望和怕痛的情绪让其妥协了。

3. 赞美后提建议

想让老年人接受你的意见和建议，还有一个巧妙的方法就是先要承认他的"可取之处"，然后顺势就说："如果怎样怎样的话可能会更好。"

4. 以商量的口气提出意见。

在实际生活中，以商量的口气向老年人提出意见或建议，老人会感觉自己受到了尊重而不是责怪，因此可能会收到意想不到的效果。

有位老人喜欢把什么东西都放在自己的床上，包括零食之类的，目的是方便自己拿取，但又不愿意整理，房间里、床上到处都是乱糟糟的一团。这时候我们要建议老人不要将所有的东西都放在床上。我们不妨试试这样：我们去到老人房间，慢慢坐下来向老人说："婆婆，我想给您商量一个事情，您看行吗？""行呀，你说吧"。"婆婆，您看，您的衣服、零食还有被子，全部裹在床上，您需要的时候又找不到，不需要的时候床上又看起来乱哄哄的，而且吃的东西放在床上还容易招来老鼠、虫子之类的，对您的身体不好，您看可不可以整理一下您的房间和床，弄得干干净净，整整齐齐的，您住着也舒服、看着更舒服，怎么样？"这样一来，老人可能会比较乐意地接受了。但是如果换个方式效果可能就差些，有时可能还会引起争执。例如，上面的那个老人，你一去就说，婆婆你看你的床上多乱啊，快整理一下。老人可能会马上反对，不行不行，这些东西不能动，动了我就找不到了，千万不能动啊。

二、巧妙地批评

1. 认可后进行批评

在现实生活中，没有任何人愿意让别人批评自己。所以批评人一定要讲究方法和技巧，做到既不伤害别人的自尊又要使别人接纳你的建议。

有一位老人平常爱管点闲事，对看不惯的事情张口就骂。邻居们都很不舒服。这种情况下我们可以这样对老人说："婆婆，你平常对大家的事情都很热心，也敢说，这点大家都觉得您挺好的。但如果因此而骂人呢，大家就觉得不是那么好了，以批评教育为主嘛。您说呢？"这时候，老人可能会认真地想想平常自己是不是有爱骂人的习惯，然后加以节制。

2. 自责式批评

批评要能服众才能起到良好的效果，不然只会适得其反，引起被批评者的不满和排斥，反而使事情变得更糟。要使自己的批评能服众，首先要敢于自我批评。

有一天，一位老人因一点点小事，就与其他部门的领导大吵大闹，还说因此要去上访。这时，我找到这位老人，给他说：爷爷，真是对不起，都怪我平常没有注意到您的需要，您看可不可以将您的想法和我谈谈，我想我应该能帮得到您。老人因此就平静地与我谈论这件事情的来龙去脉，最后问题得以解决。

3. 学会给老人台阶下的批评

没有人是愿意接受别人的批评，哪怕自己已经犯了错误。特别是老年人，在大庭广众之下接受批评，更是不愿意发生的事情。因此，如果我们发现老人在某些方面出现了错误，而且也意识到自己犯了错误有悔改之心时，有时候我们可以帮他们找个借口，给对方台阶下，他也会知道我们在维护他的尊严。我们一旦给了他们尊严，他也会自觉地维护我们给他的尊严。

有位老人在晨练的时候无意中错拿了其他老人的衣服，有老人就来告诉我们说这位老人偷了别人的东西。这个老人也意识到了自己的疏忽而可能引来的误解。于是老人把那件误拿的衣服交给我们，第二天晨练的时候我们当着大家的面问这是谁的衣服啊，某某老人拾到后交给我们让我们帮着找到失主。这样，他在老人中的误会就消除了。因为如果在众多老人面前说这位老人误拿，大家都不会认同的，因为他们先入为主的都已经认为是老人偷的了。

课堂互动

同学们十人一组，每个人采用不同的方式为其他九人分别提一条意见、建议或批评，但又顾及同学的面子和自尊。

拓展阅读

哲理故事：客人的建议

有位客人到某人家里做客，看见主人家的灶上烟囱是直的，旁边又有很多木材。客人告诉主人说，烟囱要改曲，木材须移去，否则将来可能会有火灾，主人听了没有做任何表示。

不久主人家里果然失火，四周的邻居赶紧跑来救火，最后火被扑灭了，于是主人烹羊宰牛，宴请四邻，以酬谢他们救火的功劳，但是并没有请当初建议他将木材移走，烟囱改曲的人。

有人对主人说："如果当初听了那位先生的话，今天也不用准备宴席，而且没有火灾的损失，现在论功行赏，原先给你建议的人没有被感恩，而救火的人却是座上客，真是很奇怪的事呢！"

主人顿时醒悟，赶紧去邀请当初给予建议的那个客人来吃酒。

一般人认为，足以摆平或解决企业经营过程中的各种棘手问题的人，就是优秀的管理者，其实这并不是绝对的。

"预防重于治疗"，能防患于未然之前，更胜于治乱于已成之后，由此观之，企业问题的预防者，其实是优于企业问题的解决者。

任务八
掌握拒绝与安慰老人的技巧

案例呈现

> 李奶奶，92岁，与老伴非常恩爱，二人同时住进某养老机构。一周前其老伴生病住院，李奶奶非常心疼和着急，想去医院照顾与陪伴。李奶奶三番五次去找管理人员，请管理人员给她写张出门条，她要自己去医院照顾老伴。作为养老机构的管理人员，应该怎样拒绝与安慰李奶奶呢？

知识准备

一、拒绝老人的技巧

1. 表达同理心后的拒绝

在与老人进行沟通中，有时老人对你提出的建议或者要求会让你觉得很难接受，即使这样，我们也不要急于一口说"不"，可以试着从老人的角度出发，对他的想法表示理解，然后再在对他表示理解的基础上予以拒绝。这样的拒绝会使老人觉得好接受一些，也能争取到对方对自己的理解。

有一位老人想自己出去买东西，要求我们给他开个出门条，允许他出去，但按照规定还有家属的要求，这位老人不能独自出门。对此，我们在拒绝老人的时候可以这样说："婆婆，您的心情我非常理解，我也知道您很需要，我也很想开个出门条给您，可是，我不能违反院里的规章制度啊，我也不能违反您孩子们的要求啊，如果我私自给您开了出门条，您出门发生了意外，我会愧疚一辈子的啊。这是我对您的不负责任啊。"这样，老人也就不再那么坚持了。

2. 建议式拒绝

当我们在拒绝老人的某些要求或建议时，如果能给他们一些有用的建议，这也算是对他的一种"补偿"，由此可以减少他因为你的拒绝所带去的不良情绪。

某养老机构中有一位老人，要求我们给他做超过其护理级别的服务工作。我们在给老人进行沟通的过程中，可以试着这样告诉老人："爷爷，您的护理级别是什么什么，这个护理级别我们应该给您做什么什么样的工作，您说的那份工作是什么护理级别的护理内容，您看如果你确实需要这样的服务呢，我给您的孩子们打电话征求他们的意见，把您的护理级别调整一下，您看行吗"？老人听了以后也就不再提出不合理的要求了。

3. 拒绝老人时表示遗憾

在拒绝老人的某些要求时，一定要向他们表示遗憾，不能生硬地、冷冰冰地去拒绝，这样才不至于给我们带来不好的影响。表示遗憾时最好能够获得对方的理解，这样的拒绝会更加委婉，更加不容易伤害到双方。这样的表达，可以让老人感觉到我们是有心帮助他的，但确实无能为力啊。只要成功地传递给老人这样的信息，那么我们的拒绝就不像是拒绝了，只是表现自己的无力而已。

一位老人说，今天下午我能坐你的车去某商场买什么什么吗？如果要拒绝他，我们这样说可能会好一点："非常遗憾啊，爷爷，我也想顺便把您送到某某商场，可是今天下午我要去什么什么地方，这个地方与您要去的商场不在一条路上。"

4. 幽默地化解老人的拒绝

幽默可以缓解紧张的气氛，当我们与老人进行交谈的时候，若出现了比较紧张尴尬的气氛时，你不妨幽默一下，从而缓解紧张尴尬的气氛。

有一位老人，他不小心把裤子尿湿了一点点，怕麻烦就不想换裤子，这样总是有一股尿臭的味道从他的身上散发出来。我们总想让老人换掉这条裤子，老人就是不换，一见到我们就骂"你们滚哦，不要管我。"这时候我们如果按照常规的做法根本就近不了老人的身边，就更谈不上让老人换裤子了。这时我们换了一种比较幽默的方式："爷爷，您叫我们滚啊，那我们就滚过来了，同志们都给爷爷滚过来，快点滚啊，滚去把爷爷的裤子找出来。爷爷您看我们都滚去把您的裤子找出来了，您还是换了算了，换了后我们滚去把您的裤子洗了您才有的穿啊。"爷爷本来是骂人的话，当我们用他骂人的话幽默地化解成语言和说话的方式，他的怒气也就消了。

二、安慰老人的技巧

1. 老人难受时，别说"我早就给你说过了"之类的话

老人跌倒了，发生了骨折，非常疼痛与难受，后悔自己不听招呼，擅自去做某件事情。这时候，我们给予老人的不应是"你看嘛，我早就给您说过了……"之类的话，这样会让老人越来越伤心和自责。我们应该表示关心和爱护，这样说："婆婆，别怕，我们正在通知医院和您的家人，他们一会就来送您到医院检查治疗。您现在感觉怎么样，需要喝水吗？需要其他什么吗?"这样的安慰会让老人的心里好受一点，躯体的疼痛也许会减轻一点。

2. 理解和接纳老人的感受

理解和接纳老人的感受会让老人的心里得到慰藉，当老人在为某件事情担心、难

过的时候，我们不宜说"不用担心，不用难过"的话语，他们不会因为我们一句"不用担心，不用难过"就真的不担心，不难过了，因为这样的话语其实是在否认别人的感受，暗示他们这没什么可以难过，没什么可以担心的。这也表明我们根本不理解和不接纳他们的感受。这时我们如果说："我知道你很担心……，不过之前你已经克服过类似的困难了，因此我相信你一定会渡过这个难关的。"这样可以增强他们克服困难的信心。

图 4-8-1

3. 多聆听老人的真实想法，默默陪伴，轻轻握住他的手

当一位老人正在为某件事情感到无比伤心、难过的时候，我们默默地陪伴，轻轻地握住她的手可能比任何的语言都好；关于老人对痛苦的诉说要多聆听老人的真实想法。

4. 关爱式拥抱和触摸

当一位老人在伤心、害怕、生病，特别需要温暖和关爱的时候，关爱式的拥抱和触摸可以让老人感到温暖和关爱，从而在心灵上得到慰藉。

图 4-8-2

有一位老人，突然听到住医院的老伴去世的消息，顿时失声痛哭，伤心无比。这时他们会有死亡离自己也越来越近的想法而感到内心的恐惧。这时候我们可以轻轻地扶住老人的肩膀，给予关爱式的拥抱，用手轻轻地拍拍老人的肩背，轻轻地触摸老人后脑以下的头部，以表示关心和爱护。这时老人的内心会慢慢地恢复平静。

5. 当老人陷于情绪或身体的痛苦之中哭泣时，请允许对方哭泣

面对哭泣的人，人们最自然的反应，即是希望对方停止哭泣，并跟他说："别哭了，事情一定可以安然解决的！"其实这并不是最适当的反应。当对方啜泣或掉泪时，我们通常会对自己的无助而感到坐立难安。然而，哭泣是人体尝试将情绪毒素排出体外的一种方式，而掉泪则是疗伤的一种过程。所以，请别急着拿面纸给对方，只要让他知道你支持他的心意。

6. 感同身受

面对面安慰别人，和我们内心真正的状态，有很大的关联。因为对他们的遭遇感同身受，我们不仅分担对方的痛苦，也需忍受自己内心的煎熬。不论面临的处境如何，善意的现身与安慰，即是给予对方的一份礼物。

7. 勇敢挺身而出

不论身处任何状况，对自己不知该说什么而感到困窘，是无妨的；让我们想帮助的人知道我们的感觉，也是无妨的。甚至可以老实地说："我不知道你的感觉，也不知道自己该说什么，但是我真的很关心你。"即使自己对这样的表达觉得可笑，还是可以让对方知道，你不急着现在和他交谈。你或许可以选择用书写的方式，来表达感觉和想法。除了言语的表达之外，疗效对话尚有许多不同的形式。

8. 设身处地、主动帮忙

当老人遇到困难，处于伤心难过的时候，需要得到别人设身处地的理解和帮助，这时候不要吝啬你的同情心与爱心，伸出你的援助之手。

9. 善用同理心

即使我们遭遇过类似的经验，也无法百分之百了解别人的感受，但是我们可以善用同理心去关怀对方。切记，需先耐心听完别人的故事，再考虑有没有必要分享自己的故事，而分享的结果是否对对方有益。

课堂互动

两个同学一组，相互扮演案例中的李奶奶和机构管理人员，学习如何去拒绝与安慰李奶奶。

拓展阅读

如何用心理学安慰朋友

当朋友伤心难过时，很多人要么好言相劝"别哭了，坚强点儿"，要么帮助分析问题，告诉他"你应该怎么做"，还有人会批评对方："我早就给你说过……"

安慰人也要讲心理技巧，要根据对方的心理活动，给予最贴心的抚慰。

要倾听对方的苦恼

由于生活体验、家庭背景、所受的教育等不同，形成了每个人对于苦恼的不同理解。因此，当试图去安慰一个人时，首先要理解他的苦恼。

安慰人，听比说重要。一颗沮丧的心需要的是温柔聆听的耳朵，而非逻辑敏锐、条理分明的脑袋。聆听是用我们的耳朵和心去听对方的声音，不要追问事情的前因后果，也不要急于做判断，要给对方空间，让他能够自由地表达自己的感受。

聆听时，要感同身受，对方会察觉到我们内心的波动。如果我们对他的遭遇能够"悲伤着他的悲伤，幸福着他的幸福"，对被安慰者而言，这就是给予他最好的帮助。

要接纳对方的世界

安慰人最大的障碍，常常在于安慰者无法理解、体会、认同当事人所认为的苦恼。人们容易将苦恼的定义局限在自我所能理解的范围中，一旦超过了这个范围，就是"苦"得没有道理了。由于对他人所讲的"苦"不以为然，因此，安慰者容易在倾听的过程中产生抗拒，迫不及待地提出自己的见解。因此，安慰者需要放弃自己根深蒂固的观念，承认自己的偏见，真正站在对方的角度去看他所面临的问题。

心理专家说的"放下自己的世界，去接受别人的世界"，就是这个道理。最好的安慰者，是暂时放下自己，走入对方的内心世界，用他的眼光去看他的遭遇，而不妄加评断。

要探索对方走过的路

安慰者常常会感到自己有义务为对方提出解决办法。殊不知，每个被苦恼折磨的人，在寻求安慰之前，几乎都有过一连串不断尝试、不断失败的探寻经历。所以，我们所要做的就是，探索对方走过的路，了解其抗争的经历，让他被听、被懂、被认可，并告诉他已经做得够多、够好了，这就是一种安慰。

心理专家提醒安慰者一个重要的观念："安慰并不等同于治疗。治疗是要使人改变，借改变来断绝苦恼；而安慰者则是肯定其苦恼，不试图做出断其苦恼的尝试。"实际上，在安慰人的过程中，所提供的任何解决方法都很可能会失灵或不适用，令对方再失望一次，故而不加干预、不给见解，倾听、了解并认同其苦恼，是安慰的最高原则。

另外，陪对方走一程也是一种安慰。对方会在你的陪伴下，觉得安全、温暖，于是倾诉痛苦，诉说他的愤恨、自责、后悔，说出所有想说的话，当他经历完暴风雨之后，内心逐渐平静下来，坦然面对自己的遭遇时，他会真心感谢你的陪伴，也觉得是靠自己的力量走过来的。

(http://health.sohu.com/20100423/n271694942.shtml)

任务九

掌握避免冲突的沟通及反馈的技巧

案例呈现

> 黄大爷，91岁，文盲，身体健康，住在某养老机构。老人和家属都认为老人的身体还可以，就选择了基础护理的服务内容。与黄大爷同住一室的爷爷身体差些，选择了介助一级的服务内容，护理人员每天给同室的老人送饭，饭后清洗餐具。而黄大爷根据护理内容需要自己去餐厅进餐，进餐后自己清洗餐具。黄大爷觉得自己受到了欺负，于是去找管理人员理论，老人觉得自己这么大年纪了，护理员居然不给他送饭洗餐具，而同室老人还年轻些都享受了这样的待遇。凭什么这样欺负人。作为机构管理人员应该怎样与黄大爷进行沟通呢？

知识准备

一、避免冲突的沟通

在与老人进行沟通的过程中，往往一句话没有说好，便会引起冲突，造成沟通无法持续，因此我们在与老人进行沟通的时候要尽量避免引起冲突。

1. 避免说出绝对语言

所谓绝对的语言，就是指诸如"从不""总是""从来没有过"之类表示绝对意思的话。这些话大多不符合事实，但人们在抱怨的时候很容易说出这样的话。比如：我们不能向老人说"您从来都不遵守院里的规章制度；你总是不讲卫生；你从来都是不讲道理"之类的话语，这样的话语很容易引发老人的反感情绪，导致冲突的发生。

2. 养成同理心的思考习惯

我们与老人之间出现冲突和误会，最重要的原因就是缺乏同理心，冲突双方都坚信自己是对的，这也是人的自然倾向，因为人总是习惯于给自己找理由。

有一种简单有效建立同理心的方法，当我们在面对分歧的时候需要从以下几个方面去考虑：

(1)这件事情不重要：有时候与老人之间会因为一件很小的事情发生争执，从而伤害大家的关系，因此我们需要判断正在争执的这件事是否很重要。

(2)争执的事情我对你错：也就是说我们是对的，老人是错的，这是人的自然倾向。

(3)争执的事情我错你对：在争执的过程中承认自己错了，这需要勇气，需要找理由证明自己是错的，别人是对的这比找理由证明自己是对的，别人是错的要难得多。但是我们必须认识到这一点，每个人都认识不到自己的错误才可能发生争执。因此我们要努力试着这样做，才能建立同理心，才能真正理解老人的出发点。

(4)争执的事情你我都有错：大家都有对的地方，也有错的地方，很多时候大家都有部分道理，也有没有道理的地方，大家都要正确的认识。一旦养成站在老人的角度看问题的习惯，会给我们与老人的沟通带来很多的好处。

3. **转移注意力**

在为老人的工作中我们常常碰到这种情况：老人或者家属怒气冲冲地闯进我们的办公室，或者老人怒气冲冲地走到我们的面前准备和我们进行理论。这时，我们该如何做才能减少他们的怒气呢？我们这样做试试：首先我们应该从办公桌后面走出来；其次，走出来的时候稍微弯下自己的身体，这样可以使老人感觉自己的高大，心理的压力可以减轻不少。在这样做的时候摊开自己的手掌，这样可以表示自己的真诚，并向对方和颜悦色地解释，同时礼貌地向他请坐。然后抱着请教的语气说："婆婆，我正想找您呢，想向您请教一些问题，您必须得教教我，要不然我都不知道该怎么办了"。老人的注意力一下子就转移到了怎样指导我们的问题上来。切不可握住双拳或者将双臂抱于胸前看着老人，这样表示愤怒和拒绝与老人的沟通，矛盾可能会因此而升级。

4. **冷静地化解愤怒**

冷静地思考可以调整自己的情绪，同时也可以感染愤怒的老人，让其激动的情绪慢慢平静下来。

一位老人怒气冲冲地冲进我们的办公室的时候，我们马上冷静地迎以关切的面孔，柔和地问道："爷爷怎么啦？什么事情把您给气成这样，慢慢说，别把身体气坏了，这样不值得。"

5. **沉默来化解冲突**

当我们与老人说话时出现冲突的趋势时，我们可以以沉默来化解，这时候，就让老人一个人说，我们就看着他的眼睛，等老人把一肚子的不满情绪说出来后，可以发现，他的情绪也就慢慢地平静下来。

6. **认真的态度来处理冲突发生的原因**

我们与老人发生冲突有时候会是因为老人与其他人发生冲突后没有得到很好的处理而引起的。这种情况下我们要认真听取老人的说话，之后与老人一起分析之前冲突发生的原因。然后我们要对冲突发生的原因进行认真化解。整个过程都要表现出认真负责的态度，不能敷衍了事。这样才能获得老人的信任和理解。冲突才会因此而得以化解。

一位老人非常生气地来向我们投诉，你的护理人员的态度太差了，我叫她帮我洗洗脚都不愿意，还叫我加钱。你们是钻进钱眼里了吗？太不像话了，我是老人呢。

针对这个现象，我们就要认真地与老人共同来分析原因了。当我们认真地把原因分析出来后，老人发现自己理亏了，当然我们不能责怪他，我们会检讨自己，是我们的工作做得不够细致才让他出现了这样的误会。当然也有分析出来的原因里是我们失误了，我们首先要向老人表示歉意，然后就要积极认真地去处理这些问题。当老人发现我们已经认识到了自己的失误并且认真负责地去处理时，老人可能已经在心里原谅了我们。

二、反馈的技巧

在与老年人进行沟通的过程中，当我们作为信息的接收者时，需要对老年人的信息进行反馈，这里我们将简单地说说信息反馈的技巧。

1. 总是以称赞作为反馈的开始，对老人传递过来的信息我们首先要对正确的信息予以肯定性的赞扬，然后再谈需要改进的地方。

2. 称赞要针对本人，提出的建议不要针对本人，而是针对某件事情或某种行为等等，也就是对事不对人。

3. 反馈不要加入责备的情绪，反馈绝对不是责备。

4. 不要使自己凌驾于他人之上，不要施加压力给别人，这会让别人感到压抑。只要把问题解释清楚了，然后请求对方在实施的过程中予以帮助即可。

5. 总是以积极的方式结束反馈，要确保每次反馈都要在友好的氛围中结束，达到解决问题，双方都满意的效果。

6. 别对某件事情唠叨不停，对于某一件事情或某一种情形说一次就行了，一旦解决了问题就不宜再提。

7. 校正性的反馈需要加入保密的成分，这意味着除了当事人之外，不能让其他第三人在场，最好选择在一个关着门的房间里进行。

 课堂互动

养成零成本奖励的习惯

两个同学一组进行互动：

1. 给你的老人们说谢谢指导——双方相互对某件事情予以指导，及时对对方说"谢谢指导"

2. 及时赞扬你的老人们某件事做得好——双方相互之间真诚地说"谢谢您成为我的搭档"

3. 对你的老人们说鼓励的话——双方相互之间互相鼓励"为了某个目标，我们一起努力"

 拓展阅读

避免正面冲突

第二次世界大战刚结束的一天晚上，卡尔在伦敦学到了一个极有价值的教训。有一天晚上，卡尔参加一次宴会。宴席中，坐在卡尔右边的一位先生讲了一段幽默笑话，并引用了一句话，意思是"谋事在人，成事在天"。

他说那句话出自圣经，但他错了。卡尔知道正确的出处，一点疑问也没有。

为了表现出优越感，卡尔很讨嫌地纠正他。那人立刻反唇相讥："什么？出自莎士比亚？不可能，绝对不可能！那句话出自圣经。"他自信确定如此！

那位先生坐在右首，卡尔的老朋友弗兰克•格蒙在他左首，他研究莎士比亚的著作已有多年。于是，他们俩都同意向格蒙请教。格蒙听了，在桌下踢了卡尔一下，然后说："卡尔，这位先生没说错，圣经里有这句话。"

那晚回家路上，卡尔对格蒙说："弗兰克，你明明知道那句话出自莎士比亚。"

"是的，当然，"他回答，"《哈姆雷特》第五幕第二场。可是亲爱的卡尔，我们是宴会上的客人，为什么要证明他错了？那样会使他喜欢你吗？为什么不给他留点面子？他并没问你的意见啊！他不需要你的意见，为什么要跟他抬杠？应该永远避免跟人家正面冲突。"

永远避免跟人家正面冲突。说这句话的人已经谢世了，但卡尔受到的这个教训仍长存不灭。那是卡尔最深刻的教训，因为卡尔是个积重难返的杠子头。小时候他和哥哥，为天底下任何事物都抬杠。进入大学，卡尔又选修逻辑学和辩论术，也经常参加辩论赛。从那次之后，卡尔听过、看过、参加过、也批评过数以千次的争论。这一切的结果，使他得到一个结论：天底下只有一种能在争论中获胜的方式，那就是避免争论。避免争论，就像你避免响尾蛇和地震那样。

十之八九，争论的结果会使双方比以前更相信自己绝对正确。你赢不了争论。要是输了，当然你就输了；即使赢了，但实际上你还是输了。为什么？如果你的胜利使对方的论点被攻击得千疮百孔，证明他一无是处，那又怎么样？你会觉得扬扬自得；但他呢？他会自惭形秽，你伤了他的自尊，他会怨恨你的胜利。而且一个人即使口服，但心里并不服。

潘恩互助人寿保险公司立了一项规矩："不要争论！"

真正的推销精神不是争论，甚至最不露痕迹的争论也要不得。人的意愿是不会因为争论而改变的。

有位爱尔兰人名叫欧•哈里，他受的教育不多，可是就爱抬杠。他当过人家的汽车司机，后来因为推销卡车不成功而来求助于经理。经理听了几个简单的问题，就发现他老是跟顾客争辩。如果对方挑剔他的车子，他立刻会涨红脸大声强辩。欧•哈里承认，他在口头上赢得了不少的辩论，但并没能赢得顾客。他后来对经理说："在走出人家的办公室时我总是对自己说，我总算整了那混蛋一次。我的确整了他一次，可是我什么都没能卖给他。"

经理的第一个难题不在于怎样教欧•哈里说话，经理着手要做的是训练他如何自

制，避免口角。

欧·哈里现在是纽约怀德汽车公司的明星推销员。他是怎么成功的？这是他的推销策略："如果我现在走进顾客的办公室，而对方说：'什么？怀德卡车？不好！你要送我我都不要，我要的是何赛的卡车。'我会说：'老兄，何赛的货色的确不错，买他们的卡车绝对错不了，何赛的车是优良产品。'"

"这样他就无话可说了，没有抬杠的余地。如果他说何赛的车子最好，我说没错，他只有住嘴了。他总不能在我同意他的看法后，还说一下午的'何赛车子最好'。我们接着不再谈何赛，而我就开始介绍怀德的优点。"

"当年若是听到他那种话，我早就气得脸一阵红、一阵白了——我就会挑何赛的错，而我越挑别别的车子不好，对方就越说它好。争辩越激烈，对方就越喜欢我竞争对手的产品。"

"现在回忆起来，真不知道过去是怎么干推销的！以往我花了不少时间在抬杠上，现在我守口如瓶了，果然有效。"

正如明智的本杰明·富兰克林所说的："如果你老是抬杠、反驳，也许偶尔能获胜，但那只是空洞的胜利，因为你永远得不到对方的好感。"

因此，你自己要衡量一下，你是宁愿要一种表面上的胜利，还是要别人对你的好感？

你可能有理，但要想在争论中改变别人的主意，你一切都是徒劳。

威尔逊总统任内的财政部长威廉·麦肯罗以多年政治生涯获得的经验，说了一句话："靠辩论不可能使无知的人服气。"

"无知的人？"麦肯罗说得太保守太片面了，不论对方才智如何，都不可能靠辩论改变他的想法。

拿破仑的家务总管康斯坦在《拿破仑私生活拾遗》中曾写到，他常和约瑟芬打台球："虽然我的技术不错，我总是让她赢，这样她就非常高兴。"

我们可从康斯坦的话里得到一个教训：让我们的顾客、朋友、丈夫、妻子，在琐碎的争论上赢过我们。

释迦说："恨不消恨，端赖爱止。"争强激辩不可能消除误会，而只能靠技巧、协调、宽容以及用同情的眼光去改变别人的观点。

林肯有一次斥责一位和同事发生激烈争吵的青年军官，他说："任何决心有所成就的人，决不会在私人争执上耗时间，争执的后果，不是他所能承担得起的。而后果包括发脾气、失去自制。要在跟别人拥有相等权利的事物上，多让步一点；而那些显然是你对的事情，就让得少一点。与其跟狗争道，被它咬一口，不如让它先走。因为，就算宰了它，也治不好你的咬伤。"

这是何等形象的比喻，又包含着何等的睿智！记住，不要争论。

(http://mp.weixin.qq.com/s?__biz=MzA4OTg5NjMzNg==&mid=201427236&idx=5&sn=5eb905657a7c5de5a64ca12d9f5c3291&3rd=MzA3MDU4NTYzMw==&scene=6#rd)

任务十
掌握与听力、视力障碍老人进行沟通及特殊的沟通技巧

 案例呈现

> 林大爷，78 岁，听力减弱，声音洪亮，住在某养老机构。最近由于机构调整费用，老人对此极度不满，每天见到领导就扯开嗓子骂。由于老人声音洪亮，其骂声几乎响彻全院，在老人中造成了非常不好的影响。假如你是该机构的管理人员，你将采取怎样的沟通方法与其沟通？

知识准备

一、与听力障碍老人的沟通

1. 环境的选择，老人如果出现了听力障碍，我们在沟通时应该选择在安静、气氛良好的环境中进行。

2. 触摸，老人听力下降或者出现听力障碍时，常常感觉不到旁人的到来，当我们来到身边时，可以轻轻地触摸或拍拍老人的肩膀或上臂让其知道我们的到来。

3. 面对面地进行沟通，在与听力受损或者仅有残余听力的老人进行沟通时，在老人没有看见我们的时候不要说话，让老人很清楚地看到我们的面部和口型后，才开始说话，同时增加身体语言的表达，以弥补由于听力受损引起的沟通障碍。

4. 其他技巧的应用，非语言沟通技巧如面部表情、手势、眼神、或者应用书面语言如书写卡片、图片等与老人进行沟通。如果老人只是听力受损而视力良好的情况，我们还可以采用写字板、画图片、符号、标志等进行信息的传递，再辅以身体语言如手势、表情、姿势等。

5. 在与听力障碍的老人进行沟通时我们一定要掌握倾听的方法，倾听要做到"耳到""眼到""心到""脑到"。以开放的心态和积极的态度倾听；倾听时要注视着老人的眼睛；以点头的方式传递接纳老人话语的信息；用开放式的动作传达对老人话语的接受、容纳、尊重与信任，如手托下巴表示倾听的诚恳态度；及时的动作和表情传达对老人话语感兴趣，如赞许性的点头、恰当的面部表情与积极的目光接触相配合，向老人表明我们在认真的倾听等。

二、与视力障碍老人的沟通

1. 当我们与视力障碍的老人进行沟通时，沟通的开始与结束都要告诉老人，并作

自我介绍，告知老人我们的姓名。这一点对于视力障碍的老人非常重要。

2. 我们可以采用触摸的方式表达对老人的关心和体贴，要时刻为视力障碍的老人着想，尽可能地向他们传递有关的信息。与尚有残余视力的老人进行沟通时，要面对老人，与老人保持较近的距离，以便于老人观察非语言沟通的意思。

3. 要鼓励老人表达自己的感受，特别是视力减退、失能的老人，他们容易产生被嫌弃的心理而表现出焦虑、烦躁或郁闷的情绪，不利于老人的身心健康。因此我们要鼓励老人表达自己内心的感受和需要。

4. 与视力障碍的老人进行沟通时，要给老人足够的时间进行反应，由于视力差，对我们传递的信息的反应比较缓慢，我们要给老人足够的时间去理解与回答，不要催促老人，不要表现出不耐烦的情绪。说话的声音要柔和，语速要慢，语调要平缓。

5. 在与视力障碍老人进行沟通过程中，认真倾听老人说话时，要用语言及时地向老人传达信息，让老人听到我们在认真地倾听。倾听时同意老人的看法时，要及时说："是这样的""不错""本来就是这样"，"哦，原来我不知道"等，鼓励老人继续说出自己的看法与感受。还要在倾听的过程中学会复述，通过复述来证实自己听到的话语和所表达的意思是否相符。倾听的过程中适时适当的提问也可向老人表明我们在认真地倾听。

三、特殊的沟通技巧

在与老年人进行沟通的过程中还有一些特殊的沟通技巧，但是运用这些技巧不容易掌握好分寸，同时也是不常用的，只有在特殊的情况下，与特殊的老人才能使用。

1. 争吵

在与老年人的沟通过程中，争吵本身就是一种冲突的表现，是沟通双方不想看到的情形，但是在一些特殊的情况下，我们不得不采用争吵的形式来进行沟通。当老人无理取闹的时候，当老人什么话都听不进去的时候，我们不妨试试争吵的方式。

在工作中我碰到了一位这样的老人，他因不满养老机构调整费用，天天对机构里的领导进行谩骂，他认为调整费用后是这些领导把钱拿去了，我们采用了许多方法进行沟通他都听不进去。最后，我只有试试以争吵的方式告诉老人调整费用的真相。然后再告诉他，我们不是他想象中的那么不堪，可以保证，不管以何种方式检查，我们均可以保持清白。请老人对自己所说过的话负责。老人因此对这次的调整费用的情况有所了解。

2. 先抑后扬的沟通

先抑后扬的沟通方式也是一种特殊的沟通方式，只有在特殊的情况下采用，表现为：先对老人的行为进行严厉的批评，安静下来后我们才向老人对我们的这种严厉的批评表示歉意。因为经过严厉的批评后，老人会静下来做一些反思，反思自己的行为是否有不妥当的地方，老人一旦认识到了自己的不妥之处，便会产生自责，悔悟的情绪，这时候我们再对他"言之有理"的地方加以肯定，对他不正确的地方予以指出，同时对我们之前给予的严厉批评表示歉意。

上面提到的那个老人，经历争吵进行沟通后，老人基本能理解费用调整的真相，但是对领导的不满情绪还是没有结束，仍然指桑骂槐地骂领导，这时候我们就对老人的这种谩骂行为予以严厉批评，同时还可以指出，他的有些言论已经触犯到了某些法律，作为一名具有完全民事行为能力的人要对自己的言行负责。如果再这样不休不止，我们将会考虑采用法律的方法来维护我们自己。这就是先抑。第二天，老人还是继续谩骂，但形势稍有缓解，这时我就安静地站在他的面前看着他骂，在他骂够了之后，关心地问他："爷爷，累了没有？我给您倒水喝，好吗？"然后再心平气和地给他说："其实您骂的这些现象在现实社会中确实有存在的，我也知道您是一位刚直不阿的老人，但您骂的这些现象我可以保证：我没有、我们单位的领导也没有，您这样骂我们对我们是不公平的。昨天我对您进行了严厉的批评，今天我向你对昨日的严厉批评表示歉意。希望您保重身体，好好生活。"这就是后扬。通过这样先抑后扬的沟通方式，终于使这位老人放下了不满情绪，过上了安静的生活。

3. 树立权威

树立权威的目的是要让老人从心里接纳你，相信你的能力，老人只有从心里接纳你，对你产生了信任，才愿意毫无顾忌地采纳你的意见和建议，才能从内心出发的配合工作，否则就可能只是嘴里应付，行动上予以敷衍。

(1)在交谈的过程中有意或无意地表露出知识和经验的丰富性；
(2)介绍成功的典型案例；
(3)直接或间接地让老人知道自己的职务；
(4)介绍自己在行业中取得的成绩。

有一位老人刚从医院出院，回家后一直不思饮食，导致身体越来越差，再次进医院的时候医生说你的病治好了，不能收你住院。结果老人又只有回家了，家人无论怎么照顾她，都没办法让她多进一点饮食，于是向我咨询。我接到咨询后，首先了解老人的情况，确定老人是因住院后身体虚弱，没有胃口导致不思饮食。于是我与老人做了如下交谈：问老人：有没有不想好好活着的想法。得到的回答是否定的。然后做自我介绍，告诉老人，我是华西医科大学护理系毕业的高材生，在养老行业工作了十几年，见识和解决过老年人方面的很多问题，您的问题是我常常处理的问题之一，某某老人和你一样的情况，经过调养后生活得非常好。其次，一针见血地指出老人现在的问题所在：您现在的问题是因为住院后脾胃虚弱导致的不思饮食，也就是没胃口，这个问题只能通过两种方法来解决：一是中药调理，但中药很难喝，很苦。另一种就是食疗，通俗一点就是吃饭，只有多进饮食，营养跟上了，才能让身体慢慢地好起来。老人说我就是不想吃啊。我告诉她：就把饭当成药来吃吧，饭总比药好吃一点啊。这样老人就容易接受了。之后，老人每餐就把饭菜当药一样来吃，过了几天，老人的身体慢慢地好了起来，精神也好了，胃口也随之好了起来，吃什么什么都香。沟通的效果达到了，问题解决了。

在这个小小的案例中，我所用到的技巧：权威的树立，让老人相信，我们给出的建议是行之有效的，然后才能配合着把饮食当成药来服用。

课堂互动

两个同学一组，一个扮演听力或视力障碍的老人，一人扮演沟通者，围绕某个问题进行沟通。然后互换角色，互相体验。

拓展阅读

吵架也是一种沟通，别让吵架影响你们的感情

用"我语句"表达观点

美国社会学家、人际专家珍亚格强调，吵架时最好用第一人称表达观点，比如"我觉得你伤害到我了""我觉得你的意思是"等，强调这只是你的个人感受。

说话直截了当

冷嘲热讽、指桑骂槐，很难让对方了解你到底哪里不满意、想要做什么。要想解决争议，最好直接切入重点，明确说出你的想法。

不要拿隐私说事

就算争吵很激烈，也要避免谈及对方的隐私，或一些私人问题。违背这一点，只会辜负和牺牲别人的信任，让你因小失大。

给对方说话机会

解铃还须系铃人，给对方解释、理论的机会，并耐心倾听，才能发现双方意见不合的真正原因所在，一步步解开心结。

互相留点缓冲时间

争吵最终是为了解决问题，而不是逞一时口舌之快。给彼此一点时间，好好思考和回应对方的意见和看法，进一步争吵才有意义。

不中伤对方

指名道姓的谩骂和中伤，是最不明智的一种吵架方式，只会残忍地在对方心中留下长久的伤害，把简单问题复杂化。

不要摔东西或动拳脚

不管有多生气，挥拳、吐口水、砸东西等行为，在吵架时必须绝对禁止，任何非言语的动作，只会让别人对你的印象越来越差。

不要分出对错

争吵时，记得提醒自己：意见分歧并不是谁对谁错的问题，只是看法不一致而已。认清了这一点，消除争端会变得容易很多。

不要闹得人尽皆知

吵吵嚷嚷得让身边的人围观，只会让双方都难堪，导致关系恶化。哪怕真的剑拔弩张，也要找个"隐蔽"的地方。

（http：//mp. weixin. qq. com/s?＿＿biz＝MzA3MDk2MTIyOQ＝＝&mid＝200625948&idx＝8&sn＝fe0f6b9274ec1b1a23f2f6974c50ae00&3rd＝MzA3MDU4NTYzMw＝＝&scene＝6♯rd）

课后练习

【名词解释】

宽容之心　非语言沟通

【填空题】

1. 良好的沟通需要（　　　　　）和（　　　　　），以及对于沟通对象的尊重。

2. 美国作家艾默生说过："（　　　　　）是成功的第一秘诀。"在与他人进行沟通时，自信的程度可以在很大程度上影响着别人对你的态度，如果自己都看不起自己，那么你让别人怎么赏识你。

3. "己所不欲勿施于人"以及"将心比心，心同此理"强调的就是（　　　　　），用自己的心去推理别人的想法，自己希望怎样，其实别人也是希望怎样的，自己不愿意的别人也同样不愿意。

4. 表达信息就是要向沟通对象发送和表达自己的（　　　　　）、（　　　　　）、（　　　　　）。怎样才能把自己的信息更好地表达出来，发送给对方，这是沟通中非常重要的环节。

5. 在与老年人进行沟通的过程中有三个非常重要的环节：（　　　　　）、（　　　　　）、（　　　　　）。

6. 在与老年人进行的沟通过程中，最常用的就是：（　　　　　）。

7. 不同的肢体语言有着不同的行为含义：抖脚表示（　　　　　）。

8. 触摸是对老年人的一种特殊的沟通语言，不同的部位、不同的触摸方式所表达的意思有所不同，要注意场合、情景而正确运用。比如老人伤心时，可以（　　　　　）。

9. 当老人的听力、视力有损伤的时候，这时在与老人说话，要（　　　　　）。

【单项选择题】

1. 打禅故事中苏小妹斩钉截铁地告诉苏东坡，人家和尚心中有佛，所以看你如佛；而你心中有粪，所以看人如粪。当你骂别人的同时，也是在骂自己。这个故事教育人们在与人沟通的过程中要常怀：（　　　）

    A. 宽容之心　　　　　　　　B. 自信之心

    C. 真诚之心　　　　　　　　D. 敬人之心

2. 俄国作家屠格涅夫在街上散步的时候将碰到的乞丐称作兄弟，乞丐对这一声"兄弟"让他感到这世间还有真情在，同时也给了他活下去的勇气。这个故事告诉我们，不论面对谁时都应该具有一颗：（　　　）

    A. 真诚之心　　　　　　　　B. 宽容之心

    C. 平等之心　　　　　　　　D. 敬人之心

3. 沟通前的准备主要包括的内容有：了解和分析沟通对象的情况；明确沟通的目标；制订沟通的计划；（预测可能遇见的异议和争执）。

    A. 了解和分析沟通对象的情况　　B. 明确沟通的目标

C. 预测可能遇见的异议和争执　　　D. 以上都不是

4. 选出下面不是口头沟通的缺点项：（　　　）

A. 没有文字的记录、时间长了可能会被遗忘

B. 浪费时间

C. 信息不能在最短时间里进行传送

D. 有时会把沟通变成闲聊。

5. 非语言沟通一般可以区分为动态和静态两种。下面不属于动态非语言沟通所使用的符号是：（　　　）

A. 体态　　　　　　　　　　　B. 目光接触

C. 音调　　　　　　　　　　　D. 表情

6. 在与陌生老年人首次进行沟通交流的时候，（　　　）对打开老年人警惕的心扉非常重要。

A. 微笑　　　　　　　　　　　B. 巧妙的起始语

C. 尊重　　　　　　　　　　　D. 诚恳热情的态度

7. 了解老人最基本的方法是：（　　　）

A. 向老人家人打听　　　　　　B. 倾听老人的诉说

C. 观察老人的一举一动　　　　D. 向老人亲戚朋友了解

8. 倾听的客观障碍是指在倾听的过程中客观存在的障碍，它是不以人的意志为转移的。下面哪项不是倾听的客观障碍：（　　　）

A. 倾诉者态度　　　　　　　　B. 倾听者的理解能力

C. 环境障碍　　　　　　　　　D. 倾诉者的表达能力

9. 选出下面说话的技巧中描述错误的一项：（　　　）

A. 在与老年人说话的过程中，要抓住老人的特征进行交流，会显得更有针对性。

B. 当老人的听力、视力有损伤的时候，这时在与老人说话，要尽量地靠近老人，有时可能还要俯在老人的耳朵边上说话，有时要面对老人。

C. 在与老年人说话时，我们说话的声音要比与年轻人说话的声音高一些，洪亮一些，但需要在大声的说话中加入委婉、关切以及可接受的元素。

D. 老人虽然人生阅历丰富，但与年轻人之间存在鸿沟，所以在与老人说话的时候要尽量详细详尽，就算啰嗦几句也没什么。

【能力体现】

邱大爷，79 岁，年轻时是高级工程师，修铁路虽然工作非常辛苦，但是收入却非常可观，就算退休了还经常有人请他出面解决难题，当然也因此会获得丰厚的报酬。两月前邱大爷突发中风，致左侧肢体偏瘫，语言表达受限，再也不能投入到工作中了，因此收入也少了很多。这时邱爷爷觉得：1. 自己的收入减少了，生活出现了困难(其退休工资大大超过了所在城市的平均工资水平)；2. 感觉家人因为自己收入的减少就立即疏远了自己，把自己抛弃在了养老机构，子女非常不孝；3. 想回家，但家人无力接回家照顾，老人出现拒绝饮食的行为。

1. 请为这位老人列出沟通的计划。

2. 在与这位老人进行沟通的过程中需要运用的沟通技巧。

3. 实践课：将与老人进行沟通的技巧表现出来。

参考答案：

【填空题】

1. 稳定的情绪　比较健康的心态

2. 自信

3. 同理之心

4. 思想、情感、信息

5. 信息的表达与发送、信息的接收与理解、信息的反馈。

6. 语言沟通

7. 紧张

8. 轻轻地触摸老人后脑的头发

9. 尽量地靠近老人

【单项选择题】

1. D　　2. C　　3. D　　4. C　　5. A　　6. B　　7. B　　8. A　　9. D

项目五　与老年病人沟通

 学习目标

知识目标

1. 了解老年病的概念和特点；
2. 领会老年病人的心理特征及应急行为；
3. 掌握与老年病人沟通的步骤；
4. 掌握老年人慢性病发作期的沟通。

技能目标

1. 学会与老年病发作期的老人进行沟通；
2. 学会与老年病人进行沟通。

 情景导入

　　老年病又称老年疾病，是指人在老年期所患的与衰老有关的，并且有自身特点的疾病。一般认为，人的年龄在 45 岁至 59 岁为老年前期或初老期，60 岁至 89 岁为老年期，90 岁以上为长寿期。老年人患病不仅比年轻人多，而且有其特点，主要是因为人进入老年期后，人体组织结构进一步老化，各器官功能逐步发生障碍，身体抵抗力逐步衰弱、活动能力降低和协同功能丧失。

任务一

认识老年病

案例呈现

> 张××，男，61岁，身体肥胖，不爱运动。在40岁左右时曾时常出现前胸及左侧后背不适，近3个月自觉胸闷、心悸，并伴有胸部灼热感，活动后气短、乏力，曾在医院诊断为缺血性心脏病，心绞痛，服用双嘧达莫、异山梨酯等药物，病情有所好转。但因节日家庭聚会，儿女陪老人聚餐叙旧，打扑克，玩麻将，老人病情突然加重，呼吸困难，大汗淋漓，急救车送往医院。通过以上案例，我们能否判断出老人患病的原因？休闲娱乐时老人病情为何突然加重？

知识准备

一、老年病概念

指老年人特有的或多发的疾病，一般分三类，第一类是多发于老年期的疾病，如白内障、老年性痴呆等；第二类是老年前期已患的病而延续进入老年期，如慢性支气管炎、冠心病、糖尿病、骨质疏松症等；第三类是老年人和年轻人都易患的疾病，如感冒、一般的外伤等。

二、老年人患病的特点

患病率高，起病隐袭，发病缓慢，症状表现不典型，同时患多种疾病，病程长，恢复缓慢，易出现药物不良反应，易发生并发症。

三、老年病常见的症状和体征

1. 跌倒

跌倒是老年人最常见的症状，指突发、不自主的、非故意的体位改变，倒在地上或更低的平面上。按照国际疾病分类(ICD-10)对跌倒的分类，跌倒包括以下两类：(1)从一个平面至另一个平面的跌落；(2)同一平面的跌倒。跌倒是中国伤害死亡的第四位原因，而在65岁以上的老年人中则为首位。老年人跌倒死亡率随年龄的增加急剧上升。跌倒除了导致老年人死亡外，还导致大量残疾，并且影响老年人的身心健康。如跌倒后的恐惧心理可以降低老年人的活动能力，使其活动范围受限，生活质量下降。

老年人跌倒的发生并不是一种意外，而是存在潜在的危险因素。老年人跌倒发生率高、后果严重，是老年人伤残和死亡的重要原因之一。

2. 疼痛

老年人疼痛是老年人晚年生活中经常存在的一种症状。随着老龄人口的增多和生活节奏的加快，以及在65岁以上的老年人群中，约80％患者至少有一种慢性疾病较其他年龄阶段的人群更易诱发疼痛，故各种疼痛的发病率升高。风湿、关节炎，骨折；胃炎、溃疡病；糖尿病；心绞痛；中风和癌症等许多疾病都可以诱发老年人疼痛的发生。许多老年人常年都生活在各种疾病的疼痛之中，这不仅严重地影响了老年人的生活质量，而且也大大地增加了全社会的负担。因此，老年人疼痛已经成为一个全社会都应当关注的普遍性的社会问题。

老年人疼痛的特点：

(1)老年患者常有多种疾病同时并存，所以其中任何一种疾病都可以解释老年患者的症状。

(2)老年患者的反应不敏感，而且他们的精神因素也起很大的作用。所以，他们有时会较少地诉说疼痛感觉和影响疼痛的因素。

(3)有些疾病的隐袭性可延误诊治，如风湿性多肌痛，不典型的心绞痛。

(4)老年病人的疼痛由不可治愈性疾病引起的较为多见，如晚期癌症。

3. 便秘

正常人每天排便1～2次或2～3天排便1次，便秘患者每周排便少于2次，并且排便费力，粪质硬结、量少。老年人便秘(senile constipation)是指排便次数减少，同时排便困难，粪便干结。便秘是老年人常见的症状，约1/3的老年人出现便秘，严重影响老年人的生活质量。

4. 大小便失禁

大便失禁是泛指消化道下端出口处失去正常的控制，这包括不同的内涵和不同的程度：如睡眠时不能控制排便，排气时出现漏粪和不能控制稀便，直至完全不能控制排气和排便等。由于肛门或神经损伤，导致不能控制粪便和气体排出的现象。又称排便失禁或肛门失禁，一般女性多于男性。

尿失禁(urinary incontinence)即膀胱内的尿不能控制而自行流出。尿失禁可发生于各年龄组的病人，但以老年病人更为常见。由于老年人尿失禁较多见，致使人们误以为尿失禁是衰老过程中不可避免的自然后果。老年人尿失禁的原因很多，其中有许多原因可控制或避免。压力性尿失禁在女性较为常见，是由于女性在围产期造成的盆底支持组织损伤引起的。

5. 视听障碍

老年人由于受到老化的影响出现老视、视敏感和对比视敏感的下降，主要表现在老人视物的精细感下降、暗适应能力下降和视野缩小。当老人出现白内障、青光眼、糖尿病性视网膜病变等眼科疾病时，老年人的视力会明显地减退甚至会导致老人失明。

老年性耳聋除因生理性人体器官老化，造成听力减退外，还与高血压、高血脂、脑动脉硬化、糖尿病等疾病有关。某医院查体中心近3年来对全市4000余名65岁以上老年人查体结果表明，有近30％的老人有不同程度的听觉障碍。

6. 皮肤瘙痒

皮肤瘙痒症为老年人常见皮肤病之一。老年人皮肤瘙痒与老年人的皮肤干燥和皮脂腺萎缩有关，冬季多见。

7. 眩晕、晕厥

老年性眩晕通常表现为眩晕感、平衡紊乱及失衡感。患者睁眼时感觉自身旋转、晃动，犹如坐车船一般。发作时不能站立，伴有恶心、呕吐、耳鸣、出汗、心动过缓及血压下降等迷走神经张力增高症状，一般持续数分钟至数小时，有时达数天。当内耳的前庭系统、视觉系统及位于关节的本体感受器传入到位于前庭神经节的信号不对称时，可使位于小脑和大脑皮质的控制中枢产生眩晕感。

老年性晕厥常见的原因有直立性低血压、颈动脉窦过敏、反射性晕厥和心律失常等。主要是由于其主动脉瓣狭窄、肺栓塞或有心脏病基础的心律失常引起。高龄患者晕厥的临床表现多种多样，常不典型。老年性晕厥是老年人跌倒主要原因之一。

8. 睡眠障碍

老年人睡眠障碍主要表现在以下几个方面：

(1)入睡和维持睡眠困难。由于多种病因或干扰因素的影响，老年人常入睡困难和不能维持睡眠；表现为睡眠潜伏期延长，有效睡眠时间缩短。由于白天活动减少或小睡导致夜间睡眠—觉醒周期缩短，早起或猫头鹰式的夜间活动在老年人中十分常见。再者，随增龄或疾病影响，睡眠的昼夜节律障碍愈明显；表现为昼夜颠倒、时间差性睡眠障碍和夜间工作所致的昼夜节律紊乱。

(2)睡眠呼吸障碍。多见50岁以上人群中，睡眠后均可能发生呼吸障碍，如睡眠呼吸暂停、睡眠加重呼吸疾病、夜间吸入或夜间阵发性呼吸困难。睡眠呼吸暂停综合征(SAS)是老年人最常见的睡眠呼吸障碍，占睡眠疾患的70％，且随增龄而发病率增加，男女发病之比为(5∶1)～(10∶1)。SAS又分3型，即阻塞性睡眠呼吸暂停(OSA，指口鼻气流停止，但胸腹式呼吸运动存在)、中枢性睡眠呼吸暂停(CSA，指口鼻气流停止，同时胸腹式呼吸运动也暂停)和混合性睡眠呼吸暂停(MSA，指一次呼吸暂停中，先出现CSA，继而出现OSA)。气道梗阻型睡眠呼吸暂停(OSA)的特点是鼾声响、呼吸间歇>10s后发生喘息或鼻音、梗阻缓解。OSA反复出现，可使血氧含量显著减少、血压升高，轻者表现为打鼾(习惯性打鼾即使不是呼吸暂停，也可加重心脏病或高血压，是OSA的常见症状)、烦躁不安、白天嗜睡、抑郁、头痛、夜尿、阳痿，重者则可出现夜间睡眠心律失常、猝死、卒中、肺动脉高压、抽搐及认知功能下降等。有SAS发生者，其脑血管病发病率升高，尤其缺血性卒中的发生机会增多。

(3)嗜睡。嗜睡是老年人睡眠障碍的另一常见现象，其原因有脑部疾病(脑萎缩、脑动脉硬化、脑血管病、脑肿瘤等)、全身病变(肺部感染、心衰、甲状腺功能低下等)、药物因素(安眠药)及环境因素等。由于老年人对身体病变的反应迟钝或症状不明显，有时仅表现为嗜睡；因此，了解老年人嗜睡的意义就在于明确嗜睡的原因，并使之得到尽早的治疗。

9. 呼吸困难

夜间突然发生的呼吸困难多提示左心衰竭、肺淤血等疾病。

另外还有吞咽困难、意识障碍和精神错乱、发热、易疲劳等都是老年人常见的症状和体征。

课堂互动

请大家说说常见的老年病都有哪些？

拓展阅读

家住北京市的吴老先生，有高血压病史多年了，一直坚持服用降压药。虽然有高血压这个老毛病，但一向喜欢早起晨练的他仍然每天坚持锻炼。昨天早上，天空下起了大雨，正值秋季，俗话说，一场秋雨一场寒，再加上到了秋冬交替的时候，早晨的北方还是比较寒冷的。吴老先生晨练回到家后，吃饭时突然感到头晕，拿着筷子的手不停地颤抖，去捡掉在地上的筷子时，四肢麻木，一点力气也没有，整个人不能自控便一头栽倒在地上。

思考：如果你在老人的身边，你认为吴老先生怎么了？该如何预防和施救？

任务二
认知老年病的特点

 案例呈现

> 李××，男，69岁，教授。2天前晚上洗澡后突感畏寒、发热，测体温38℃，无流涕、鼻塞，无咳嗽，亦无其他不适，到医院确诊为"感冒"，给予青霉素静脉点滴和感冒中成药口服治疗，无明显好转，仍发热，最高体温达39℃，伴全身关节酸痛，食欲下降，尿少、尿黄，治疗3天后，患者突然出现恶心、呕吐、腹痛、腹泻。为此进一步住院治疗，住院后经医生全面检查，发现老人除感冒症状突然加重外，同时诊断有高血压病13年，前列腺增生，腰椎退行性变、慢性支气管炎。

知识准备

老年人由于生理功能的减退，机体的抗病能力和对疾病的反应性也会出现不同程度的降低，因此老年人的疾病谱与中青年不同，即使患同一种疾病，老年人和中青年的临床表现也不尽相同。

一、临床症状及体征不典型

老年人由于神经系统和免疫系统发生退行性改变，代偿能力差，感觉、体温、呼吸、咳嗽、呕吐等神经中枢的反应性降低，使一些老年疾病的临床症状极不典型。如急性心肌梗死时老年人可无典型的心前区疼痛，可仅表现为心律失常、心力衰竭，甚至只有一般性的衰弱或意识障碍，或表现为上腹不适、恶心等消化道症状，或表现为肩痛、牙痛等，无痛性急性心肌梗死也显然较年轻人多，特别是伴有糖尿病者有更多的无痛心肌梗死，故容易延误诊断而丧失最佳的治疗时机。老年人肺炎的临床症状和体征均不明显，其临床表现多种多样，甚至缺乏呼吸道症状，更缺乏典型的肺炎症状，因此有人称其为"无呼吸道症状的肺炎"，常无发热或寒战，可表现为食欲不振、腹胀、腹泻、腹痛等消化系统的症状，也可能一开始就出现表情淡漠、嗜睡、躁动不安甚至昏迷等神经精神系统的症状，还可能出现心慌、气短、心率失常、休克等心血管病的症状；另外尿频、尿失禁、尿潴留、脱水等症状亦常见。因此诊治老年患者时，必须全面的检查，仔细的观察，以免漏诊误诊，延误治疗的最佳时机。

二、多病共存

老年人的器官组织结构和功能先后发生变化，故往往有多种疾病同时存在。老年人患多种疾病可能是青中年疾病的延续和逐渐累加，也可能是老年期的新发病。多病共存的表现形式可以是同一器官的多种病变，以心脏为例，冠状动脉粥样硬化、肺源性心脏病、传导系统或瓣膜的退行性病变可同时存在；也可以是多系统疾病同时存在，如不少老年人患高血压病、冠心病，还同时患糖尿病、慢性支气管炎或伴肾功能减退等。20 世纪 90 年代北京医院统计 80～89 岁的住院患者平均患 9.7 种疾病，90 岁以上患者平均患 11.1 种疾病，没有一例患者仅患一种疾病，提示老年人患病的种类随年龄增加而增加。老年人的多病性在感染、创伤或出血诱发之下，很容易发生多脏器功能衰竭，给治疗带来一定困难，在治疗老年疾病时必须全面了解和掌握患者的全部病史，抓住主要矛盾，权衡利弊缓急，多专业医师参与诊断，制订个体化、多学科的综合治疗方案，多学科团队参与康复和护理。

三、病情重，变化快

老年人对疾病的反应差，临床表现不典型，当出现明显的症状或体征时，往往病情严重或迅速趋于恶化。由于组织器官的储备能力和代偿能力差，在急性病或慢性病急性发作时，容易出现各种危象和脏器功能衰竭等。如老年人的消化性溃疡，平时无明显胃肠道症状，直至发生消化道大出血时才就诊，发现时已并发出血性休克和肾衰竭，病情迅速恶化。老年心肌梗死起病时仅感疲倦无力、出汗、胸闷，但很快出现心力衰竭、休克、严重心率失常甚至猝死。因此诊治老年患者时应对诊断及治疗问题进行全面考虑，高度重视并严密监护，千万不能掉以轻心。

四、易发生意识障碍

老年人不论患何种疾病，都易发生意识障碍，这与老年人患有脑血管硬化，脑供血不足，加之各器官功能减退有关。当老年人发生感染、发热、脱水、心率失常等，容易出现嗜睡、谵妄、神志不清、甚至昏迷等症状，一旦原发疾病得到控制，意识障碍也会消失。意识障碍的出现给诊断和治疗带来很多困难，此外在分析老年人意识障碍时，必须排除医源性因素，如服用安眠药、抗抑郁药物所致，要及时进行鉴别，明确诊断，以免延误治疗。

五、并发症多

老年患者尤其是高龄老人患病后常可发生多种并发症，这是老年病的最大特点。

1. 水、电解质和酸碱平衡紊乱。老年人的脏器呈萎缩状态，细胞外液明显减少，细胞内液绝对量减少，而且在体液中所占比重亦明显降低。同时老年人的内环境稳定性差，代偿能力减退，稍有诱因就可导致水电解质紊乱。另外，老年人口渴中枢的敏感性降低，因此饮水量不多，即使体内缺水也无口渴感，容易发生脱水，水分的丧失必定伴有电解质的紊乱，同时常有酸碱平衡失调，其发生率高且进展迅速。由于老年人口渴感觉不灵敏，在照顾他们时更应注意舌的干燥与否、皮肤弹性以及有无少尿或体重减轻。老年人的肾处理钾的能力减低，如有腹泻或呕吐容易产生低血钾，如因便秘使用泻药或需利尿而使用利尿剂时，必须小心防治失钾；而肾功能减退伴有感染时，又容易发生高血钾。

2. 多脏器功能衰竭。由于老年人的脏器储备功能低下，免疫力减退，适应能力减弱，机体的自稳性差，在没有意外打击的情况下，尚可保持平衡，进行正常活动；但在疾病或应激状态下如感染、创伤、出血时，很容易发生功能不全或衰竭现象，其中以心、肺、肾和脑的功能较易受影响。感染诱因中以跌倒、大面积烫伤、手术为主要因素；出血诱因以上消化道大出血为多见。老年人一旦发生多脏器功能衰竭，其病死率除与年龄有关外，还与受累器官的数目多少相关，受累 3 个器官的老年患者的病死率为 57.1%，受累 4 个及 4 个以上者几乎百分之百死亡。

3. 感染。由于老年人的免疫功能减退，在慢性疾病的基础上容易并发呼吸道、胆道及泌尿系统的感染。感染的高危因素包括高龄、瘫痪、肿瘤、长期卧床，应用化疗药及抗生素者更易发生多种病原体感染，包括真菌感染。感染既是老年人常见的并发症又是其重要的死因，故要高度重视老年人并发感染的防治，以防发展为败血症及多脏器功能衰竭。

4. 血栓和栓塞。老年人常因各种疾病或手术长期卧床，易发生深静脉栓塞和肺栓塞，严重者可致猝死。这与老年人的肌肉萎缩、血流缓慢及老年人血液黏稠度增高有关。故应注意卧床老年人的主动及被动的肢体活动及翻身。

六、病程长，康复慢

老年人全身反应迟缓，发病较隐匿，症状不典型。往往经过一个较长的演变过程，症状和体征才会出现。且容易并发感染，水电解质紊乱及多脏器功能衰竭等并发症。故老年人发生急性病变后，受损组织的修复及器官功能的恢复过程较年轻人缓慢。例如：当老年人发生急性心肌梗死后，由于心血管基础情况较差，心梗后功能恢复常不理想，泵衰竭较多见，中远期预后较差。恢复期卧床时间大多较长，卧床本身可能带来一系列问题，如情绪不佳、消化不良、食欲减退、排便困难、排痰不畅及肺炎、褥疮、静脉血栓形成和肺栓塞，甚至成为猝死的诱因等。正因为病程长，康复慢，并发症多，老年人及其家属容易对疾病康复失去信心，产生悲观消极情绪，因此医务人员要耐心，对预期目标切勿操之过急，以免短期内达不到明显效果而动摇；同时应鼓励患者和家属树立信心，做好有关宣传教育和说服解释，使患者和家属积极参与配合治疗。

七、药物不良反应多

老年人因肝、肾功能减退导致药物代谢与排泄降低，药物在体内代谢速度缓慢，使药物在机体内的半衰期延长，长期使用易引起蓄积中毒；同时，老年人对药物的耐受性和敏感性与中青年不同，加之多药合用等原因，老年人用药容易发生不良反应，甚至危及生命。年龄越大，应用药物种类越多，药物不良反应的发生率越高。所以老年人用药剂量宜小，如洋地黄只需青壮年的 1/2 或 2/3 量；对肝、肾功能有影响的药物需慎用，可用可不用的药物最好不用，以免造成不良后果。老年人一旦发生药物不良反应，其程度往往较成年人严重。药物不良反应常发生在体型瘦小，患有心衰、肝肾功能损害和糖尿病等疾病的老年人。药物不良反应多见于应用中枢神经系统药物、心血管系统药物、降糖药、非甾体类抗炎药、糖皮质激素及抗生素等药物。不同的药物引起的不良反应各不相同，但临床上以神经精神症、消化道症状、低血压等表现最为多见。

八、对治疗的反应不同

一方面伴随增龄，机体内环境的稳定性降低，表现为代谢水平下降，耐受能力降低和个体间的差异扩大，药物易在体内积蓄、治疗量与中毒量更加接近，应用于一个老年患者毫无反应的剂量，对另一个老年患者可能会发生猝死的副作用，故更应强调治疗剂量的个体化；另一方面，同样的一种治疗药物，在年轻人与老年人之间反应不同，疗效不同，副反应也不同。

课堂互动

根据案例呈现进行讨论：1. 如果你是这位老人的子女，你该怎样认识和评价老人的疾病？2. 如果老人痊愈出院，回到养老机构，作为养老院的工作人员，你该如何照顾这位老人？

拓展阅读

缩唇呼吸有助改善肺功能

以缩唇呼气代替慢性阻塞性肺气肿患者呼气呻吟，可通过增加气道阻力来避免外周小气道提前塌陷闭合，有利于肺泡内气体排出，有助于下一次吸气时吸入更多的新鲜空气，在增加气量和增加肺泡换气的同时，使二氧化碳排出增多，缓解病情改善肺功能。由于患者患病时间较长、体质较差，在进行缩唇呼吸操锻炼的时候，需掌握要领，坚持正确规范训练。

患者取端坐位，双手扶膝，舌尖放在下颌牙齿内底部，舌体略弓起靠近上颌硬腭、软腭交界处，以增加呼气气流的阻力，口唇缩成"吹口哨"状。吸气时让气体从鼻孔进入，这样吸入肺部的空气经鼻腔黏膜的吸附、过滤、湿润、加温可以减少对咽喉、气道的刺激，并有防止感染的作用。每次吸气后不要忙于呼出，宜稍屏气片刻再行缩唇呼气，呼气时缩拢口唇呈吹哨样，使气体通过缩窄的口形徐徐将肺内气体轻轻吹出，每次呼气持续 4～6 秒，然后用鼻子轻轻吸气。要求呼气时间要长一些，尽量多呼出气体，吸气和呼气时间比为 1：2。按照以上方法每天练习 3～4 次，每次 15～30 分钟，吸气时默数 1、2，呼气时默数 1、2、3、4，就能逐渐延长呼气时间，降低呼吸频率。

因为吹口哨状呼气能使呼吸道保持通畅，防止过多气体潴留在肺内，从而提高呼吸效率。如果缩唇呼气时能配合轻度弯腰收腹的动作，这样更有利于膈肌抬高，呼出更多的气体。

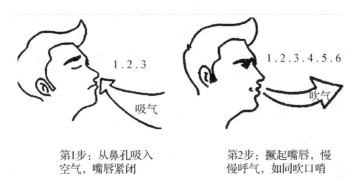

第1步：从鼻孔吸入空气，嘴唇紧闭　　　第2步：撅起嘴唇，慢慢呼气，如同吹口哨

图 5-2-1

（http：//wenku.baidu.com/view/6e9b0ddf5022aaea998f0f2b.html）

任务三
了解老年病人的心理特点

 案例呈现

> 赵大妈，68 岁，农民。患慢性胃炎、肠炎 20 余年，10 年前因腰背部疼痛明显而检查就诊，结果显示为重度骨质疏松，腰肌劳损。6 年前开始出现头晕、头疼、胸闷等表现，颈部多普勒超声显示：颈动脉粥样硬化，心电图提示心肌供血不足。赵大妈育有 5 个子女，一生为供养儿女省吃俭用，性格温和，积极乐观。子女长大成人后各自成家立业，每天忙忙碌碌，很少回家陪老人。现赵大妈驼背明显，长期站立后腰背疼痛难忍，且在天气变化时膝关节疼痛不适，进食稍不慎即胃胀、腹痛。这几天，老人经常唉声叹气，晚上久久不能入睡，因为一点小事就跟老伴大发脾气。

知识准备

一、抑郁心理

受慢性疾病的困扰及死亡的威胁而产生。表现病人情绪低落、少语。食欲下降、持续失眠。严重者出现自杀行为。

二、恐惧焦虑心理

病人对自己的病情不了解，过分担心，病人心慌意乱、情绪不稳。脾气暴躁、睡眠及食欲不佳等。

三、敏感猜疑心理

病人怀疑医护人员刻意隐瞒病情。病人极为关注医护人员的讲话内容。易受暗示，情绪波动大。

四、自尊心过强心理

病人退休后，由于社会地位改变，容易出现性格和行为的改变。容易表现出固执、自私、幼稚、生闷气等不良情绪。

五、孤独寂寞心理

病人住院时间较长而又缺少家人陪护。病人常表现为卧床不动，情绪低沉、怨天尤人、易怒易烦。

六、自责心理

农村及家境较困难的老年病人较容易产生这种心理。病人表现为自责内疚，总觉得生病后自己是家人的累赘，增加了家庭经济负担。

课堂互动

根据案例呈现进行讨论：1. 你认为赵大妈的性格和心理发生了怎样的变化？2. 如果她住在养老院，作为工作人员针对老人的变化你该如何进行干预？

拓展阅读

老年患者抑郁症心理测试

为了测试自己是否患有老年抑郁症，请回答下列题：

1. 你是否大部分时间感觉精神好？

2. 你是否认为现在活着很惬意？

3. 你是否愿意待在家里而不愿去做些新鲜事？

4. 你是否觉得记忆力比大多数人差？

5. 你是否觉得生活空虚？

6. 你是否害怕会有不幸的事落到你头上？

7. 你是否大部分时间感到快乐？

8. 你是否常感到厌倦？

9. 你对生活基本上满意吗？

10. 你是否常感到有无助的感觉？

11. 你是否放弃了许多活动和兴趣爱好？

如果出现五个以上的肯定答案的话，就说明你可能患上了抑郁症。在这里，我们还必须要强调的一点就是，老年抑郁症心理测试题所得出的结果只是一种参考依据，不能作为正规的诊断结果。当然，如果哪位老年朋友对于自己的症状表现还有任何的疑问或不解的地方，就要直接到医院去进行咨询。

任务四
认知老年病人的应急行为

案例呈现

　　患者×××，女性，65岁。13年前，患者因患有肠梗阻住院手术治疗，以后肠梗阻多次复发，患者反复入院接受手术、禁食等治疗措施，近几年，患者逐步出现失眠，有时整夜睡不着觉，食欲下降，厌食，身体消瘦，体重35kg，什么也干不了了。情绪低落，自述脑子坏了，脑子反应慢，自己的病也好不了了。自责，认为一家人全让她给拖累了，整天担心孩子及家人的生活，有时坐立不安，心慌，口干，烦躁，易怒，见什么都烦，在家自己打自己，打完后就哭，症状晨起较重，晚上较轻，经常觉得活着没意思。昨天晚上，趁家人熟睡后，上吊自杀。

　　通过以上案例，我们能否判断出老人自杀是什么样的行为反应？造成老人自杀的原因是什么？

知识准备

一、消极行为反应

　　常表现为焦虑，心烦意乱，坐卧不安，行为重复，小动作多，无法控制；犹豫不决，不知所措，容易急躁和发脾气，性格变化明显；敏感多疑，平素有修养的老人也会一反常态不能客观评价外界事物；严重者出现高度紧张、恐惧，失眠多梦，情绪低落，萎靡不振；有强烈的孤独感，失落感和衰老无用感，对未来生活失去信心，感到悲观失望；行为退缩，兴趣减退，不愿主动和人交往。甚至出现抑郁症状。老年抑郁症与青年患者两者之间常见表现没有本质的区别，但因受老年心理和生理变化的影响仍具有一些特点。

　　(1)抑郁焦虑的混合状态。老年病人对忧伤的情绪往往不能很好表达，常用"没有意思，心里难受"或表现对外界事物无动于衷，常否认或掩饰心情不佳，甚至强装笑脸，其亲属及熟人也可能意识不到他患有严重情感疾病，而只以为是些躯体的"不舒服"，见到医生就抓住双手不停地诉说躯体不适，有时对躯体状况的焦虑完全掩盖了抑郁，也有的无故报怨人们对他不好，以致使人无所适从。

　　(2)兴趣索然。病人不能体验乐趣是较常见的特点，病人不但对以往生活的热情和乐趣下降，越来越不愿意参加正常活动，如社交，娱乐，甚至闭门独居，疏远亲友。

　　(3)精力下降。主观上感到精力不足，疲乏无力，重者终日卧床，事事需人扶持，老年病人常被误认为患有严重躯体疾病而送到综合医院接受昂贵的医学检查，导致延误治疗时机。

（4）自我评价低。病人对自身的状态评价过低，认为自己一无是处，自责自罪。甚至有自杀观念和行为。老年人常不明确地表达，如可能说"打一针让我死吧"，却否认有自杀的念头，老年抑郁症有慢性化趋势，也有不堪忍受抑郁的折磨，自杀念头日趋强烈，以死求脱。

（5）心境昼夜节律改变。病人心境昼重夜轻的节律变化常作为内源性抑郁诊断指征之一，特别是伴有早醒时，病情轻些的老年人，入睡前感到轻松些，讲"一天可过来了"或能体验到晚上电灯打开后心情平稳些。

（6）躯体或生物学症状。情绪反应不仅表现在心境上，并且总是伴有机体的某些改变，食欲减退是最常见的，无饥饿感，勉强进食也是食之无味，多伴有体重下降。约有80％的老年人有睡眠障碍、躯体不适的主诉，主要有心慌气短、出汗、胸闷等。

二、积极行为反应

随着年龄的增长人生的阅历不断增多，对生活中很多事看得很开。主动寻找乐趣，不使生活枯燥乏味，学习一种技艺使自己沉浸在艺术情趣之中，使胸襟开阔，情调高雅。为他人着想帮助别人，不图报酬，在奉献中找到人生真正的乐趣，使生活过得更有意义。遇到不幸，善于调节自己的心情，善于安慰自己，设法从不幸中尽快解脱出来，保持乐观情绪。

三、过度行为反应

厌世情绪，甚至自杀倾向。

课堂互动

根据本节课所学的老年病人的应急行为反应，讨论针对应急行为反应采取哪些预防或干预措施？

拓展阅读

例一：我国著名科普作家高士其在一次研究脑炎病毒的过程中，不幸被病毒感染了，从此留下了终生不治的残疾。但他没有被病魔所吓倒，带着重病的身体坚持读完了医学研究院的博士课程。挫折和不幸培植了他坚毅的人格特征，成为我国著名的儿童科普作家。还有一位女士在年轻时由于突如其来的类风湿病，造成脊柱强直，四肢变形，大小便不能下蹲，吃饭不能举筷，生活不能自理。在经历了最初的打击之后，她在家里办起了外语补习班，以超出常人的毅力和辛苦走上了自谋生活的道路。至今，几十年，她已年近花甲，她自强不息的事迹多次见诸报端，她成为"残联"的理事。多年的疾病，不但未能击垮她，使她过早地产生"老年人意识"，反倒培养了她坚强的性格。

例二：一位老知识分子，由慢性肾炎转为尿毒症。当医生向他讲明病情，要对他进行透析治疗时，遭到他的拒绝。他坚持认为自己的病根本没那么严重，不过是肾炎加感冒而已。他固执地认为自己一旦进行血液透析治疗就成为尿毒症患者，就是废人了。由于他的不配合，致使自己酸中毒，出现了肾昏迷症状。在昏迷的呓语中，他毫无遮掩地表达了自己潜意识中对死亡的恐惧。他喊道："我没得尿毒症，我不透析，我不死，医生，你救救我吧，我不想死。"

针对以上两个实例，我们不难发现，老年病人对疾病的态度在某种程度上决定着患病的结局。因此，在得知自己患病时要积极诊治，不要惧怕，不要恐慌。哪怕是得了严重的疾病，也要遇事不惊，沉着冷静，认真地与医护人员配合，积极治疗，争取早日康复，切不可陷入恐惧之中。医学心理学研究，患者对于疾病过于恐惧，失去信心和勇气，便会进一步打乱或摧毁机体的免疫功能，加速病情恶化。坚强的意志和与疾病作斗争的决心勇气是身体康复的关键！

任务五
掌握老年病人沟通的步骤

 案例呈现

患者李××，女，58岁，因患慢性支气管炎收入呼吸内科病区。护士小张接到住院处的电话通知，提前为患者准备好了病床。当患者李××由其丈夫搀扶着走进病房时，小张微笑着迎上前去说："您好，我是护士小张，您是李××吧？我已为您准备好了病床，请跟我到病房。"说着，接过入院病历，搀扶李××来到病床旁，帮助她躺下后并为她盖好被子。李××微笑地看着小张，感激地说："谢谢您！"小张微笑着摇摇头，俯下身用手轻轻抚摸了一下李××的额头，关切地说："您有点发热，先喝点水，躺着休息，我马上通知医生来看您。"说着，拿起杯子，为她倒了一杯温开水，并向患者简单介绍了病区的基本情况后离开病室。

知识准备

一、沟通前准备

1. 选择双方合适的交谈时间，不同时间和不同环境氛围会影响到沟通的效果，最好选择双方都感到方便的时间。明确交谈的目的任务，减少不能确知的事情发生，加强相互关系，指点病人和家属行动的方向。复习病人已有的资料，记住病人的姓名，并以最快速度熟知病人的治疗、护理、饮食和睡眠习惯；个性特征、文化背景、尊重个人的生活习惯和信仰；应用恰当的称谓，增强护患间的亲切感。

2. 环境的准备。安静典雅的地方，保证隐私性，谢拒会客，避免电话、手机的干扰。保持环境的安静度，尽量减少环境中容易影响患者注意力的因素，如关掉电视或停止手中正在进行的工作等，同时，也是为保护患者隐私提供环境上的保证。如患者希望与护士单独交谈时，护士应该把交谈安排在单人房间进行，便于患者能够放心说出某些不愿意被他人知道的信息。

3. 工作人员的准备。身体上要求着装整洁、素雅、得体，不要过分修饰打扮；举止稳重端庄，态度和蔼亲切，眼光柔和安详，表情自然真挚，情绪饱满，出现在病人面前力求给病人带来美感、舒适和愉快。

4. 心理上准备。开诚布公换位思考，善于设身处地地站在病人的角度考虑问题，不主观，不武断。

二、沟通开始阶段

1. 与患者开始交谈时，不要过于急促，应采用礼貌优先和循序渐进的方式，给患者留下良好的第一印象。在交谈之前护士应有礼貌地称呼对方，给患者一种平等、被尊重的感觉。护士可根据患者的具体情况选择不同的称呼方式，切忌直呼患者床号或房间号。对于政府官员、单位领导、企业主管等可称其职务，如××局长，××经理等；对在医疗、教育等岗位工作的人可称其为×教授、×老师等；也可称阿姨、伯父、大叔、大婶等。

2. 开始交谈时应主动介绍自己的姓名并握手，让患者确实感到自己被关心，有依靠和寄托。要坐下来表明有时间倾听，向对方说明本次交谈的目的和大致需要的时间并对隐私保密，让患者在身体上和心理上做好准备。为了使交谈能够顺利进行，在交谈前应帮助患者采用尽量舒适的体位，以减少影响交谈的不利因素。

三、沟通进行阶段

1. 应注意提供支持性言语，建立起信任、理解、温馨、接受的气氛，减轻病人的焦虑，真诚照顾并给予温暖，使病人开放自己并坦率地表达自己的思维情感，顺利开始及进行。采用提问的方式是引导交谈的一种较好的沟通技巧。如果时间允许，可选择开放式提问，如果希望得到明确的回答，可选择对提问内容有所限制的闭合式提问，如果想得到患者的支持，可使用商量的语气。提问时应注意四个要点：一是一次最好只问一个问题；二是提出的问题应该简单明了，让患者能够回答自如；三是问题内容应符合患者的职业、文化程度、年龄，不要让患者无法回答；四是尽量使用患者能够听懂的语言。要想很自然地开始交谈，可根据不同的情况采取下列方式：(1)问候式。如"你今天有什么感觉?"(2)关心式。如"这两天天冷，添点衣服别着凉了。"(3)夸赞式。如"这束花真漂亮，是你爱人刚刚送来的吗?"这些技巧既可以使病人感受护士的关心爱护，又可使病人自然放松，消除紧张戒备的心理，此时便可自然地转入主题。注意开场白使用一定要符合情境习惯，不可随心所欲，避免使用医学术语。避免问及年龄、婚姻、收入、地址、经历、工作、信仰等。

2. 注意非语言沟通。与患者交谈时，护士应该关注患者的表情、眼神、手势、语音语调等，观察患者是否表露出厌烦情绪或痛苦表情，是否需要休息。同时，护士还应该注意自己的非语言行为，不要让患者产生其他不利于沟通的感觉。

3. 及时反馈。交谈过程应该是双向的、互动的，护患双方在交谈时应注意彼此间的信息回应。首先，护士应注意观察患者是否听懂了自己想要说明的问题，是否赞同自己的意见；其次，对患者提出的问题要给予及时答复，对不能及时答复的问题，应在尽可能短的时间内向患者作出回应，切不可拖延或遗忘，以免使患者因得不到答案而胡思乱想，增加心理负担。同时，还应该注意反馈的内容要准确，方式要得当。

四、沟通结束阶段

结束交谈时既要根据交谈的计划，也要考虑当时的实际情况，在准备结束时，一般不要再提新问题。如果需要，可以与患者约定下次交谈的时间和内容。如"我看您今天有些累了，我们就先谈到这里，如果您还有什么问题我们约时间再谈，好吗？"最后，要对患者的合作表示满意和感谢，如"谢谢您对我的信任，跟我说了这么多您的心里话，非常感谢您！"

课堂互动

根据案例呈现进行讨论：小张护士在接待患者的过程中都应用了哪些沟通方法？

拓展阅读

患者，男，79岁，退休干部。在某养老院居住12年，由于中风导致半身瘫痪，经过一段时间的治疗和康复锻炼，可以借助助行器缓慢行走。近期检查发现患有白内障，养老院与医院联系后，送往医院进一步治疗。医生向老人及家属介绍需手术治疗及治疗的相关情况，家属同意及早进行手术治疗，并与医生商量择期手术，但老人顾虑重重，犹豫不决，一时拿不定主意。近来入睡困难，易惊醒，心神不宁，食欲差，不断向医护人员询问手术的风险情况……

责任护士与患者沟通：这个病对您来说是意料之外的事，您能坚强地应对很不容易。现在医生已经为您制订好了手术的最佳方案，这是治愈疾病的好机会，您的家人决定尽快为您做手术不是没有道理。我也非常理解您的顾虑和担忧。医生说这种手术在他们这已经做了很多次，都很成功，我负责的一位病人也是刚做完这样的手术，他住在另一个房间，我会领您去认识他，让他给您介绍一下手术前后的情况，您看怎样？

评价：护士针对该患者进行的沟通具有移情性，是针对老人的要求、情感需要和内心愿望所进行的回答，充满了对老人的关注、理解和同情，故能有效地缓解老人的焦虑。

任务六

做好老年人慢性病发作期的沟通

 案例呈现

> 蒋大爷，89岁，在某养老机构住养。一天，蒋大爷生病了，咳嗽、咳脓痰、精神食欲差，经医生初步检查诊断为：肺炎。医生对蒋大爷说："你病了，比较严重，必须要输液才能好。"蒋大爷说："没什么的，吃点药就好了。"医生说："不行，必须输液。"蒋大爷说："我说不输就不输。"医生没辙了，请了该科室领导前去。科长去了轻轻地摸了摸了蒋大爷的额头说："蒋大爷，您不舒服是吗?"蒋大爷低声回答："是的。"科长温柔地关心道："那您一定要好好地休息，生病这些天我会安排护理人员好好照顾您。另外医生说您吃药效果可能不是很好，需要静脉输入消炎药可能会好得快些。您也不用担心，输液期间我会安排护理员对您进行精心的护理，您看怎么样?""那太谢谢你了，我就听医生的吧。"于是经过静脉输液治疗，蒋大爷的病痊愈了。想想在这个案例中，为什么医生会出现沟通僵局的场面?科长采用了哪些沟通技巧进行了有效的沟通?

知识准备

一、语言沟通

1. 注意语言艺术。使用规范性语言，维护老年人的自尊心。注意声音和语调的运用。要掌握声音的大小，语调柔和、吐字清晰、通俗易懂，使用简洁明了的语言表达自己的意思，不可模棱两可，应用医学俗语。重视对方的称呼，称呼满足老干部对尊重的需求，许多老干部离休后，由于疾病的困扰和离休带来的负面影响，产生了失落感、孤独感、恐惧感，因此与老干部接触时，称呼要得当，使对方得到心理上的满足。对于性格内向、沉默寡言的患者，应以亲切的语言、耐心地引导、鼓励患者说话，可以从患者的日常爱好或兴趣入手，然后切入正题。对老年人在介绍病情时，要语言亲切，态度谨慎诚恳，富于耐心，不能搪塞，以免发生猜疑。关注老人疾病的发展与转归情况。

2. 运用同理心。理解老年人的感受和内心体验，理解他们的需要和内心情感。同理心是一个心理学概念，它的基本意思是说，你要想真正了解别人，就要学会站在别人的角度来看问题。在沟通中，同理心尤其重要。有个英国谚语说："要想知道别人的鞋子合不合脚，穿上别人的鞋子走一英里。"工作中因为某件事发生了冲突，也有说"你坐那个位置看看，也要这样做"，说的也是同理心的概念。借助患者的诉说内容和言语举止，深入患者内心体验其情感、思维和精神世界。

3. 倾听是交谈中另一种技巧，是护士对患者的关心。在倾听时应有充裕时间，要专心致志，抓住主要内容，边听边进行分析思考，在短时间内将信息加以综合分析。对患者感兴趣的谈话，不要轻易打断，而是作出及时积极反馈，采用点头等方式表示赞同，使谈话更融洽深入，同时在倾听过程中了解患者对问题的理解及他们对医疗护理的期望。倾听老人对于疾病的想法和担忧，帮助老人解决一些力所能及的问题。多与其他医务人员联系共同探讨制订老人的治疗护理计划，并得到老人的理解、配合和支持，获得老人的信任，促进老人早日康复。尊重老人的人格，病人在治疗期间如有隐私，应做好保密工作，对其合理要求及时解决，不合理的要认真解释。

二、非语言沟通

1. 面部表情与微笑。老年人由于生理及病理生理原因，导致不同程度的语言沟通障碍。温和的面部表情可给患者安全感，面部表情在人际交流中占有相当重要的地位。护士的面部表情因情况而灵活运用，一般情况下常用微笑，它具有很大的勉励力、感染力，患者视之友善、有轻松信任感，能有效地缩短双方距离，给对方留下美好的感受，从而形成融洽的交往氛围。对不同场合的不同情况，能用微笑接纳对方可反映出本人良好的修养，待人的至诚。在焦虑患者面前，表情轻松自如、大方；在痛苦不堪的患者面前，表现出温和、慈祥、同情；在抢救重患者时，面部表情要专注，不应微笑。患者会时常观察护士的面部表情，因此护士应尽力控制一些会给患者造成伤害的表情，如厌恶、敌意等。要有热情、亲切的目光，给患者以鼓励与爱护，热情亲切的注视是对患者的爱护和鼓励，不注视是冷淡的表现。作为护士无论自身情况如何，专注和充满热情的目光，都能产生一种友善的感觉与亲切的印象，护士微笑的面容、平静的目光，柔和的声调，同情和关心的态度，这些可稳定患者的情绪，使患者产生温暖、安全、亲切感，唤起患者战胜疾病的乐观情绪，使患者主动自觉地配合治疗和护理，从而缩短护患之间的距离。

2. 体触的应用与职业修养。通过亲切的触摸对患者进行良好的心理护理，触摸是人类情感表露方式之一，也是护患交往的一种积极有效的方式，适时的触摸可使患者获得关心、体贴、理解、安慰和支持等情感。护士为生活不能自理的患者翻身、擦背、按摩，患者可产生温暖和亲切感，使患者增加安全感。规范的仪表给患者以信任感，仪表是非语言沟通的重要方式，护士的仪表往往使患者产生很强烈的视觉反应，雅致端庄的仪表、适度整洁的淡妆，体现护士的严谨与认真，会使患者产生信任感、安全感及受尊敬的感受，如果浓妆艳抹、佩戴大耳环、白色工作服脏污或缺个扣子，这是一种无形的刺激，会引起患者的反感，影响护患关系，从而影响治疗护理的效果。总之，护理人员要不断地加强自身修养，必须具备良好的职业道德和思想修养，不仅有娴熟的护理操作技术，还要加强对护理新理论、新知识的学习，要了解有关心理、伦理等方面的知识，加强情感交流的技能，接待每一位老年病人都应热忱，有积极的工作态度，对待病人关心、尊重、同情、信任，能设身处地地为老年人考虑，理解老人的感受，语言亲切和蔼，让病人有在家的感觉，禁忌生、冷、硬的态度，全心全意护理每一位老人，及时发现问题，最大限度地满足其安全、自尊、爱与归属感的需要。

图 5-6-1

课堂互动

根据案例呈现进行讨论：1. 案例呈现中，蒋大爷有哪些心理问题？2. 医生与蒋大爷的沟通为什么出现了僵局的场面？3. 在科长与老人的沟通中，为什么科长虽然没有听蒋大爷说为什么不输液的理由而做出的安排会让蒋大爷欣然接受？

拓展阅读

关于同理心的经典故事

在美国，曾经发生过这样的一件事情。有一位小学学童，因为身体感觉不适，经医师详细检查后，确认他患了癌症。接踵而来的是一连串更详细的检查与治疗。当然其中也包括了人人闻之色变的化学治疗。在不断地使用化学针剂治疗之后，癌细胞的蔓延受到了控制。但化学治疗强烈的副作用也伴随着产生，这位小病童的头发开始大量掉落，一直到他的头上不留一根头发。随着出院的日子一天天接近，小病童的心中除了欣喜之外，更有着一丝隐隐的担忧——考虑自己是否应该戴上假发回学校上课。一则为了自己光秃的头而自卑，再则也怕自己光头的新造型吓坏了同学。回学校那天，母亲推着轮椅，送他走进教室的那一刻，母亲和他不禁张大了口，惊喜得发不出声音来。只见全班同学全都理光了头发，连老师也顶着大光头，热烈地欢迎他回来上课。我们的小病童一把扯去假发，大叫大笑，从轮椅上一跃而起。

【心灵重组】

据传闻，这是一则真实的故事。同时也像一则温馨的现代寓言。

故事中病童的同学和老师，真正展现了最高境界的安慰艺术。最好的关怀与抚慰，绝对不仅在言语之间，更重要的，是能设身处地进入对方的立场，细心体会受抚慰者实际的需要。

借着这种深具同理心的关爱，不但能安慰对方不安、甚或沮丧的心情，使之得到舒缓；同时，更能进一步燃起他心中爱的力量，从而激励起对方无限的潜能。

真正的关怀且能付诸行动，是超越仅止于用言语所阐释的境界之上的。故事中的老师和同学们，他们确实做到了这一点，同时也给了我们一个很好的方向及目标。

付出我们真诚的关爱，并基于同理心的基础上，用实际的行动表达出来。您将发现，虽然只是举手之劳的一点点小动作，却时常能造成意料之外的极大震撼与回响。

课后练习

【名词解释】

跌倒

【填空题】

1. 老年病的特点是（　　　　　）、（　　　　　）、（　　　　　）、（　　　　　）、（　　　　　）、（　　　　　）、（　　　　　）、（　　　　　）。

2. 老年人因肝、肾功能减退导致药物代谢与排泄降低，药物在体内（　　　　　），使药物在机体内的半衰期延长，长期使用易引起（　　　　　）；同时，老年人对药物的（　　　　　）和（　　　　　）与中青年不同，加之多药合用等原因，老年人用药容易发生不良反应，甚至危及生命。年龄越大，应用药物种类越多，药物不良反应的发生率（　　　　　）。

【单项选择题】

1. 老年人最常见的症状是（　　　）

　　A. 跌倒　　　　　　　　B. 便秘

　　C. 失禁　　　　　　　　D. 疼痛

2. 压力性尿失禁常见于（　　　）

　　A. 男性老年人　　　　　B. 女性老年人

　　C. 产妇　　　　　　　　D. 前列腺手术后的男性

3. 老年病人的心理特点以下说法不正确的是（　　　）

　　A. 自责　　　　　　　　B. 孤独

　　C. 缺乏自尊　　　　　　D. 焦虑

4. 老年病人消极的行为反应以下说法哪项不正确（　　　）

　　A. 犹豫不决　　　　　　B. 心烦意乱

　　C. 自我评价低　　　　　D. 自杀

5. 在与老年病人进行沟通过程中，提问应注意的事项以下说法正确的是（　　　）

　　A. 问题内容可以不受限制

　　B. 一次最好问一到两个问题

　　C. 提出的问题应该简单明了，让患者能够回答自如

　　D. 尽量使用普通话

6. ＿＿＿＿＿这句话提出了在与老年病人进行沟通的过程中需要采用什么样的沟通技巧。

（　　　）

　　A. 规范性语言，维护老年人的自尊心

　　B. 非语言沟通

　　C. 体触的应用与职业修养

　　D. 同理心

【能力体现】
根据案例呈现叙述沟通步骤及与老年病人的沟通技巧。

参考答案

【填空题】

1. 临床症状及体征不典型，多病共存，病情重、变化快，易发生意识障碍，并发症多，病程长、康复慢，药物不良反应多，对治疗的反应不同

2. 代谢速度缓慢　　蓄积中毒　　耐受性　　敏感性　　越高

【单项选择题】

1. A　　2. B　　3. C　　4. D　　5. C　　6. D

项目六　与老年痴呆老人沟通

 学习目标

 知识目标

1. 掌握老年痴呆的概念，了解老年痴呆相关基础知识，熟悉老年痴呆早期迹象、常见的行为症状、理解痴呆老人的行为语言；

2. 掌握与痴呆老人沟通的原则，熟悉痴呆老人常见的沟通障碍及原因，掌握痴呆老人的沟通禁忌；

3. 掌握痴呆老人有效沟通的方法。

技能目标

能够及时发现老年人出现痴呆的早期征兆，能与痴呆老人进行有效沟通。

情景导入

　　随着人口的老龄化，老年人中的痴呆患病率随之增高。国外报道，65 岁及以上老人有明显痴呆者约占 4%～5%，每增加 5 岁，患病的风险也将翻倍，也就是说如果到 70 岁，患病的风险将达到 10%，而到 85 岁以后这种风险将达到 35%～40%，其中半数为病因未明的原发性痴呆（即阿尔茨海默病，简称 AD）。按照目前的发展趋势，预计到 2040 年，我国老年痴呆症患者人数将超过所有发达国家老年痴呆症患者人数总和。老年痴呆已成为当今老年医学和精神医学的一个重要课题，也是一个亟待解决的社会问题。

任务一

认识老年痴呆

 案例呈现

> 不知何时起，本来沉默的郑大爷变得更加沉默，每天都要出去爬山的他不再愿意出门。
>
> 不知何时起，他开始弄不清时间，弄不清自己吃没吃饭。再后来，他不会自己穿好衣服，睡觉不会盖好被子，不会自己洗漱，吃饭会洒得满地都是。他开始出现幻觉，把身边所有的人都当作坏人，他愤怒地吼叫，骂人，摔东西，其实他或许是在无助地自卫，只是我们弄不懂他看到了什么可怕的东西。他开始步履蹒跚，弯腰驼背，有时还会尿失禁。他不会清楚地表达自己的要求，也不能正确理解别人的意思，由于沟通困难，他常常易怒，行为古怪。医生告诉家属，郑大爷得的是一种阿尔茨海默病，现在的郑大爷变成了一个地地道道的难以照护的老小孩。

知识准备

一、老年痴呆的概念

痴呆是指由于神经退行性变、脑血管病变、感染、外伤、肿瘤、营养代谢障碍等多种原因引起的，以认知功能缺损为主要临床表现的一组综合征，通常多见于老年人群。痴呆本质上是一种慢性临床综合征，而不是特指一种疾病或神经病理过程。痴呆除表现有定向、记忆、学习、语言理解、思维等多种认知功能损害外，多数病人还表现有行为异常。

在痴呆中，最常见的类型是阿尔茨海默病（AD），曾称老年期痴呆。现一般称 65 岁以前发病者为早发型 AD，65 岁以后发病者为晚发型 AD。血管性痴呆（VaD）是痴呆的第二大类型。在痴呆中，阿尔茨海默病和血管性痴呆是最常见的两种类型，阿尔茨海默病占所有痴呆的 $50\% \sim 70\%$，而血管性痴呆占所有痴呆的 $10\% \sim 25\%$，其他还有皮克病、路易小体型痴呆、帕金森病、亨廷顿病等类型的痴呆。而人们平常所说的"老年痴呆"多指的是阿尔茨海默病。

二、老年痴呆的基本症状

痴呆的基本症状包括认知损害症状、非认知性神经精神症状及体征和社会生活功能减退三个方面，其中社会生活功能减退是认知损害和非认知性神经精神症状的后果。

（一）认知功能损害症状

1. 记忆障碍

记忆障碍是痴呆的核心症状，开始时往往很轻微，在相当一段时间内不被人注意。开始时是对新近发生之事的记忆（近事记忆）减退，而对以前发生的事情的记忆（远事记忆）则保持。表现为东西常常放错或丢失、购物忘记付货款、交谈开始后就忘了开头说什么，因此难以进行语言交流。常常因为记忆障碍而忘记赴重要约会、忘记回电话等。早期学习新知识、掌握新技能的能力减退，只能从事简单刻板的工作。随着病程进展，远事记忆也逐渐受累，并随时间的推移而逐渐加重，记不住自己的出生年月、家庭住址和结婚时间、参加工作时间等生活经历，严重时连家里有几口人，他们的姓名、年龄都不能准确回答，日常生活和工作能力全面下降，不能适应周围环境。

2. 语言障碍

语言是通过应用符号达到交流的能力，包括对符号理解和运用（表达）的能力。符号包括口头的和书面文字符号，亦包括姿势语言（手语或哑语、手势）。痴呆患者可出现各种语言障碍，主要表现为语言内容空洞、重复和累赘。其中找词困难是首先表现的语言障碍，经常忘记简单的词语，以致说出的话和写出来的句子常让人无法理解。

几乎各种类型的失语都可以在不同类型的痴呆患者中发现，包括主动交谈、复述、命名、听理解、阅读和书写功能的减退，常表现为主动谈话少、口语量减少、找词困难、回答问题语速变慢；或自发谈话多、语量正常、发音正常、但缺乏有实质意义。所有失语者均有不同程度的命名障碍和听理解障碍，出现错语症，交谈能力减退，阅读理解受损，最后完全失语。痴呆后期可能出现无法言语或总是缄默不语现象。

3. 失认及失用

失认即排除意识障碍、感官功能不全、注意力下降，以及过去未接触过等原因，在面对某物时不能以相应感官认识该物。痴呆患者通常视觉失认和听觉失认，其中以视觉失认较常见，如视物失认、颜面失认等。

视觉失认表现为对物体或人物形象、颜色、距离和空间环境等失认。轻症患者容易在陌生的地方迷失方向，严重者对熟悉的地方也会迷路，不能辨别物品，不能辨认亲友甚至自己。

听觉失认主要表现为患者不能识别周围环境声音的意义，对语言的语音、语调不能辨认，从而不能理解语言的意义。

失用则是指感觉、肌力和协调运动正常，但不能进行有目的的动作。如不能按口头指令完成动作，不能模仿动作。严重者可表现为诸如穿外套时手伸不进袖子，铺台布不能把台布的角和桌角对齐，不能画最简单的几何图形等。痴呆患者的失用多见观念失用及观念运动性失用，简单动作可以完成，但是稍微复杂或技巧性的随意运动完成困难，动作笨拙，显得很不连贯、不确定。患者进食不会使用餐具，而用手抓或直接用嘴去吃。

4. 失算

计算力障碍常表现为算错账、付错钱、不能回忆以前所学的乘法口诀、没有量的估价、对数字和运算符号认识障碍，最后连最简单的计算也不能进行。

5. 视觉空间感知障碍

视觉空间感知功能是指认识物与物之间的方位关系、物与观察者之间的空间关系及景物的方位的能力。由于视觉造成物体在空间内的各种特性的认识障碍称为视觉空间感知障碍，亦称视空间功能障碍。患者表现为不能找到自己住的房间，不认识非常熟悉的路，弄不清衣物的上下、左右等，对明显可见的物体不能凭视觉来判断定位，也就是在所见的两个物体中，不能判断哪个物体距自己更近；画图测验（如画钟测验、MMSE中的描图测验等）不能准确临摹简单的图形。

6. 定向障碍

可以出现时间、地点、人物以及自我定向障碍。如患者不知何年、何月、何日，不知道现在是上午还是下午，因而可能深夜起床去进行刷牙、洗脸等早晨做的事情。

7. 执行功能障碍

执行功能障碍是痴呆的常见表现，与额叶或有关的皮质下通路功能障碍有关。执行功能包括动机，抽象思维、复杂行为的计划和组织等高级认知功能。执行功能障碍表现为日常工作和学习能力下降，组织、计划和管理能力减退。分析事物的异同、连续减法、词汇流畅性测验和连线测验等神经心理测验可反映执行功能的受损情况。

(二)非认知性精神行为症状

1. 思维内容障碍

多为非系统的思维内容障碍，可出现妄想症状，如被窃妄想、被害妄想、贫穷妄想以及嫉妒妄想。其中，由于痴呆患者容易忘记物品的放置位置，因此认为物品被窃是最常见的妄想，严重时确信有人入室偷窃。痴呆患者的妄想往往不系统、结构不严密，时有时无，变化多端。

2. 幻觉

各种幻觉都可出现，但以视幻觉较为常见，也可有其他言语性幻听。视幻觉往往看见偷窃者或已故亲人，与之对话；几乎所有患者有失眠或夜间谵妄。较少见的幻觉有嗅幻觉和味幻觉，如闻到物质燃烧的异味等。

3. 情感障碍

情感迟钝和情感淡漠是痴呆患者的常见症状。早期呈现情绪不稳，有时情感失去控制能力，变得肤浅而多变，表现焦虑不安，忧郁消极，或无动于衷，或勃然大怒，易哭易笑，不能自制。在疾病演进中逐渐变得淡漠及迟钝，患者对外界刺激表现平淡或完全缺乏相应情感反应。对周围事物漠不关心，细微情感丧失最为明显。患者内心体验极为贫乏，往往不愿意交谈，对家人漠不关心。部分病人在痴呆的早期可能以抑郁、焦虑、欣快和易激惹等为主要突出表现。

4. 人格改变

额、颞叶受累患者常有明显的人格改变，患者表现懒散、退缩、以自我为中心、言语粗俗、行为不符合社会规范、不修边幅，耻辱感消失，当众脱光衣服等。痴呆患者的人格障碍有时可在疾病早期出现，患者变得缺乏活力，容易疲劳，对工作失去热情，对往常爱好的活动失去兴趣，对人对事都显得漫不关心，有时会开一些不合时宜的拙劣玩笑，对衣着及仪容也不如以前那样注意，可变得不爱整洁，不修边幅。有时会发生对年幼儿童的猥亵行为或暴露阴部等违反社会道德准则的行为。有些人变得多疑、固执与斤斤计较。

5. 进食、睡眠和行为障碍

患者食欲常减退，也有部分患者饮食不知饱足，饮食过多，导致体重增加。还有极少数患者出现嗜异食，吃一些通常不吃的东西。患者可以有睡眠节律紊乱或颠倒，表现为晚上觉醒次数增加。随着痴呆的进展，眼快动睡眠减少，白天睡眠增加，最后睡眠节律完全打乱。患者的行为异常在傍晚时更明显，称为日落综合征。患者出现异常行为，如反复踱步、反复开拉抽屉、玩弄衣扣等重复刻板行为，动作笨拙，或回避交往，表现为退缩。痴呆患者还可出现攻击行为，表现为抗拒为其料理生活，例如洗澡、穿衣等。常见的躯体攻击行为有咬、抓、踢等。偶尔，患者可有不适当的性行为和性攻击行为。少数患者还可有尖叫、扯衣服和其他怪异行为等，怪异行为有时与患者的病前职业或业余爱好有关。

(三)社会生活功能减退

痴呆患者由于记忆、判断、思维等能力的衰退而造成日常生活能力明显下降，逐渐需要他人照顾，对他人的依赖性不断增强。

早期由于近事记忆受损，病人学习新知识、掌握新技能的能力下降，遇到不熟悉的工作时容易感到疲乏、沮丧与激怒。此时受到损害的主要是职业活动和社交活动。老年性痴呆进一步发展，病人使用工具性的日常生活能力受到损害，病人此时已不能独自打电话、理财、乘车外出、按时按量服药等，买东西时搞不清价钱，做饭菜也做不好，洗衣也洗不干净，只能做些扫扫地、拣拣菜等简单的家务。此时痴呆老人虽然已不能独立生活，但基本生活尚能自理。到了中晚期，病人的基本生活自理能力也逐步受损直至丧失，包括穿衣、梳洗、行走、洗澡、上厕所等都发生困难，生活需要人照顾。最后，病人就像婴儿一样，吃、喝、拉、撒都不知道，终日卧床，最终因感染、内脏疾病或衰竭而死亡。

三、老年痴呆的分期

老年痴呆对不同的患者有着不同的影响方式，其临床表现由于受到病人过去的人格、身体状况及生活方式的影响而有不同的表现。老年性痴呆是一个进行性的病程，目前根据病情严重程度和了解到的各种痴呆症状的演变大致划分为三个连续的阶段：早期、中期、晚期。但三期的症状并无明确的界限，各期症状均有重叠和发展。比如都有记忆受损，性格和行为改变，生活自理能力减退等。我们必须了解，并不是每位患者都会出现所有上述症状，而且每个患者之间的症状表现也各不相同，任何患者之间都不会经历同样的痴呆演变过程。痴呆的某些临床表现可以在病程中的任何阶段出现，例如，有些在晚期才会出现的异常行为也可能在中期就会发生。此外，照料者也应该意识到患者在各个阶段中都有可能出现短暂的、头脑相对清楚的状况。

(一)老年痴呆早期

第一阶段即发病的早期，大致 1~3 年，主要表现是记忆力减退。最初出现的是学习新知识困难，对一些事情"记得不如忘得快"，但通常还能进行正常的社会交往，所以经常不被患者和家属注意。此时老人突出的症状是记忆障碍，尤其是近期记忆，患者经常忘记刚发生过的事情，而对以前陈芝麻烂谷子的事却记得颇为清楚，生活料理基本正常，家属有时还会误认为患者记忆力不错。此期脑电图及头颅CT检查多为正常或仅在CT中发现轻度脑萎缩，智能检测常可以发现记忆力明显下降。

值得注意的是，在老年性痴呆早期，尽管有明显的记忆力下降，语言空洞，概括和计算能力有障碍，但仍有不少患者能继续工作，这是由于在做很熟悉的工作，但当向他提出新的要求时，其工作无能才被发现。

(二)老年性痴呆中期

第二阶段为中期，病程较长，一般在发病后 2～10 年。此阶段记忆力下降更为明显，不仅不记得最近发生的事，甚至远期记忆也明显下降，无法正确地回忆以往生活中发生的重大事件，如哪年结婚的、孩子的生日、事业上的成功，甚至连使用多年的电话号码等都忘记了。认识、判断能力也发生严重障碍，不知道当天的年、月、日，不知道季节；不会随冷暖而更换衣服，不会穿衣及鞋袜，如大热天穿着厚毛衣，或同时穿着好几件衬衫或短袖衬衣，把内衣穿在毛衣外等；将东西放在不合适的地方，如将电熨斗放在冰箱里，把手表放在糖碗里；严重时大小便不知如厕；不认识同事及邻居，分不出男女性别，甚至连镜子中的自己也不认识。思维混乱，说话时答非所问，文不对题，别人难以理解他要表达的内容是什么。此阶段后期已基本无法料理自己的生活。

行为、性格及人格障碍也是此阶段病变的特点。有些患者表现出明显的性格和行为改变，如以前脾气温和、为人宽厚，现在却变得脾气暴躁、心胸狭小；以前脾气很坏，现在却特别听话。有的终日无事忙、无目的地徘徊、收集废物、无原因地傻笑；有的患者则活动很少，呆坐一隅，对周围任何事物毫不关心；有的患者焦虑不安，甚至不分白天黑夜地吵闹不休；也有的出现四肢痉挛、动作不灵活等神经系统的症状。有些患者走得稍远一点就有可能迷路，有的甚至在很熟悉的环境中迷路。此期脑电图检查可见到慢波明显增多。脑CT检查常可发现脑室增大、脑沟增宽、皮质轻度萎缩等异常。智能检测提示记忆力、定向能力、思维判断能力都明显降低。

(三)老年性痴呆晚期

第三阶段为晚期阶段，一般在发病后 8～12 年。主要表现为非常明显的智能障碍，患者与周围环境已无法正常接触，语言支离破碎，毫无意义，最多只能记起自己和配偶或照料者等一两个人的名字。多数患者表情淡漠，终日少语少动，可出现肢体强直、挛缩，步态不稳，约有 1/3 的患者会发生癫痫大发作，生活完全不能自理，需要他人 24 小时看护。此期脑电图检查可见到全面的慢波化、重度异常。脑CT检查可发现广泛的脑萎缩。记忆及智能检测已无法进行。

四、老年痴呆的早期信号

与其他疾病一样，老年痴呆也必须进行早期治疗和干预，即越早治疗效果就会越好。但是早期的一些症状表现经常会被医生、患者家属或朋友所疏忽，或者将一些临床表现误解为年老所致，甚至认为是衰老的正常现象。由于这些症状多是逐渐发生的，因此很难确定患者是从何时开始发病的。

由于老年性痴呆患者早期看起来都很健康，其行为举止等表现基本上与常人无异，社会技能也比较完好，可以正常与同事和邻里交往，还可以参加一部分社会活动，因此他们在从事日常生活活动出现困难时很容易让人以为他们只是"变懒"了。但细心的家属和子女以及关系较好的老朋友才可能会觉得其中有些不对劲的地方不仅仅是"变懒"的问题。下面是老年痴呆的十个早期常见的表现：

1. 记忆力减退。尤以近事遗忘最为突出，是痴呆早期最常见的症状。患者对当天发生的事不能记忆，刚刚做过的事或说过的话不记得，熟悉的人名记不起来，忘记约会，忘记贵重物品放何处。

2. 难以完成熟悉的工作，痴呆患者难以胜任日常家务。例如，患者可能不知道穿衣服的次序、做饭菜的步骤。

3. 语言障碍，痴呆患者可能经常忘记简单词语或以不常用的词语来代替，结果说出来的话让人无法理解；叫不上日常物品的名字；口语量减少。

4. 计算力减退。常算错账、付错钱。

5. 时间和地点定向障碍。忘记今天是星期几，记不清具体的年、月、日，熟悉的地方也会迷路。

6. 空间定向力障碍。穿外套时手伸不进袖子，迷路或不认得家门，不能画简单的几何图形。

7. 判断力受损，抽象思维困难。痴呆患者反应迟钝，很难跟上他人交谈时的思路。

8. 情绪或行为改变。痴呆患者的情绪可以变得极不稳定，较以往抑郁、淡漠或易激动、焦躁不安、注意力涣散。

9. 人格改变。痴呆患者的为人处世较病前不同，如怀疑家人偷窃自己的钱财或把一些不值钱的东西也藏起来。

10. 兴趣丧失。痴呆患者可能变得消极，缺乏主动性，长时间坐在电视机前消磨时光或终日昏昏欲睡，对以前的爱好也失去了兴趣。

这些都是老年痴呆的一些早期信号。当然不是早期老年痴呆患者都会出现上述表现，也许只出现某几种，也许部分症状更为突出一些，但家属一定要注意这些征兆，当老年人出现记忆力下降及情感改变等症状，应尽早去医院检查，以免延误治疗的时机。

课堂互动

同学们随机分为两组：一组同学演示老年痴呆老人在不同时期的症状，另外一组同学指出对方模仿的是哪个时期出现的什么症状。

拓展阅读

老年痴呆到底应该叫什么

最近看到一份香港社会服务联社于 2012 年出版的《老年痴呆症 2012—2017 策略行动方案》，其中采用了"老年痴呆症（认知障碍症、脑退化症）"等多种说法，不禁奇怪，一种疾病为什么会有这么多名字。

继续往下查才发现，2012 年中央电视台和国内其他几家媒体为消除对痴呆患者的歧视一起呼吁为"老年痴呆"改名，但最终并未给出替换建议。卫生部对此事表示赞赏，并在一次新闻发布会上指出，"老年痴呆"并不在神经病学医学名词中，只有一个曾被称为"老年早期痴呆"的阿尔茨海默病，并认为老年痴呆症的规范名称是阿尔茨海默病。

查询中国的医学名词可以知道，确实没有"老年痴呆"这个词条，只有阿尔茨海默病。那么，老年痴呆到底能不能用阿尔茨海默病替代呢？

阿尔茨海默病 (Alzheimer Disease)

1901 年，德国心理医生阿洛伊斯·阿尔茨海默（Alois Alzheimer）接触到一位病人，是一位 50 岁上下的妇女，她在记忆力和逻辑能力上存在一定的障碍。这位病人 1906 年去世后，阿尔茨海默医生对她进行了尸检。在显微镜下，他发现患者的脑组织有斑块和纤维缠结，相似结构虽然在未患病的老年人大脑中也有发现，但数量要少很多。于是，阿尔茨海默医生报道了这个病例。

在他报道后的几年里，其他医生也陆续发现有类似症状的病人，他们偶尔会用"阿尔茨海默（描述）的疾病"来称呼这种病症。1910 年，埃米尔·克雷佩林（Emil Kraepe-lin）医生在其编写的《心理学手册（第八版）》中，首次正式定义了阿尔茨海默病。由于发现的多数病例是刚刚或还未步入老年的患者，于是又将其称为"早老性痴呆（presenile dementia）"，克雷佩林认为这种病是老年痴呆的一个亚型。

随着对这种疾病认识的积累，心理医生认为阿尔茨海默病跟年龄并没有多大关系，不需要特别考虑该疾病患者的年龄，于是将这种疾病称为"阿尔茨海默型痴呆"，简称阿尔茨海默症。由此可见，阿尔茨海默病只是痴呆中的一种，并不能包括所有的老年痴呆，也就不能取代老年痴呆。

痴呆 (Dementia)

虽然医学名词中没有老年痴呆，但有痴呆这个学术名词。

早在古希腊的时候学者们就意识到，随着年龄的增长，人类在记忆力和智力方面会出现一些问题，情况严重的会发展为痴呆。痴呆与人的年龄关系密切，65 岁的老年人中大约仅有 1％ 有痴呆症状，但 85 岁之后将上升到 30％～50％。因此，人们在称呼痴呆时常常会加上"老年"二字。

现在人们知道，大脑是由上百亿个神经元或者神经细胞组成的，细胞之间通过突触连接传递电信号，执行思考、记忆、感受情感和支配身体活动等一系列复杂的任务。当脑部神经细胞出现损伤，大脑可能不会按照人们认定的方式运行，损伤严重时就会出现精神问题。

精神问题会有很多症状，包括记忆力丧失、意识模糊、个性改变和语言障碍等，痴呆这个医学术语正是用来描述精神问题中某些症状组合的。美国国立神经障碍与中风研究院将痴呆描述为一系列造成脑部功能障碍症状的集合。痴呆有三个特征：第一，患者在智能方面受到严重破坏，丧失基本技能，或解决复杂问题和控制情绪的能力，性格也有可能改变，所以只是健忘的科尔萨科夫综合征不算痴呆；第二，症状是在成年之后产生的，所以出生就有智力问题的人严格说不叫痴呆，而叫智障；第三，患者意识清楚，不像喝醉酒似的昏昏欲睡，也能够集中注意力，所以意识不够清醒的谵妄不能归为痴呆。

由此可见，痴呆并不是一种疾病，而是由某些疾病引发的一系列症状，就像发烧、呕吐、咳嗽和眩晕是一些不同疾病造成的症状一样。造成痴呆的疾病有很多，据统计已经超过 75 种。其中最常见的原因是阿尔茨海默症，约占所有原因的 50%；其次是血管性痴呆，约占 25%。

到底应该叫什么

正如人类对大脑的认识还有很多空白一样，痴呆病因还存在着许多未解之谜。随着人们认识的深化，对痴呆的定义和归类也在发生变化。2013 年美国精神病学协会出版的《精神疾病诊断与统计手册（第五版）》将痴呆和失忆合在一起，统称为认知功能障碍，并根据严重程度分为若干阶段。目前，主要医学名词目录仍然使用痴呆这一术语。

在英语国家，由于痴呆的主要原因是阿尔茨海默症，因此针对痴呆的公益组织通常叫阿尔茨海默症协会，但在知识普及中会强调痴呆和阿尔茨海默症的区别。

在中文地区，台湾主要用"失智"表示痴呆。香港原本与新加坡、中国大陆一样用"老年痴呆"，但 2010 年，在香港地区开展的更换名称活动中，一名小学生提出的"脑退化症"在众多参选名称中获得最多的支持。不过，有专家指出，痴呆病因中有一些并不是因为脑部退化所造成的，用这个名称来取代老年痴呆并不合适。香港政府听取专家建议没有采纳"脑退化症"这一名称。后来又有社会团体提议将老年痴呆改为"认知障碍症"，政府未置可否。相较于官方坚持使用老年痴呆的做法，媒体和社会组织采取了不同的态度，各种名称均在使用。于是就有了香港社会服务联社用"老年痴呆症（认知障碍症、脑退化症）"的多种表示。这不仅造成了资源的浪费，更加剧公众对这一概念的定义混乱。

事物的名称很重要，但最好是让人不仅能够顾名思义，还能尽可能多地了解名称所包含的科学意义。痴呆作为一个医学名词，并没有太大争议，老年痴呆不过是人们对痴呆多数发生在老年人当中而约定俗成的叫法。如果要修改，只需要去掉"老年"两字即可。

两年后的今天，多数人仍然将痴呆和阿尔茨海默症相混淆，公众对痴呆的认识远没达到理想水平。在公众中普及这种疾病的症状、原因、预防、诊断及治疗等知识，让更多的人真正了解痴呆这一名称的内在含义，让更多的人参与到关爱痴呆患者的行动中来，任务还很繁重，道路依然曲折。也正因为如此，这项工作才更有意义。

（http://www.360doc.com/content/14/1005/00/2283188_414460147.shtml）

任务二
与痴呆老人沟通

案例呈现

> 李婆婆，75岁，新入住某养老机构。入院评估：简易智力状态量表（MMSE）结果为11分，主要表现为：对时间、空间的定向力障碍；计算能力、注意力、命名能力、结构能力及书写能力严重退化等。记忆力、回忆能力、理解能力与阅读能力尚可。跌倒风险因素评估结果为高危。作为工作人员应该怎样对该老人进行入院宣讲？怎样教老人预防跌倒的方法？采用什么样的沟通方法与技巧才能达到有效的沟通？

知识准备

要做好痴呆老人的护理，是一项繁杂的工作，护理者不仅要付出极大的爱心、耐心、细心和毅力，同时还需要正确的理解老年性痴呆的特点，采取积极的态度，使痴呆患者能生活在一个充满亲情和关爱的环境中，通过对老年痴呆患者的有效的沟通，采取有效措施，才能提高痴呆老人的生存时间和生活质量，减轻家庭负担，使其家人得到慰藉。

一、与痴呆老人沟通的原则

1. 尊重老人及老人的感受；

2. 接受而不是改变；

3. 保持同情心；

4. 给老人表达的机会；

5. 不要任意哄骗老人；

6. 关心与爱护；

与痴呆老人沟通应谨记：

（1）痴呆患者出现的症状包括不恰当的举动都是因病情发展引起，而不是故意的，病人自己也很痛苦，所以不能因沟通不好对病人生气，而应非常同情和理解他们。

（2）痴呆患者不论病情轻重都还有心理功能，要有极大的耐心和爱心，而不是用简单粗暴的方法排斥，以避免伤害他们的自尊心，要充分发挥其留有的心理功能。

（3）虽然痴呆逐渐剥夺他们的认知能力，但是他们依然保留情感，保留对美好事物的感知能力。疾病最后损害的是皮层功能，痴呆老人对情感的感受和表达是最后消失的，也就是说即便是痴呆重度的老人也依然能感受到亲友的关爱。虽然在和老人讲话的时候他不一定能听明白，但他会从微笑、抚摸、温和的语音语调来感受到照护者的友好、尊重和体谅。

二、痴呆老人常见的沟通障碍

1. 患者的因素：记忆力衰退使痴呆老人判断能力和理解能力减低，致使不能执行较复杂的指示；集中精神的能力降低，情绪较易波动，易发怒。

2. 照顾者的因素：说话太快、声调太高，对患者构成压力。说话内容过多，令讯息变得太复杂。太多不必要的动作，使老人分心或误会。由于身心疲累，产生沮丧失望或不耐烦的情绪。不适当的语调，例如：大声呼喝，会使老人误会受到责备和遭受不礼貌对待。

3. 环境的因素：噪声干扰、光线不足等。

三、与痴呆老人的沟通方式

与痴呆老年人的沟通包括非语言沟通和语言沟通两大类。

沟通者应掌握其特点和方法以及注意事项，更好地帮助认知障碍的老年人通过沟通表达感情和要求，得到安全感，提高生活质量。除了一般与老年人沟通的技巧外，还应该注意以下内容。

1. 非语言沟通技巧

非语言沟通对于越来越无法表达和理解谈话内容的老年人来说极其重要。虽然老年人可能较为依赖非语言交流，但并非意味着其心理认知状态也退回孩童阶段。所以，要注意观察何种沟通模式是老年人反应良好的特定方式，并予以强化和多加运用。

（1）倾听：要善于听老年人讲话，要注意其讲话的声音、声调、流畅程度及选用的词句，老人的面部表情、身体姿势及动作，尽量理解其想表达的内在含义。在倾听过程中，要全神贯注、集中精力、注意听讲。要注意保持眼神的接触，做到"心领神会"；双方保持的距离以必须能看清对方的表情、说话不费力但能听得清楚为度；距离也可随说话的内容而调整，以自然为要。双方位置平持，稍向患者倾斜，切勿使患者处于仰视位。要使用能表达信息的举动，如点头、微笑等。用心倾听，不仅表达了对老年人的关心，还表达了对话题的兴趣，以鼓励老年患者继续说下去。

（2）面部表情：面部表情常清楚地表明人的情绪，在某种程度反映内心隐衷。面部表情反应极为灵敏，能迅速而真实地反映各种复杂的内心活动。应保持脸部表情平和、不紧绷或皱眉，说话声音要略低沉平缓且带有欢迎的热情，可适时夸大面部表情以传达惊喜、欢乐、担心、关怀等情绪。微笑是人际交往的"润滑剂"，对老年患者的精神安慰可能胜过良药。在微笑中为老年患者创造出一种愉悦的、安全的、可信赖的氛围。

（3）触摸：沟通者适当的触摸可表达对老年人的关怀之情，而老年人通过触摸他人或事物也可帮助其了解周围环境。触摸是一种简单的表达情感的方式，有助于我们与老年痴呆病人交往。当我们倾听或者和他们谈话时，握着他们的手或胳臂是一个显示我们感兴趣或引起他们注意的方式。但是如果触摸使用不当，可能会增加老年人的躁动或触犯老年人的尊严。要避免不适宜的拍抚头部等让老年人感觉不适应和难以接受的动作，而且，因为老年人常处于意识不清的状态，容易对触摸做错误的理解。因此，在沟通过程中要掌握以下注意事项：

①让认知障碍的老年人知道沟通者的存在方可触摸；

②老年人因为视、听力的渐进丧失，常容易被惊吓，所以应尽量选择从功能良好的那一边接触老年人，绝不要突然从背后或暗侧给予触摸；

③渐进地开始触摸，持续地观察老年人对触摸的反应。逐渐从单手握老年人的手到双手合握；与老年人交谈时，应保持适当的距离，由 1 米左右开始，渐渐拉近彼此距离。离得太远，患者听不清楚，靠得太近，患者又会感到害怕。在触摸的过程中还要注意观察老年人的面部表情和被触摸的部位是松弛还是紧绷，身体姿势是退缩的向后靠还是接受的向前倾，以判断老年人是否接受与舒适，为下一步措施的选择提供依据。

④注意适宜的触摸位置。最易被接受的部位是手，其他适宜触摸的部位有手臂、背部与肩膀，头部则一般不宜触摸。

⑤注意保护老年人易脆破的皮肤。避免使用拉扯或摩擦力，可适当涂抹乳液。

⑥要尊重与了解老年人的个别性和文化传统背景，以免触怒老年人。涉及老年人的隐私检查时，应事先征得老年人的允许。

⑦对老年人的触摸应予以正确的反应。应学习适当地接受老年人用抚摸头发、手臂或脸颊来表达谢意。到了老年痴呆的最后阶段，老人可能不再说话。你可以做什么呢？我们现在从研究中得知，抚摸、拥抱和爱抚非常重要。是这样的，得了老年痴呆，虽然大脑多处受到损伤，但在病程的最后阶段，患者仍然能得到触觉刺激，触觉持续的时间最长。最好通过触觉和拥抱与后期患者进行接触。

（4）身体姿势：当言语无法清楚表达时，身体姿势能适时有效地辅助表达。日常生活中能有效强化沟通内容的身体姿势有：挥手问好或再见；把手转过来做向内舀的样子表示召唤、伸手指出物品所在地、指认自己或他人；模仿和加大动作以指出日常功能活动。如洗手、刷牙、梳头、喝水、吃饭；竖起大拇指表示支持和赞同等。在沟通过程中要掌握以下注意事项：

①与认知障碍的老年人沟通前，必须先让他知道沟通者的存在，以免惊吓到老人；

②沟通时要面对老年人，利于他读唇，并加上缓和、明显的肢体动作来有效地辅助表达；

③对于使用轮椅代步的老年人，应适时地坐或蹲在旁边，并维持双方眼睛于同一水平线，以利于平等的交流与沟通；

④鼓励无法用口头表达的老年人，以身体语言来表达，并及时给予反馈，以利于双向沟通；

⑤身体姿势与导向：说话时倾身向前以表示对对方的话题有兴趣，但是注意不要让老年人有身体领域被侵犯的不适。

⑥如果老人不介意的话，在他觉得舒适的情形下，可以借一个拥抱来表达爱及温暖的关怀。

（5）重视眼神的交流：眼神的信息传递是脸部表情的精华所在。与老人交谈时，要看着他们的眼睛，微笑、亲切的目光和表情，会给老人以鼓励。眼睛接触时必须坦诚且温柔，但痴呆的老年人，往往因知觉缺损而对所处情境难以了解，容易走神，故保持眼对眼的接触对沟通的效果是非常重要的，必要时可以正面触摸老年人以吸引其注意力回到沟通的情境中来。但有的老人会觉得直接眼对眼的接触，具有威胁感，则需特别处理。

（6）沉默：沟通中利用语言技巧固然重要，但并不是唯一的可以帮助老人的方法。不是所有的时间都应该说话，有时待在一起就足够了。当老年人不愿意说话或者受到情绪打击时，沟通者可以和对方说："如果您不想说话，您可以不说，我希望能坐在这儿陪您一会儿，好吗？"这时沟通者以沉默的态度表示关心，也是尊重老人的愿望，会很有效。它可以表达沟通者对老年患者的同情和支持，起到此时无声胜有声的作用。此外，沉默片刻还可以为沟通双方提供思考和调适的机会。

（7）沟通环境：由于痴呆老人的沟通交流能力和处理外部刺激的能力往往存在缺陷，故应为其创造一个适应其沟通能力的舒适环境：安全、安静、相对固定、相对独立。另外，沟通的空间距离最好保持在90～120cm。

2.语言沟通

良好的语言沟通可以正确地表达情感、意念、信仰与态度，促使沟通双方能够互相理解和接受。虽然痴呆老人的语言沟通能力有不同程度的减退或障碍，但良好的语言沟通仍然是促进其与外界交流和了解的重要途径，沟通者也能清楚而迅速地将信息传递给老年人。沟通者要以对老年人真诚相助的态度，同时应估计老年患者的教育程度和理解能力，以便选择合适的语言表达。

语言沟通的方式很多，口头沟通对外向的老年人，是抒发情感和维护社交互动的好途径，而书信沟通则更适合于性格内向的老年人。痴呆老年人由于其语言表达能力、理解能力、判断力、适应能力等均有所减退，人格也发生了一些变化，故可能使其变得退缩、寂寞和沮丧。此时，最好的解决方法是提供足够的社交与自我表达的机会，予以正向鼓励。

（1）口头沟通：口头沟通是与痴呆老年人沟通的重要方式，采取不同的方法、角度、频率与其进行沟通，能有效地鼓励其增强战胜疾病的信心，以维持和保留原有的能力，延缓衰退的速度。

（2）书面沟通：对有识字能力的老年人，结合书写方式沟通能比较好地克服老年人记忆减退，起到提醒的功能。如果患者出现表达混乱时，也可以尝试让他们写下自己想要表达的内容。

四、与痴呆老人的沟通技巧

做好以下几点，也许对与痴呆老人进行有效沟通会有所帮助：

1.安静的环境。电视、收音机、甚至是电扇的噪声，都可能会分散老人的注意力，使他们在谈话中忘了所说的内容，安静的环境能让交流更加容易。减少环境中造成老人分心的因素，比如噪声、混乱的环境或陈设以使老人注意力集中。

2. 一对一交流，说话的人越多，内容会越复杂，同一时间不要多个人同时与老人交流；旁人不要随意插话和代替回答问题，以免老人目不暇接或感到回答不及时而产生焦虑和挫折感，一对一的交流能够有效减轻老人的思维负担。

3. 先要确定老人听觉及视觉是否正常。例如老人的眼镜度数是否仍然合适，助听器的功能是否正常，必要时可进行一次全面的检查。

4. 讲话前先确定是否引起了老人的注意。直接碰触其肩膀、手臂或手掌，有助于吸引其注意力，但碰触时必须小心谨慎其反应。

5. 首先向老人做自我介绍，说明你和他的关系，且提供有助于定向感的信息，避免一再的考验或询问。要从老人的正面走近，告诉他您是谁；要以缓慢、温和、不仓促的速度接近老人，因为老人对于快速移动很敏感。如手势的改变，容易因此受到过度刺激和焦虑，而误会他人，出现攻击他人或伤害自己的行为。记住老年痴呆症老人活在当下，每个新的场合可能都需要重新解释——一个微笑，一个温暖的问候，再一次进行自我介绍。

6. 应亲切地称呼老人的名字，但须征得本人同意。这不仅仅是礼貌问题，也可以帮助老人进入状态并且引起注意。

7. 与老人交流时要面对面的交谈，并要保持目光的接触。如果老人坐着或者躺着时我们不要站着，不妨坐下或蹲下，与其保持同一高度，不要居高临下。互动过程中，称呼其名字，并保持眼对眼的接触，以维持其注意力。

8. 讲话要慢，语调要平和，语气要温和、轻松，吐字要清楚，但不要大声讲话，除非老人有听力问题。尽可能用他熟悉的方言、俗语。永远不要喊叫，一个尖锐或过于响亮的声音会显得您是不高兴甚者是愤怒的，老人会害怕，甚者可能发生过激反应。

9. 注意说话时的口吻，应避免用对幼儿的语气对与痴呆老人说话，这样会伤害老人的自尊心，助长老人的孩童心智和依赖心理。

10. 与老人交谈时，采用简短及易懂字句，避免使用复杂的长句子。一次只给老人一个建议或想法，每句话尽量只带有一个讯息。问题要简单，每次只提出一个问题，还要避免向老人提出有多种答案可选的问题，答案不宜多于两个。例如："你吃苹果还是梨?"比"你喜欢吃什么水果?"好。询问其问题时，应该是一些以"是"或"否"作为回答的问题而不是思考性问题。如"你想出去走走吗?"而不是"你想做些什么?"问题可附带一些选择。例如："您是在北京还是在天津出生的?"可以把问题变成答案，试着向老人提供解决问题的方法而不是提出问题。比如您可以直接告诉他们厕所在这里，而不是问他们是不是需要使用厕所。把否定句变成肯定句，试着说"我们来这儿吧"，而不是"不要去那儿。"强调一个句子里您最想引起老人注意的关键词。比如"这是您的茶"。避免用代名词如"他""他们""这里""那个"等，应以人名、地名或物件名称作直接沟通。减少用抽象的概念。例如："饥饿""口渴"是抽象的，"吃饭"和"喝水"是具体的。

11. 要避免不清楚的表达。给老人简单的解释，避免使用复杂的逻辑和过多的理由解释问题，仅提供给老人一个完整的、明确的、简洁的解释。

12. 假如听不懂老人所说的，应请老人再重复说一次，如果这会引起老人的不高兴，则可以用猜测的方式，重述您所听到的内容，然后问老人"对"或"不对"，直到了解为止。不要假装听懂了，却又不能按老人的要求做，这样反会使老人失望。

13. 应记下每个老人表达或沟通的特殊用语及非语言技巧，以提高下一次交流的质量。

14. 尝试以当日发生的事情、人物、地点、天气等作为谈话的开始。多谈涉及具体内容的事情，找出老人感兴趣的话题，用其熟悉的方式交谈。选择老人熟悉的话题，保持对话流畅。讨论一些具体的事情而不是抽象的想法。

15. 沟通近期记忆障碍是痴呆老人另一常见的问题。如果时常跟老人直截了当地谈他近期记忆障碍，常会造成老人很大的挫折感。所以与老人谈话时应由老人选择主题，或是由他远期记忆的事情开始谈起，沟通会进行得比较顺利，老人也常可由谈到过去而获得愉悦。但是不要问老人这样的问题："你还记得那个时候……？"也不要说，"你不应该忘了啊。"不要考验老人的记忆力，老人会因回答不了而感到受挫。

16. 对老人目前的知觉障碍，处理应委婉。当老人坚信错的或不存在的事情时，不要与之争论，可针对病人情绪给予安慰。例如当一位丧子的老人说，她盼望着儿子不久能回家，护理者适当的反应为"您一定曾经很疼您儿子，有时甚至觉得他仍在这里"。如果护理者明白或隐含的表示同意她儿子会"回家"，则会增强老人错误的期待或导致老人的失望；但若断然地告诉她："您儿子已经不在了"，则可能增加老人的焦虑。

17. 痴呆老人说话有时找不到适当用语或应对出现困难，努力地寻找一个字或一个词来表达自己的意思，不宜马上纠正，以免令对方难堪。要尝试弄懂老人一些语意不清的语句，试着将病人说话中重要的字句加以串联组合起来，以帮助彼此沟通。可提示或转换话题。例如："您刚刚说以前去过……"，可让老人填补未完成的句子。当老人忘记整句句子时，可以重复句子最后部分，以作提示。如果老人感到疲劳或挫折感，可以暂停下，过一会儿再试试。

18. 重复信息或者问题，如果老人对提出的问题没有回应，稍等片刻，然后再问一遍。重复提问时应该使用同样的方式和同样的语言。

19. 耐心地等待回应，给老人一些反应的时间，让他能够有充裕的时间思考问题。不要着急，如果我们心急，痴呆老人就会烦躁不安。

20. 不要打断老人的讲话。不要去纠正老人的错误，不争论、争吵，可针对其问题给予适当解释和安慰。

21. 留心观察老人的表情、音调及动作，以便作出适当反应及提示。老人回答时，给予适时鼓励，如微笑、点头、口头赞赏等。要表现出对老人的话语很感兴趣，并鼓励其继续说下去。

22. 当老人不能集中精神时，可轻拍其手臂，呼叫其名字，或者休息一会，或喝杯水，使其精神缓和恢复注意力。因为老人的集中能力低，谈话时间不宜太长。

23. 当老人一遍又一遍重复问相同的问题或发表相同的评论时，你尽量不要恼怒。那些让他们不断重复的东西可能恰恰反映他们关注的特殊事物，你要注意到这种可能性并作出合理分析，那些重复的话语可以成为你们两个相互交流的起点。如果必要，可以用别的事适当转移其注意力。

24. 当老人情绪愤怒、拒绝合理解释时，可以使用老人感兴趣的话题转移老人的注意力，让老人放弃坚持要做的事情，同时要尊重老人，千万不可勉强，这对沟通十分重要。

25. 给老人分步指示，把要做的事分解成简单、清楚的步骤说给老人，一步步地引导老人完成。

没有两位痴呆老人是一模一样的，必须尊重每一位痴呆老人的独特性。由于痴呆老人的状况会随病程而改变，照顾者需要随其状态来调整照护方式。用接纳的态度面对痴呆老人，只要我们愿意像对待具有健康智能的正常人一样关爱他们，保持接触，亲近他们，倾听他们的诉说，就会发现他们仍有许多话要说。尽管痴呆老人的情感表达很直接，这对周围人来讲，有时是痛苦和尴尬的，但这使我们知道他们内心的体验，虽然有时候不知道他们在说什么，但只要细致的观察，从他们的言语、表情、动作等方面，就可以了解到一些信息，感受到他们的需求，使我们更快找出适合的照顾方式，陪伴老人继续走下去。

课堂互动

全体同学随机分为两组，一组同学模拟老年痴呆老人，另外一组同学与其进行不同场景下的沟通。

拓展阅读

我想念我自己——读 *Still Alice* 有感

这本书其实是在 2008 年就买入了，是当年的畅销书之一。当时买入的原因之一，是因为它的内容是关于神经退行性病变阿尔茨海默症（Alzheimer's Disease，俗称老年痴呆症）的，正是我的专业范畴。虽然一直没有时间阅读，但历经几次大搬家，这本书依然伴随在我身边。最近换了新工作，正好其中一个研究方向就是阿尔茨海默症，也因此赋予了我阅读这本书的动力。

故事其实很简单。主人公 Alice（爱丽丝）是哈佛大学的一位心理学教授，研究方向是人类的认知与语言功能。她的丈夫也同为哈佛教授，研究癌症的分子机制，三个儿女也已经长大成人。50 岁的她可以说是功成名就，正意气风发地站在事业的顶峰。然而，她竟然开始在演讲中遗忘很熟悉的专业名词，记错航班的时间，并需要重复阅读才能理解一句话的意思。就像很多生活在压力之下的人们一样，她将这些令人难堪的表现都归罪于那过于紧张的时间表，或者是即将到来的更年期。但是，直到有一天，她在每天必经的回家的路上迷失了。面对熟悉的街道和建筑，她却遍寻不到家的方向。这时她才明白，有些东西，错了。

爱丽丝被诊断为早发型阿尔茨海默症（Early-onset Alzheimer's Disease）。

就在那一刻，她的生活从此改变。

她开始忘记给学生上课的时间，忘记上课的内容。即使她顺利地在正确的时间到达正确的教室，她会忘记自己是授课老师，然后和学生一起等待授课人的到来。她开始避免旅行，以免迷失。甚至在自己家里，都会突然找不到洗手间的位置。然后，她慢慢失去对家人的记忆，甚至有一天，连镜子中的自己也变得如此陌生。

是的，这就是阿尔茨海默症。它渐渐吞噬了爱丽丝的记忆与心智，她仿佛不再是那个她自己所熟悉的爱丽丝了。当没有能力去阅读，去演讲，继续在哈佛做科研的时候，她还能被称作爱丽丝吗？没有了这些她曾经引以为傲，认为可以证明她的人生价值的东西，她还是她吗？这也是为什么在书的结尾，爱丽丝对丈夫约翰说："我想念我自己（这也是本书的中文译名）。"虽然病症切断了爱丽丝与整个世界的连接，并偷去了她的记忆。但唯一没有改变的，是她仍旧具有感受爱和给予爱的能力。因此，她依然是她，那个家人们深爱着的爱丽丝（Still Alice）。

作者是一位同样毕业于哈佛大学的神经学博士。专业背景让她对症状的描写得心应手。有时候甚至过于细致和真实，而让读者有种因距离太近而产生的无法喘息的窒息感。这本书的写作也不高深，只是通过平铺直叙的方法，站在爱丽丝的角度，带领读者进入到患者的世界。最初的几页，确实稍显平淡。日常的生活，琐碎的争吵，就这么直白地展现，不免有些乏味。但渐渐的，我明白了作者的用心。就是在这些连读者都能闭着眼睛重复的日常生活中，爱丽丝居然迷失了自己。这样的效果更令人震撼，更令人感伤。除了这本书之外，也有很多关于阿尔茨海默症的书籍。但大部分都是从旁观者，治疗者或者是护理者（家人、朋友等）方面出发，很少像这本书那样，直接从患者的角度感受病情的进展，体验生活的改变。

对于角色的设定，作者也是颇费心思的。阿尔茨海默症分为两种，一种是爱丽丝罹患的早发型，另一种则是相对应的迟发型。早发型指的是病人被确诊的年龄小于60岁，相对于迟发型来说，早发很少见，一般认为与遗传有关，常呈家族性发病趋势，病情发展非常迅速。而迟发型就是一般我们俗称的老年痴呆症或是老年失智症，60岁以上发病，与遗传关系不明。相比较两种阿尔茨海默症患者，相对于迟发型，早发型患者大部分正处在人生最美好的时刻，却要在这个时候被疾病拖到谷底，连反击的机会都没有。

主角爱丽丝，本身作为一名正处在巅峰的哈佛大学教授，她的整个事业的基础就是出众的认知分析与语言能力。她和丈夫又同为相关生物学家，了解整个病症的发展过程和当前的研究水平。因此，当这个不治之症逐步而又迅速地将她引以为傲的能力和无比珍惜的生活一点点吞噬的时候，爱丽丝那种无法言传的痛苦，那种愤愤不平的恼怒，那种面对未来的恐惧，但却又无能为力的绝望，通过纸面，直接击中读者的心灵。因此，读者也就不难理解为什么爱丽丝在被诊断之后，希望以癌症交换阿尔茨海默症，即使这是"不现实而又不光彩的想法"。因为"光头和头巾是勇气的象征，而忘词和记忆消退却代表心智不稳和精神失常。"

阿尔茨海默症是世界上最可怕的病症之一。人一出生，便开始积累记忆。无论是美好的或是痛苦的，到最后都是一笔人生财富。设想一下，当年华老去，坐在摇椅上面对夕阳，独自或与儿孙们一起回味过去。那个时刻，会心一笑，便是人生最美好的结束吧。而阿尔茨海默症就是要把这些都夺去，把你的人生片段变得支离破碎，到最后连自己是谁都不知道了。在这本书最后的附录中，作者提到，为了这本书，她采访了很多被诊断为早发型阿尔茨海默症，年龄在 60 岁以下的患者。而她发现"每个采访对象都考虑过在还有意识的时候自杀，以保留最后的尊严。这令人震惊。一般来说 50 岁左右的人不会想到结束自己的生命，然而，每一位 50 岁的阿尔茨海默症患者都想要自杀。这是阿尔茨海默症为他们所指的路。"基于这个事实，作者也让爱丽丝在自己被诊断为阿尔茨海默症的那一刻，设定好了结束自己生命的方法。然而，令人落泪的是，病情发展到最后，她却连结束自己生命的能力都失去了……

那么，究竟什么是阿尔茨海默症呢？下面这张图片来自 PUBMED，显示了患者脑部的变化。

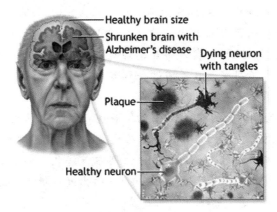

可以看出，病人的脑组织，特别是大脑前页皮层和海马体，出现明显萎缩，脑室扩大。而脑组织萎缩的原因，则是因为大脑皮质中出现淀粉样沉积（plagues）和神经纤维纠结（tangles），最终导致脑细胞的死亡。当前研究认为，淀粉样沉积的主要成分是一种被称为 Beta-Amyloid-42 的游离性蛋白质。在阿尔茨海默症的患者脑中，这种蛋白质的数量过多，并结合在一起造成淀粉样沉积。通俗地讲，就是脑细胞之间的相互联系被这些淀粉块给糊住了，无法进行交流。因此，患者就无法形成新的记忆，或者提取以前的记忆。根据程度轻重的不同，对于他们来说，生活仅仅是当前的这几天，几个小时，甚至，仅仅几分钟。

那么，又如何治疗呢？

在美国国家卫生研究所关于阿尔茨海默症的网页上，关于该病的治疗方法的第一句话就是：

There is no cure for AD.

没有治愈方法。

是的，你没有看错。在这个大部分癌症被攻克的年代，医生们对于阿尔茨海默症依然束手无策。换句话说，阿尔茨海默症仍旧是不治之症。当前的治疗方法不能治本，只能起到延缓或者控制症状的作用。在这种情况下，早期诊断，早期治疗以及获得家人的支持更显重要。即使现在的治疗手段无法根治，但起码可以帮助患者在病情的平台期维持更久一些。让他们在与病魔的搏斗中，以及等待新药发明中争取一点时间。

相对于药物治疗，更重要的是家人和社会的理解与支持。在没有阅读这本书之前，我对阿尔茨海默症的了解仅仅局限在那些书本上的专有名词和研究文章里面的科研数据。我曾经天真地认为，那些患者应该是感受不到什么的吧，反正他们什么也记不得了。但是我错了，彻底地错了。就像爱丽丝一样，那种眼睁睁看着自己最珍贵的回忆和作为人的尊严一点点失去，却无能为力的感觉，还有什么比这个更痛苦，更绝望呢？那种滋味，应该就如同早期西部片里面的主角那样：被绑在火车铁轨上，听到远方的汽笛声，感受到铁轨的隆隆震动，却丝毫动弹不得，无法逃脱。这个时候，家人的理解和社会的关怀，就是病人们唯一的救命稻草了。除了老年痴呆症之外，当今社会上依然对神经方面的疾病有很大的偏见。一方面是由于病人们不符合社会标准的行为所致，另一方面则是因为对这些疾病的了解太少。当谈起精神分裂症、躁狂症或是抑郁症的时候，人们往往谈虎色变，甚至避而远之，更别提对病人的关怀与照顾了。其实，这些疾病本质上和一般疾病并没有什么区别，都是因体内的细胞或分子水平出现问题所导致的。除了肉体上的病痛之外，相信这些患者在清醒的时候，因为失去尊严而造成的精神苦痛，是远远超过我们的想象能力的。而他们，在遭受这种非人折磨的时候，却能够选择坚持与病魔作斗争，而不是简单地了结生命，这需要多么大的勇气啊！作为家人、朋友的我们，以及全社会，难道不应该站出来，给予他们理解与支持吗？

洋洋洒洒，有感而发。没想到竟然写了这么长。最后，请允许让我用 *Still Alice* 里面，病情已经非常严重的爱丽丝与丈夫的一段对话作为本文的结束吧。

"我不知道现在我是在哪里？"

"别担心，你在家里。"

"我迷路了。"

"你没有，因为你和我在一起。"

如果你有时间，请读一读这本书吧。

Still Alice

(http://blog.sina.com.cn/s/blog_6874fe4e0100zpib.html)

表 6-2-1　简易精神状态评价量表(MMSE)

项目		积分					
定向力 (10分)	1. 今年是哪一年？					1	0
	现在是什么季节？					1	0
	现在是几月份？					1	0
	今天是几号？					1	0
	今天是星期几？					1	0
	2. 您住在哪个省？					1	0
	您住在那个县(区)？					1	0
	您住在那个乡(街道)？					1	0
	咱们现在在那个医院？					1	0
	咱们现在在第几层楼？					1	0

项目		积分					
记忆力 （3分）	3. 告诉您三种东西，我说完后，请您重复一遍并记住，待会儿还会问您（各1分，共3分）			3	2	1	0
注意力和计算力 （5分）	4. 100－7＝? 连续减5次（93、86、79、72、65。各1分，共5分。若错了，但下一个答案正确，只记一次错误）	5	4	3	2	1	0
回忆能力 （3分）	5. 现在请您说出我刚才告诉你让你记住的那些东西。			3	2	1	0
语言能力 （9分）	6. 命名能力 出示手表，问这个是什么东西。 出示钢笔，问这个是什么东西。					1 1	0 0
	7. 复述能力 我现在说一句话，请跟我清楚的重复一遍（四十四只石狮子）!					1	0
	8. 阅读能力 （闭上你的眼睛）请您念念这句话，并按上面意思去做。					1	0
	9. 三步命令 我给您一张纸请您按我说的去做，现在开始，"用右手拿着这张纸，用两只手将它对折起来，放在您的左腿上。"（每个动作1分，共3分）			3	2	1	0
	10. 书写能力 要求受试者自己写一句完整的句子。					1	0
	11. 结构能力 （出示图案）请你照上面图案画下来!					1	0

课后练习

【名词解释】: 1. 失认　2. 失用

【填空题】

1. 在痴呆中，最常见的类型是（　　　　　）。

2. 痴呆的基本症状包括（　　　　）、（　　　　　）和（　　　　　）三个方面。

【能力体现】

张大爷是位老年痴呆患者，两个月前入住养老院。刚开始张大爷不停地吵嚷着要回家，夜间吵闹明显，根本无法入睡，还不停地乱走乱叫，情绪极度烦躁。白天茶饭不思，每天总是一个人在院子里来回走动，并出现大小便失禁情况，对护理人员也是经常拳打脚踢。

请为张大爷列出沟通计划，充分运用学到的与老年痴呆老人的沟通技巧。

参考答案：

【填空题】

1. 阿尔茨海默病　　2. 认知损害症状、非认知性神经精神症状及体征、社会生活功能减退

项目七　与临终老人沟通

 学习目标

知识目标

1. 熟悉临终老人的分期，掌握临终老人沟通；
2. 熟悉临终老人的心理特点及行为反应；
3. 了解与临终老人沟通的意义；
4. 知道与临终老人沟通的技巧。

技能目标

1. 领悟与临终老人沟通的技巧；
2. 学会与临终老人进行沟通。

情景导入

随着人口老龄化的发展以及疾病谱的转变，慢性非传染性疾病，如恶性肿瘤、心脏病、心脑血管病、糖尿病等终末期患者增多，社会对临终关怀的需求越来越强烈。临终关怀在整个卫生保健体系中的地位日趋重要，它与预防、治疗一起成为当代卫生保健系统的三大基本组成部分。

任务一
熟悉临终老人的心理反应分期

 案例呈现

> 李某，男性，85岁，高血压20余年，脑癌晚期，2个月前患者因脑出血再次入院治疗。患者入院时意识不清，左侧瞳孔4.5mm，右侧瞳孔4mm，对光反射弱，左侧肢体肌力0级，右上肢肌力2级，右下肢肌力1级，左侧巴氏征阳性。头部CT显示脑出血，胸片提示慢性支气管炎，两下肺感染，大小便失禁，血压175/103mmHg，经住院治疗病情得到一定程度的控制，患者意识略恢复，左侧肢体偏瘫，生活不能自理。

知识准备

一、否认期

病人不能接受所面临的死亡，认为"不可能""弄错了"。有的病人得知自己的病情加重将面临死亡，其心理反应是"不，这不是我，那不是真的"。患者不承认自己患有绝症或者是病情恶化，认为这是医生的误诊。他们常常怀有侥幸的心理到处求医，以期推翻诊断。老年人对生命的渴望不会随着年龄的增长而减弱。现实中，老年人对生的希望具有很深的渴求，他们在面临生命即将结束时往往发出否认的呼声。老年人在临终时可能已经失去了生活自理能力，自己没办法辗转求医，但他们却非常地渴望亲人们为他们选最好的医生、送最好的医院进行治疗，以期证实自己还可以继续活下去。现实中，我们常常看见这样的老人：老人一边说着子女很忙，认为自己已经是一把老骨头了，没有治疗的价值；但另一边，老人眼神里透露出求生的渴望告诉别人，他还没有走到生命的尽头，还有生的希望。

二、愤怒期

当病情趋于严重，病人否认无法再持续下去时，常表现为生气与激怒，对任何事情都不如意、不满意，往往将愤怒的情绪向医护人员、朋友、家属等接近他的人发泄，或对医院的制度、治疗等方面存在不满，弥补内心的不平。

三、协议期

病人期盼能延长生命，认为许愿或者是做善事能扭转死亡的命运，提出种种要求，如有的病人为了延长生命，做出许多承诺作为交换的条件，出现"请让我好起来，我一定……"的心理。此期病人变得和善，对自己的病情抱有希望，配合治疗。例如：李大爷，78岁，在家上厕所时不慎跌倒导致骨折，医院医生告知没有手术的价值，去找个养老机构疗养还好些。李大爷子女把老人送去某养老机构疗养，由于李大爷脾气倔强、性格古怪，在养老机构不愿配合护理工作。导致入院几天后就发生了压疮，这时李大爷仍不配合护理也不配合换药治疗。几个月后早期压疮就变成了非常严重的大面积深度压疮，感染、压疮消耗紧随其后。老人渐渐感觉不行了。当老人自己感觉不行的时候，哭着哀求医生救救他、护理员救救他，医生、护理员叫他怎样做他就怎样做。但不管怎样李大爷的生命还是走到了尽头。李大爷的这种表现就是典型的临终老人协议期的表现。

四、沮丧期

病人不得已面对所患疾病的现实，身体状况日益恶化，病症愈加明显，因而产生绝望。如有的病人当发现身体状况日益恶化，协商无法阻止死亡的来临，产生很强烈的失落感。"好吧，那就是我"出现悲伤、退缩、情绪低落、沉默、哭泣等反应，要求与亲朋好友见面，希望有他喜欢的人陪伴照顾。

五、接收期

这是临终的最后阶段，病人已对自己即将面临死亡有所准备，极度疲劳衰弱，常处于嗜睡状态，感情减退，表现平静，如有的病人在一切努力，挣扎过后变得平静，产生"好吧，既然是我，那就去面对吧"的心理，接受即将面临死亡的事实。喜欢独处，睡眠时间增加，感情减退，静等死亡的到来。

课堂互动

根据案例呈现进行讨论：案例中李某是否进入临终期？为什么？

拓展阅读

2009年，6年级学生李晓明在体育课后突然不省人事，被老师送往医院急诊科，确诊为糖尿病酮症酸中毒。经有效救治后，晓明出院了。随后，经过近半年的糖尿病治疗，晓明的病情也稳定了，重返校园的她身上多了一样东西——电子胰岛素注射器。午饭前为自己打上一剂胰岛素成为晓明生活中最重要的事情。

然而，2010年，晓明突然感到膝盖疼痛，双腿不能直立。近几年来，晓明的眼睛、四肢、内脏、免疫系统都出现过不同程度的病症。因为这些并发症，晓明父母收到过三次医院开出的病危通知书，但晓明都挺过来了。直到2013年春节，晓明再次入院。医生表示已经无力挽救，告诉晓明父母只有两个选择：要么进重症监护室，每天费用近2万，但只能为李晓明多延续一周左右的生命；要么回家听天由命。

如果我是晓明，我会作何选择呢？为什么？

也许我会这样选择：以乐观、感恩的心态回家；一方面无论是在家还是住院，都会在短时间内离开人世，如果回家还可以减少父母的负担，与父母一起度过快乐的时光，以幸福的心态走完最后的时间，得到"善终"；另一方面，以乐观、积极的心态去生活可以让自己与家人看见生的希望，现实生活中不乏判了"死刑"的患者成功地延长了生命。

任务二
熟悉临终老人的行为反应

 案例呈现

> 有生便有死，死亡和出生一样是客观世界的自然规律，是不可违背的，是每个人都要经历的事实，正是死亡才使生显得有意义。而临终病人只是比我们早些面对死亡的人。死赋予生以意义，死是一个人的最终决断，所以，我们要珍惜生命、珍惜时间，要迎接挑战、勇敢面对。

知识准备

一、负罪轻生型

病人多数内向型性格，人生观念淡薄。身体状况恶化带来的痛苦，长期的检查与治疗造成的经济困难，感到自己对家庭和社会造成一种负担而内心自责，他们往往会选择自杀的方式早一些结束生命。现阶段，我国农村老人自杀率还是很高，这些自杀的老人里，很大一部分都觉得自己老了不中用了，成了子女的累赘，特别是生病的老人其负罪感更加强烈。负罪感是这部分老人轻生的主要原因。

2013年12月13日22：30：24，北京财经网报道了湖南一农村多名老人接连自杀：不想拖累子女。12月9日，67岁的莫秋莲一边捆着柴火，一边不停念叨"我怎么还不死"。她身旁摆放的棺木已经预备了14年。在莫秋莲心中，"只要睡到土里就一切都解脱了"。今年3月中风瘫痪后，莫秋莲在床上躺了4个月才能下床，但再也无法独自出门，只能在地上爬行。自从瘫痪后，莫秋莲就计划着各种自杀的方式。她曾想去桃江县城医院打安乐针，但医生不肯；她也曾想多吃几颗安眠药就此长眠，但老伴不让。但莫秋莲并不死心，她告诉记者，早晚有一天，她要爬出门，淹死在门前的水塘里。

二、悲观失望型

病人病前多是事业生活一帆风顺，对人生缺乏正确的认识，意志薄弱。当获知患绝症或已到临终时，首先会表现为紧张、恐惧，既而悲观、失望、无信心，拒绝一切治疗与护理。

三、抑郁孤独型

这类病人多数文化素质较高，性格偏内向，情感丰富。长时间的住院，远离正常生活和亲人，使他们心情极度抑郁孤独，盼望亲朋好友常陪伴。

四、渴望生存型

这类病人多数文化层次较高，信念坚定，意志坚强，能比较客观地认识人生，有强烈的求生欲望，情绪表现比较乐观，能积极配合医疗护理。

五、视死如归型

病人病前性格开朗，对人生有充分地认识，希望医生能将病情预后如实告诉他，在有限的时间内安排好后事。

课堂互动

根据案例呈现进行讨论：生与死既然是自然规律，那么如何做才能让临终老人都能正确认识和对待？

拓展阅读

中国临终关怀临床实践服务已进入一个全面发展阶段。在临床实践方面，有 30 个省、市、自治区，除西藏外，都纷纷因地制宜地创办了临终关怀服务机构，有 100 多家，几千位从事这项工作的人员。医科院校和卫生职工医学院的临床医学专业、护理专业、公共卫生专业、全科医师专业、在职医生、护士的继续教育系列中亦开设了临终关怀课程。临终关怀事业无论在中国大陆、香港或是台湾，也都取得了很大的进展。1982 年在香港天主教医院首先开始了临终服务。为晚期癌症病人提供善终服务活动。1987 年 7 月，香港创立了善终服务会，1988 年为推动期，1991 年为稳定期，1992 年为拓展期。就亚洲地区来说，除日本在 70 年代即开展此项运动，其次则属香港。据1997 年统计，香港临终关怀中 90% 为癌症病人，45% 死于癌症的病人获得善终服务。在香港，从事临终关怀的护士被称为"握手护士""握手姑娘"而备受尊重。相信会有更多的护理人员将充分发挥爱心与技能投入并从事到这一新的护理领域中来。

任务三
与临终老人沟通

 案例呈现

> 患者李某，89 岁，患肺癌晚期，胸腔积液。平躺会让他无法呼吸，一天 24 小时，他只能端坐，整个人瘦得不成人形，尽管每天痛苦不堪，但老人为多活些时日，倔强得几乎偏执。他把希望全部寄托在医护人员的身上，每逢护士靠近，他便会呼吸急促，脸色嘴唇发青，病情明显加重。"他希望我们给他做手术、打针、吃药，能够让他康复出院。"然而，护士知道，老人的病情根本无法挽回。有一天，护士小张在为老人护理时，又见到老人痛苦的表情。不知是哪里来的勇气，她语气温和而平静地告诉老人："李爷爷，您的病可能好不了了，医生现在没有办法替您手术了，也找不到更有效的治疗方法。以后，您可能会越来越难受。"

知识准备

一、临终沟通的意义

提高老年临终患者的生存质量。目前，较多的临终老年人在生命的最后一段日子里，不是在舒适、平静中度过，而是处于现代医疗技术、麻醉以及药物的控制下，身上插着各种管子，在接受各种侵入性治疗的同时，内心充满了恐惧、痛苦和无奈，临终沟通的目的是为临终老人提供心理上的关怀与安慰，缓解心理上的恐惧，维护尊严，提高生命质量，使逝者平静、安宁、舒适地抵达人生的终点。

二、临终老人沟通的技巧

（一）临终老人常需要最大的同情、支持和家庭的容忍。聆听是护士提供的最具同情心的礼物。研究表明，克服悲伤的最好的方法之一是谈论它，临终者对地球每个生命的消逝伤感，而你的聆听能帮助他们克服死亡的悲伤。临终者总是喜欢向倾听者谈及往事，以此给以自己的人生定位，护士尽可能地尊敬他们。对他们说："你有什么感觉？"并准备聆听。允许他从疾病最初表现，甚至是几年前开始讲述及各种倾诉，包括他对病情的看法，对家人希望以及对未来的打算。这是我们给他们最好的礼物。

1. 积极的聆听。听者不应打断讲者的表达，即是持续听话而不插入任何你自己的判断、建议和分析，鼓励临终者深入话题，专心听，将全身心投入，以显示对他们的关心和鼓励，以便对方能畅所欲言。如"是的，接着讲……再告诉我一些。"微微点头，轻声应答："哦，知道了"以表示自己正在听和很感兴趣。反之，护士轻易表现出震惊、急于作判断、批评或提出建议及东张西望、坐立不安等会使沟通变困难。临终者会关上心灵之门，把你拒于门外。

2. 反述式聆听。又深了一步，听者重复（不加任何判断的重复）或反述刚刚听到的话，即适时给予反馈。如临终者说："我不知道做什么才好，有太多的事要做决定。"护士可重复为："现在这种情况一定让你感到很大的压力。"这样让他知道你听到了他所讲的话，也证明你正确理解并且不打断他的思路，同时又帮他清理了思路，而且支持他的下一个想法。

3. 有效的聆听。对于一个为死亡而苦恼的人来说给他建议通常并不会有什么帮助的，有效的聆听需要护士听其言观其色，力求准确地把握临终者的意图。"我能听出你对此很生气。"这样的话能让他深入话题而且也许会帮助他去找到解决的办法，反之，给他建议会让紧张的情况增加更多困扰。

4. 体贴的聆听。这在所有时间、所有情况下都是必要的。要求你全神贯注，不要随便插话，可以用体态语，目光注视对方的眼睛和面部保持眼神交流，适当的接触和手势来迎合临终者，以表达体贴的聆听。体贴的聆听意味着注意临终者而不是你自己所表达的想法和感情。不管他们的感受是好或者是坏，它们只是"情况本来这样。"而已。如果你表现出震惊、厌恶或戒备，进一步沟通的门就会被关上，他将不再给你面对真情的机会，这会使他们感到孤独、甚至消沉；相反在分享病人的感受时，同一种充满爱意的表达方式如点点头或进行目光的接触来表示你在努力理解他说的话。这对于老年的临终者来说，尤为重要。

（二）在创造性和体贴的聆听中进行提问，是为临终者提供的最有帮助也是最必要的工具。这会给他说出心中气恼和迷惑的机会，帮助他形成对未来的计划，驱除了孤单被遗弃的感觉，给人的安慰会让临终老人放心。高度重视病人的尊严，绝不要不和他商量就做决定或以命令的口吻和他们说话，提问是和他们商量的一种有效的方法，提问可填补对话中的沟壑。特别是对攻击型临终者，主动沟通，提一些问题，引导发泄，找出症结所在。不要问带有侵犯性的不礼貌的问题，要问显示你真正关心对他很重要的事情的问题，提问能引导交谈围绕主题展开。（1）引导问题使之趋向于你想要听的回答。如："今天，你有什么感觉？"（2）封闭式提问：患者直接坦率回答是或不是。（3）开放式提问：引导其开阔思路，鼓励表达自己的观点、想法、担忧和感觉。没有开放性问题，要想发现临终者的真实感受及找出主要的担忧通常是不可能的。

1. 提问时遵循的原则。（1）中心性原则：以临终病人为中心，围绕交谈的主要目的进行。（2）温暖性原则：提问也可以说是询问，不应是冰冷的突如其来的不良刺激。

2. 提问时注意的事项。（1）避免提连续性的问题，每次提问一般限于一个问题，待回答后再提第二个问题，否则病人会感到困惑，不知该先回答哪个问题，甚至紧张有压力。（2）避免提双重性问题：如"你想吃面条，还是想吃蛋糕？"或许他都不想吃那两样，而想吃米饭。（3）避免提"为什么"之类的问题，如"你的肝脏不好，为什么要喝酒？"这类问题往往隐含责备之意，容易使病人反感和紧张。

3. 回应信息。一名优秀的老年工作者总是通过对信息的回应，表达对临终者的关注、理解，拉近彼此的心灵距离，鼓励他们表达欲望，使沟通顺利深入进行。反之，老年工作者不能适时的对信息做出回应将直接影响到沟通的效果。回应信息的策略是(1)控制不良情绪，宽容原则。应暂缓激烈的反应，对方不要你的评判。对自己不感兴趣的平淡往事，也要控制好自己厌烦的情绪，耐心地宽容地听下去。(2)适当保持沉默，沟通中的沉默就像乐谱上的休止符，含义无穷，适当保持沉默常常能收到"此时无声胜有声"的神奇效果。(3)必要的语言回应，表示听清了对方意思和理解承认他的观点，应适当的时候发出"哦，唔，啊"等语言回应。它们好比烹调时所加的调味料，具有独特的效果，加深谈话的内容。但不能运用频繁，否则会有分散说话人注意力的危险。(4)适当的非语言暗示，必要时用点头、微笑和手势等做出积极的反应，可以让临终病人感到你尊敬他，愿意听他讲话，与他沟通，拉近彼此的心灵距离。

(三)体态语言

1.仪表和身体的外观。仪表会给临终者舒适愉快，从而激励求生的信心，尤其是好的仪表与美的心灵相一致时会迸发出药物起不到的作用。因此应注意自己的着装和修饰，力求给临终病人带来美感，提高生存质量。

2.身体的姿势、步态。它可以反映一个人的情绪、健康状况及自我概念。舒适的体态姿势对病人来说尤为重要，它不仅有利于疾病康复，更能稳定他们的各种不良情绪。临终者由于复杂的心理，对外人往往态度冷漠，但在其还有知觉的情况下，对任何刺激引起的身体某个部位的不舒适，可下意识地表达出来，有需要舒适的愿望。故老年工作者应细致地观察病人，及时发现问题，并给予解决。同时，也该注意自己的姿势、步态，避免给病人造成紧张的压力。

3.面部表情。面部表情是沟通中最丰富的源泉，它是一种共同的语言。精神病学家发现，不同的国家，不同的文化，人们的面部所表达的感受和态度是相似的。面部表情是内心情绪喜、怒、哀、怨的表露，通过病人的表情及时了解临终者的需要，给予适当满足。此外病人也会时常仔细地观察护士的面部表情，特别是当他们需要帮助时。因此，应意识到自己展现在病人面前的表情，并尽可能地去控制一些会给病人造成伤害的非语言表情，如不喜欢、厌恶和敌意等，以达到较好的沟通。

(四)视觉沟通

眼睛是心灵的"窗户"，临终者的复杂心理状态通过目光交流会达到很好的效果。目光的接触通常是希望交流的信号，表示尊重对方并愿意听对方讲述。我们与临终者目光平行，并用亲切的眼神传递对他的理解和同情。目光接触的水平与时间会影响沟通的效果，交往时最好情况是坐在病人的对面，将目光落在对方眼以下、颌以上的区域，把目光放得虚一些，不要将目光聚集于某个部位，让眼睛的余光看到对方的眼睛即可；不宜注视对方的头顶、大腿，对异性而言，尤其不应注视其胸部、裆部、腿部。视线接触对方脸部的时间占全部谈话时间的 30%～60%。

(五)触觉沟通

触摸是无声的语言，是一种很有效的沟通方式。安慰别人的一种最好的方式就是触摸，没有人比在和威胁生命的疾病做斗争时感到如此脆弱并需要人来触摸。对于一位临终者，当任何语言已经不再有意义的时候，温暖的触摸能把关心传递给他。表达关心、理解、安慰、体贴，给他心理上的安慰和精神上的支持，这种触摸会起到比语言更大的作用。然而触摸是一种表达非常个体化的行为，对不同的人具有不同的含义。运用时要考虑临终者的性别、年龄、社会文化背景，当时情况及触摸形式的影响。因此，它是一种容易被误会的沟通方式。尽管如此，在专业范围内有选择地使用触摸，对沟通是有促进作用的。如在沟通中，临终者出现恐惧时握住他的手，可使他感到温暖安全，给予心理上支持，提高他们的生存质量，使之无憾地离开人世。总的来说，任何临终者都需要触摸，对于抑郁型的临终者，常到他们的床边坐坐，亲切地握住他的手，会比其他沟通方式更有效。对听力障碍的临终者，轻轻触摸他的臂、手和肩，直到引起他的注意，让他知道你来了，将有利于开始沟通。对昏迷者触摸是一种较好的沟通方式，无论他是否感知到是否有反应，都应该反复地不断地试图与其沟通。

临终关怀是一个沉重却又不得不面对的话题，既要让病人面对即将死亡这一现实，又要在病人的心中点燃一些希望，希望的概念就能成为一种强烈的因素，使病人敢于面对明天可能发生的无论什么事情。人是有思想的，其心理活动和情感主要通过语言表达，而病人在临终前，面对自己即将走完的人生路途，随病情恶化心理反应错综复杂，表现不一。作为老年工作者应该运用言语沟通和非言语沟通的技巧，结合临终者的特点进行良好的沟通，给他们一片蓝天，让他们在蓝天下无忧无虑地享受活着的每一天。临终病人是来自各行各业、五湖四海的人，每个人的个人经历不同、性格各异、文化情趣各有差别，会表现出不同的心理状态和承受能力。当病人机体上饱受疾病的折磨，心中苦闷，精神上痛苦时，有效地与之沟通，能稳定病人的情绪。总之，把沟通交流技巧的运用与友好感情的注入信任关系的建立结合起来，才会有效地发挥沟通的作用，达到生死两相安、两无憾的目的。

课堂互动

根据案例呈现进行讨论：你认为小张对临终老人所说的话对吗？会有什么样的效果？

拓展阅读

"我知道死亡有一万多道门，让人们各自退场离去。"得知父亲身患恶性肿瘤晚期的陈医生，把父亲送回了老家。他是国内一所知名医院的毒理专家、医学博士，他没有选择为父亲做放疗和化疗，而是让父亲安享最后的人生，还向母亲交代，万一父亲出现昏迷或者呼吸心跳停止，不要采取积极的抢救措施，如果可能，就适当作镇静催眠让父亲安详地离开人世。这是一个医生对自己父亲临终治疗方案的抉择！

课后练习

【填空题】

1. 当老年病人得知自己的病情加重将面临死亡时，其心理反映出"不，那不是真的"这种表现是临终老人所经历的（　　　　）。

2. 当老年病人经过一切努力、挣扎过后变得平静，产生"好吧，既然是我，那就去面对吧"的心理。这表现了临终老人进入了（　　　　）。

3. （　　　　），这种类型的老年人多数文化层次较高，信念坚定，意志坚强，能比较客观地认识人生，有强烈的求生欲望，情绪表现比较乐观，能积极配合医疗护理。

4. （　　　　）意味着注意临终者而不是你自己所表达的想法和感情。不管他们的感受是好或者是坏，它们只是"情况本来这样"而已。

【单项选择题】

1. 如临终者说："我不知道做什么才好，有太多的事要做决定。"你可重复为："现在这种情况一定让你感到很大的压力。"这样让他知道你听到了他所讲的话，也证明你正确理解并且不打断他的思路，同时又帮他清理了思路，而且支持他的下一个想法。这种沟通技巧下面说法正确的是：（　　　　）

　　A. 反述式聆听　　　　　　　　B. 体贴的聆听

　　C. 回应信息　　　　　　　　　D. 聆听中进行提问

2. 在创造性和体贴的聆听临终老人讲述中进行提问应该围绕主题展开，以下不正确的方式是：（　　　　）

　　A. 引导问题使之趋向于你想要听的回答。如："今天，你有什么感觉？"

　　B. 封闭式提问：患者直接坦率回答是或不是

　　C. 开放式提问：引导其开阔思路，鼓励表达自己的观点、想法、担忧和感觉

　　D. 随意问任何问题

3. 临终老人的行为反应类型以下说法错误的：（　　　　）

　　A. 渴望生存型临终老人会表现为紧张、恐惧，既而悲观、失望、无信心，拒绝一切治疗与护理

　　B. 负罪轻生型临终老人认为长期的检查与治疗造成的经济困难，感到自己对家庭和社会造成一种负担而内心自责，她们往往会选择自杀的方式早一些结束生命

　　C. 视死如归型临终老人病前性格开朗，对人生有充分地认识

　　D. 抑郁孤独型临终老人心情极度抑郁孤独，盼望亲朋好友常陪伴

【能力体现】

某养老机构中一位老人感觉自己快不久人世了，情绪低落，常默默流泪，常常念叨着子女的名字。请问：1. 该临终老人属于什么类型的临终老人？2. 对这位临终老人可以采取哪些沟通技巧？

参考答案：

1. 否认期　　　2. 协议期　　　3. 渴望生存型　　　4. 体贴的聆听

【单项选择题】

1. A　　　2. D　　　3. B

项目八　与家庭养老、居家养老老人沟通

 学习目标

知识目标

1. 了解家庭养老与居家养老的概念和意义；
2. 熟悉家庭养老老人的结构及居家养老老人的服务对象；
3. 熟悉家庭养老与居家养老老人的心理特点与行为；
4. 掌握家庭养老与居家养老老人沟通技巧。

技能目标

1. 对家庭养老与居家养老的概念和意义具有一定的认识；
2. 知道什么情况的老人适合家庭养老与居家养老；
3. 学会判断家庭养老与居家养老老人的应急心理与行为；
4. 能熟练与家庭养老、居家养老老人进行有效沟通。

 情景导入

自 20 世纪末我国进入人口老龄化阶段，人口老龄化进度不断加快并日益呈现老年人口基数大、增长快，高龄化、空巢化的明显趋势，需要照料的失能、半失能老人数量剧增等态势。我国的人口老龄化是在"未富先老"、社会保障制度不完善、城乡和区域发展不平衡、家庭养老功能弱化的形势下发生的，这是我国发展所导致的必然的社会现象，这个社会现象的诞生会引发许多相应的社会问题。所以，对养老服务体系建设的补充与完善，是使养老模式转变并满足中国人民养老需求的必由之路。家庭养老和居家养老在我国现阶段的养老模式中占有主导地位。

任务一

了解家庭养老

 案例呈现

> 婆婆觉得今天是周五了，该是孩子们回来的时候了，六点未到，王婆婆就准备好了一桌佳肴，稳坐在床上，等着儿女们的归来，坐着坐着，王婆婆似乎看到了她与儿女相聚的景象，那时，多么的欢乐，多么的和谐，王婆婆的嘴角泛溢出一丝微笑，那是对儿女挂念的微笑。
>
> "叮咚——"这一声门铃是与六点钟声同时响起的，王婆婆高兴了，她飞快地走了过去，打开门一看，原来是个卖牛奶的，王婆婆把门一关，走进房间里了，坐在沙发上苦等。
>
> 时间过得真快！时针已指向七点半，这时候，"叮咚——"又是一声门铃响了起来，王婆婆的心犹如冬天的炭火，又热情地燃烧了，她飞奔过去，兴奋地打开门一看，还是那个卖牛奶的，王婆婆失望地关上门，慢慢地走回屋里，她的心中之火熄灭了。她看到了日历，什么?！今天才星期四?！"唉，算了!"王婆婆失望地说!

知识准备

一、家庭养老的概念与意义

1. 什么是家庭养老

家庭养老是一种传统的养老模式，包含有经济赡养、生活照顾和情感慰藉，其中经济保障是最主要、最根本的内容。家庭养老虽也是养老方式的一种，但它是就由谁提供或承担养老费用和生活服务而论的。

（1）家庭养老注重社会的力量，家庭养老虽也是养老方式的一种，但它是就由谁提供或承担养老费用和生活服务而论的，是相对于由社会供养的一种由家庭供养的养老形式。但又不完全是子女对父母反哺的中国传统文化的体现，这些对于中国现在的社会意识形态有着一定的促进作用，并且可以与家庭的力量相互配合，完善其中的内容，而又可以避免全盘西化，发扬我国传统文化，使家庭养老政策变得更加人性化，因为家庭养老有利于充分利用社区资源和家庭资源解决养老问题，减轻政府负担；让老年人在家安度晚年，还可充分利用原有的家庭资源减少不必要的支出；且有利于老年人的身心健康，对于"4-2-1"的家庭结构有着很好的规避责任的作用，家庭力量不足以完全承担照顾老人的责任，需要社会的帮助。尽管家庭的力量起到了照顾老人的主要作用，但是对老年人的家庭照顾在社会整体上是一种不仅由家庭成员承担参与，社会上的非家庭成员等多种照顾者共同参与的过程。因此，对一位老人的家庭照顾是一个多因素和多人力投入的过程。

针对这种情况国内专家主要分为两派：原新、姚远、李桂梅等专家持肯定的态度，认为中国子女在"4-2-1"的代际关系下子女可以很好地赡养父母。比如，原新就认为，对独生子女家庭的代际年龄、人口和支持关系的分析足以推论出一个结论，那就是巨大多数子女可以完成责任。（原新，2004）姚远认为寻找一个普适的标准，这个标准包括两个方面，一是家庭所能提供的资源数量（家庭支持角度），二是老年人所需要的资源数量（老年人的需求角度）。姚远将前者称为"工具标准"，后者称为"理性标准"。从中国历史上看，维系传统家庭养老的主要是"工具标准"，强调子代对亲代的责任，强调子代能为亲代做什么，而不在意亲代需要什么，所以子女数量在影响传统家庭养老功能方面是一个重要因素。而现代中国支持家庭养老的不只是"工具标准"，还有理性标准。首先，家庭功能的外化降低了家庭养老中子女数量的权重；其次，老年人自身要求的展现减弱了家庭养老中子女的作用。

乐章、陈璇和风笑天的观察问题的视角比较综合观点并不乐观，对行为对象的关照比较全面，整个研究大体从经济保障、日常生活照料、精神保障三个方面分析了家庭养老问题。

首先是经济保障，子女面对"4-2-1"代际结构时在"反哺"老人、满足自己需要、哺育下一代这三项选择的时候不得不有所放弃。家庭养老主要的经济来源是退休金与养老保险金，以及子女提供的包括情感和日常照料的资源。往往这种情况会使老人生活质量下降。

其次是在日常生活中，由于城市化和人口流动，老人将成为独生子女在机遇面前沉重的包袱，加大他们的机会成本。分家不分居的居住方式越来越多，日常照顾只能体现在"看望"上，周密的照料几乎将不可能。保姆产业也因此而兴起。

再次是在精神方面，社会交往频率的降低将使老人更加孤独，家庭养老导致的老人式微和多个老人的养老期望同时被一家所需求难以满足时不可避免产生空虚感。

（2）国外研究综述

国外专家对于家庭养老也是主要分为三派：

第一派（如：谷德、莱韦、帕森斯）属于西方的传统认识，崇尚民主自由，社会养老能力和意识较强，但家庭养老意识较弱，父母身体条件允许的情况下一般双方都是单独居住，外国一般不会拥有三代同堂的局面；并且在法律方面，外国——父母对未成年子女具有抚养义务，子女不对父母具有赡养义务；西方家庭养老方式在工业化进程之后，强调工业化和核心家庭能力（谷德，1963；莱韦，1965；帕森斯，1949），或者强调不同家庭制度连续性的历史比较研究。他们都有一个隐含的共识，即父母权力（尤其财产控制权力）的削弱将导致家庭养老制度的式微。集体认为子女对于父母是不会进行反哺的。不管是出于自私还是社会意识形态的认知。

第二派则认为是在父母抚养子女的同时，子女应该反馈父母相应的资金作为补偿，如戴蒙得和舍布卢姆证明存在这样一种数学假设：如果老年一代遵守社会合同缴纳养老保险，那么年轻一代也会遵守合同，继续完成这个博弈，并且通过年轻人纳税进行反哺，而向老年一代做出贡献。在微观中表现子女对父母在金钱方面的供养，这种理论支持子女对父母的反哺，并且这种反哺是基于父母对于子女的代际间相互帮助。

第三派认为存在父母和子女的必然互动，与中国思维基本相同，(如：奎恩、罗恩等)在老年父母与成年子女之间的互动关系中，涉及了父母与子女的互惠和子女对父母的责任等传统文化因素。有研究表明，在家庭照顾的背景下子女与父母之间的日常互动和支持对老人的身心健康有较明显的影响。

2. 家庭养老的意义

(1)家庭养老是我国传统的养老模式，是大部分老人和家庭所认可与接受的

在我国，老年人退出生产领域后，基本不再创造物质财富，没有养老金的老年人，可从子女那里获得吃、穿、住、用等生活资料。日常生活可以得到照料。老年人生理机能老化，体质减弱，有时甚至生活不能自理，家庭养老便于子女的精心敬养和护理，老年人一生辛辛苦苦地抚儿育女，晚年得到子女的赡养照料，这也是他们应得到的回报。精神生活可以得到慰藉。老年人长期同子女们朝夕相处，建立了深厚的感情，减少了晚年的孤独和寂寞，享受儿孙绕膝之乐。

(2)家庭养老对我国的养老发挥着巨大的作用

目前，我国社会福利服务事业基础差，社会保障制度转轨难。从城市来看，社会养老目前遇到新问题。例如养老保险基金的保值、增值受到周期性经济波动的影响，企业的经济效益时好时差等，某些依靠退休金的老人不得不重新转向依靠家庭。从农村来看，落后的经济条件制约社会养老的发展。农业经济受自然条件所限具有不稳定特点，在农村建立社会保障制度难度比城市大得多，过程也长得多。

社会养老费用极高，而目前我国社会生产力还不够发达，国家能够用来支付社会保障的资金还十分有限，还不能兴建充足的社会保障设施。

(3)家庭养老对传承我国"孝廉悌义"的传统美德具有重要的意义

家庭养老作为中国孝道的传承以及中国文化的载体已经成为了一个关系着中国社会进步的问题，中国面临着世界上最大的老龄化人口数目，人口老龄化进度不断加快并日益呈现老年人口基数大、增长快，高龄化、空巢化趋势明显，需要照料的失能、半失能老人数量剧增等态势。第六次人口普查结果是，全国总人口为 1 339 724 852 人，我国 60 岁及以上老年人口已达 1.77 亿人，占总人口的 13.26%，其中 65 岁及以上人口为 118 831 709 人，占 8.87%。到 21 世纪中叶，中国社会将进入深度老龄化阶段。我国人口老龄化问题加重，养老面临的问题更加严重。老吾老以及人之老，如果我们没有完全安排好老人的生活，那么我们就将面临着全民族的质疑，这是每一个人关心的问题。

二、家庭养老老人的结构

1. 失独老人

失独老人是最近几年才出现的一个群体，或许由于通过字面就很容易理解的原因，

到目前为止还没有一个定义，因此我们可以理解：失独老人即指失去独生子女的老人，这里的老人可以是一对夫妇，也可以是独身老人。失去的形式多为独生子女死亡。

中国计划生育的政策已经持续 30 余年，它为中国的前行减少了人口爆炸的风险，但是它也为一些家庭增大了生活的风险。近年来"失独家庭"作为一个社会群体开始出现并引起越来越多的人的注意，计划生育的负面作用和如何应对引起人们的思考。在中国至少有 100 万个这样的失独家庭，每年新增失独家庭 7.6 万个。在这样的家庭中几大挑战同时存在，养老、精神疾患、返贫等。

2. 空巢老人

在我国，最近 20 多年来空巢家庭一直呈增多之势。据有关部门对天津、杭州、无锡三大城市 60 岁以上老人抽样调查表明：10.9％的老人生活在单身家庭里，29.1％的老年人生活在夫妇二人家庭里，即生活在空巢家庭中的老人已占老年总数 40％以上。

据全国第五次人口普查，有 65 岁及以上老年人的家庭户（注释 2）占全国家庭总数的 20.09％，即 1/5。

全国有 65 岁以上老年人的家庭户中空巢家庭户占 22.83％，其中，单身老年户占 11.46％，只有一对老夫妇的占 11.38％。地区之间的差异悬殊，有 65 岁以上老年人家庭中空巢家庭户的比例，山东省最高，达到 36.05％，其次是浙江省，达到 35.12％，均超过 1/3，上海 29.37％、天津 28.2％、黑龙江 27.21％、辽宁 27.08％、山西 27.00％、河北 25.39％及北京 25.00％的比例也超过或达到 1/4。

3. 寡居老人

当配偶去世后，幸存的老人会在接下来的几个月里面临较高的死亡风险。这就是所谓的孤寡老人。保健专家指出，这种心理使老人死亡率增高。研究人员推测引起"寡居效应"的原因是悲伤，或是长期照料生病的配偶，导致老人自己也患上了疾病，还有种可能是因为一方病情的加重，另一方疏于关照自己的健康状况，导致其原有的健康生活方式发生重大改变。

这项新研究所选取的数据资料来自美国密歇根大学的"健康与退休状况研究"，它调查了 2.6 万多名 50 岁以上的美国人，每两年进行一次。研究人员把关注重点放在了 1998 年结婚的 12316 名参与者身上。

结果显示，在失去配偶之后，有 50 人在 3 个月内死亡，有 26 人在 3～6 个月内死亡，还有 44 人在 6～12 个月之间死亡。平均来看，这一效应在配偶去世后的头三个月内最为明显，寡居的人死亡的可能性增加了 66％。

因此，为避免"寡居效应"的发生，家人和朋友应当为幸存的老人提供物质和心理方面的关怀、支持、帮助和照料，特别是配偶去世的头三个月内。

保健专家温馨提醒，孤独的心理使老人死亡率增高。所以为了避免"寡居效应"对老人心理产生不良的影响，我们要注意关心老人丧偶后的生活，特别是配偶去世的头三个月内，包括物质和心理方面的关怀。

4. 正常老人

在这里，我们所说的正常老人是一个社会学上的概念，并非只关注生理上的健康，而是从生物—心理—社会学的角度去研究。生物—心理—社会学的主要思想是把人理解为生物的、心理的、社会的三种属性的统一体，在更高层次上实现了对人的尊重。不仅重视人的生物生存状态，而且更加重视人的社会生存状态。正常老人也就是指老人身体健康，心理、家庭与社会适应良好的状态。

课堂互动

谈谈自己身边的家庭养老老人是属于哪种情况的老人。

拓展阅读

失独家庭养老问题凸显　救助机制需重视精神慰藉

近日，随着"常回家看看"入法引发的热议，"空巢家庭"再次引起舆论关注。然而，社会中还有一种"空巢"，它们"空"的原因并不是子女外出工作学习，而是因为家中唯一的子女不幸离世，这样的家庭被称为"失独家庭"。他们无法期待子女"常回家看看"，只期盼这个国家和社会给他们多一些保障与关爱，至少不要再忽视他们。

失独家庭数量庞大"我们才是真正的空巢老人"7月1日，在北京瑞普华失独老人救助基金启动仪式上，来自北京东城区的孙英作为失独家庭的代表领到了一笔救助款。虽然当天的主办方特意为失独者安排了一场文艺演出，但是坐在会场第一排的孙英一直低着头，不时用手绢擦拭眼泪。

孙英今年55岁，1997年，她时年18岁的独生女儿因病去世。女儿的离去让当年光荣的"三口之家"瞬间变成了孤寡户，原本的性格开朗的孙英也在无尽的悲痛中变得少言寡语，甚至自闭自卑。

"自那之后，我和丈夫平时就很少出门，害怕与街坊邻居聊天，15年来都是这样。"孙英说，孩子去世后自己的精神就极度敏感和脆弱，甚至听见邻居跟孩子打电话自己都会大哭一场，而这样的丧子之痛，随着年纪的增长也越来越深。

孙英的遭遇在中国已经不仅是个体命运的悲剧，在人们的身边生存着这样一个特殊的群体。他们年龄大都在50开外，疾病或意外却让他们遭遇独子夭折的厄运。在经历了"老来丧子"的人生大悲之后，已失去再生育能力，只能独自承担养老压力和精神空虚。

在中国，像孙英这样的失独家庭有多少？目前还没有权威部门对他们进行过详细的数据统计，但是按照已有数据，有些机构做了样本统计。目前，中国15岁至30岁的独生子女总人数约有1.9亿人，这一年龄段的年死亡率为万分之四，因此每年约产生7.6万个失独家庭，按此统计，目前中国的失独家庭至少已超百万。

在中国的传统家庭观念中，基于养儿防老和传宗接代的考虑，孩子不仅是血脉的延续，也是精神的寄托。但是对于数量庞大的失独家庭来说，他们的情感依赖和养老保障自然就成了一个越发凸显的社会问题。

"我们这一代人经历过插队，执行了计划生育政策，也遭遇过下岗。但是与同龄人相比，我们这群人唯一的孩子也没有了，现在面临养老，没人为我们着想。"孙英说，他们才是真正的"空巢老人"。

失独者养老问题凸显，专家称政府应出台帮扶办法

中国社会正在快步进入"老龄社会"，从传统来看，家庭养老一直是中国的最主要的养老方式，但是对于失独家庭来说，这"最主要"的养老方式失去之后，他们就只能依赖国家和社会。但是目前，对于失独家庭的帮扶制度并不完善。

在2001年颁布了《人口与计划生育法》中，涉及失独群体社会保障的条款为该法的第四章第二十七条："独生子女发生意外伤残、死亡，其父母不再生育和收养子女的，地方人民政府应当给予必要的帮助。"

但是有法律专家分析，这里的"帮助"不是"责任和义务"，而且"给予必要的帮助"这个概念很模糊。在法律上没有一个具体的量化标准，执行起来也有很大的伸缩性。

针对失独家庭，现行的国家计生特别扶助政策，对独生子女伤亡家庭进行补贴每月每人一至两百元，但在年龄方面要求女方年满49周岁时，夫妻双方才能同时纳入扶助范围。而这样的经济救助和年龄门槛对于数量庞大的失独家庭来说只能是杯水车薪。

刚刚过去的6月，施行16年的《老年人权益保障法》迎来首次修订，中国的养老问题再次提上国家议程。而这份大规模扩容的修订草案并没有给予数量庞大"失独老人"特别的关注。

对于失独群体困境，中国社会科学院老年科学研究中心特邀研究员伊密认为，现在最需要的就是开展对失独家庭的调查，了解他们实际困难和诉求，政府部门要出台失独帮扶政策，只有政策才具有稳定性和普惠性。

伊密表示，失独家庭是整个中国老龄工作中的新问题，国家的老龄政策也应该面对这个特殊的群体出台相应的帮扶方法。

"由于情感方面的受伤，很多失独老人并不愿意入住现有的养老机构，他们喜欢抱团取暖，希望有专门的失独者养老机构，失独者在一起生活，他们彼此心里才会消除芥蒂，但是具体怎么组织实施这就需要政府的探索和磨合。"中国计划生育协会原副会长苗霞说，如果把失独群体的养老问题研究好，解决好，对于中国的全民养老就有开拓意义。

（http：//www.chinanews.com/gn/2012/07-03/4004260.shtml）

任务二

掌握家庭养老老年人的心理特点与沟通技巧

案例呈现

　　10 年前，一场车祸让黄英独子强子英年早逝，然而让黄英没想到的是丈夫在儿子去世半年之后就跟她提出离婚，分崩离析的家庭悲剧交织在一个中年妇女身上。

　　"当时甚至想过自杀，因为我觉得周围都是歧视的目光。"虽然已经过去了 10 年，但是提起自己的遭遇，58 岁的黄英还是泣不成声。

知识准备

一、家庭养老老人的心理特点与行为

1. 正常心理与行为

(1)了解自我，接纳自我，有正确的自我观

　　一个心理正常的老人既能客观地评价别人，也能正确地认识自己和对待自己，对于自己的潜能和长处能发扬光大，对于自己的缺点和不足也能努力改正和克服。老年人常常对自己的过去进行总结性的回顾，对自己过去满意的事情总是表现出高兴与自豪，对自己不满意的过去会表现为包容与接纳。

(2)正视现实，接受现实，有正确的生活态度

　　老年人退休后离开了权力的舞台，角色发生了转变，以往的场面已经不再，正常老人会较好地面对现实，把握现实，有积极的处事态度。对于自己在生活中遇到的种种问题和困难，总有切实有效的方法妥善解决，不逃避。

　　有位老人，退休前是一名领导兼高级工程师，每天都是大量的人员围绕着自己，同时也是家里的经济支柱，不论在单位还是在家里他的话就是权威，一言九鼎。退休后虽然退出了权力的核心，但高级工程师的身份也没有使他退出职业的舞台，当他生病以后，他才真正地退出了历史的舞台，以往的场面不再出现。孩子们也将注意力转向了自己的核心家庭。这时候，老人非常不适应，失落、孤独与寂寞、不服气甚至怨恨的情绪常常笼罩在心里。这位老人的状态就是不能正视自己、不能接受现实、不能适应正常的生活状态。

（3）接受他人，善与人相处

心理正常的老人不仅能接受自我，也能接受他人，认可别人的存在的价值，并建立良好的人际关系。

（4）能协调与控制情绪，心境良好

情绪是由适当的原因引起的，而不是"杞人忧天"。他的反应适度，不会过于敏感，过于冷漠，即不过分压抑，也不随意宣泄。

（5）有健康的行为。行为健康是心理正常的外部表现

前面提到的那位老人退休后，他非常清楚工作上的地位和场面再也没办法挽留了，但家庭中的地位和生活他还有挽回的余力。因此，老人为了引起家人的注意，离家出走过，让全家人满城寻找；装过病，让子女们全都聚集到医院；开过煤气故意不关等。所有的目的都是为了强化自己在家中的地位。这样的行为都不是正常老人健康行为的表现。

2. 负性心理与行为

（1）绝望

绝望是失独老人最明显也是最普遍的心理特征，中国的老百姓活的就是孩子，他们这个年纪的人，共同的话题也是孩子，没有孩子，什么都没有了。还有一部分老人，当自己感到在社会和家庭的地位已经无法持续的时候，又不能正确地面对现实和调整心态，这时他们就会感到绝望。感到绝望的老人一方面就会出现一些过激的行为，如自伤自杀或伤及他人的行为。

（2）愤怒

失独老人的另一个心理特点就是愤怒，当年，数以亿计的中国父母响应国家计划生育号召，只生育了一个孩子，将所有希望寄予其身上。当他们失去了唯一的孩子，生活便失去了希望，人就变得更愤怒。

（3）担忧

失独老人没有孩子，养老院不收，政府方面没有给出满意答复。他们担心自己的养老问题该何去何从。空巢老人、寡居老人心存担忧，他们突然生病了怎么办？他们半失能、失能了又该怎么办？谁能来、谁会来照顾他们、帮助他们？

（4）孤独与哀伤

孤独与哀伤几乎是所有的失独老人、空巢老人、寡居老人共同的心理与行为。当子女成家立业离开家庭、老伴的去世、孩子去世之后，父母一般会产生强烈的挫折感和孤独感，他们会因此而日感悲伤。

（5）敏感与焦虑

失独老人还有一种特殊的心理现象就是敏感与焦虑共存，当别人谈论孩子的时候，他们总认为是在谈论他们的孩子。总担心在与人交往的过程中提到关于孩子的事情，从而影响他们的人际交往。

（6）抑郁与恐惧

失独老人害怕亲戚朋友在面前提起孩子的事情，害怕看到孩子们欢声笑语的场面，任何与孩子有关的现象对他们来说都是一种伤害。同时也担心别人因自己失去孩子而看不起自己，从而迫使自己从曾经的人际网络中疏离出来。特别是农村老人，如果再出现寡居和失独的情况发生，在现阶段我国的养老保障体系尚不健全的情况下，这些老人更是感到恐惧与抑郁，因此，农村老人中因失能后出现的自杀行为越来越多。

（7）孤僻与逃避

失独老人、寡居老人在自己失去亲人以后变得越来越不愿意接触外人，越来越害怕参与亲戚和朋友的聚会，变得孤僻。生活中总是表现出逃避现实的行为。

（8）依赖与不信任

当老人出现生活不能自理或者不能完全自理的时候，他们的生活需要依赖家人、保姆甚至社会予以照顾，在这个时候老人觉得自己所拥有的除了赖以生存的有限的资产以外，已经没有什么了。这时，老人对自己的财产看得非常重，生怕有一天自己的财产被别人夺走后自己将无法存活，自己将无人照顾，他们所依赖的家人、保姆和社会也将会敬而远之，所以这时的老人就会变得不信任人，甚至自己的家人，把财产看得比亲人还重。农村老人因为失去劳动能力使自己的生活完全依靠子女，如果农村老人再成为寡居老人或者失独老人，现阶段我国的社会保障体系还不健全，这部分老人就会变得对社会不信任。与子女同住的老人，一方面要依赖子女的照顾，另一方面又担心他们把自己"抛弃"。表现出既依赖又不信任的矛盾心理与行为。

二、家庭养老老人的沟通技巧

1. 接纳与倾听

从医学的角度认为：多说话有益于老人的健康，可以延缓老年人大脑的衰老，预防老年痴呆。俗话说："树老根多，人老话多。"老年人多话是他们健康的标志。因此面对老人的多话，我们最好的沟通方式就是倾听。不论是子女还是其他的年轻人，都要在与老人的沟通中学会倾听，做老年人忠实的听众，听他们唠叨自己的过去，唠叨我们的不是，让他们唠叨完后变得心情舒畅。不说话的老人他们往往将不顺心的心事埋在心里，日积月累容易导致神经系统的防御功能和脏腑器官的功能失调，让疾病乘虚而入。同时老人还会经常出现自言自语的状态，这也是老人的正常现象，他们的自言自语可能包括过去经历过并对自己影响较深刻的人、物和事，现在正在思考着的问题，以及对某事物或对自己某种言行进行申辩或解释，他们一方面为摆脱孤独与寂寞，从自己讲给自己听的过程中得到精神上的慰藉；另一方面他们的自言自语还可以左右人的体温，促使人体激素的分泌，刺激末梢神经，收缩血管而影响血液循环。

2. 闲聊

在家庭中与老人进行沟通时，闲聊是一种排遣老人寂寞与孤独的最好方式。所谓闲聊，就是不设定话题的聊天，闲聊是在一种宽松悠闲的气氛中进行，可以聊人生百态、吃喝玩乐，有兴趣聊什么就聊什么，高兴聊什么就聊什么。聊天的内容有高兴的，也有不高兴甚至是感觉愤懑的，无论聊什么内容他们在这种轻松的状态下都容易出现乐观、积极的生活态度。因此会对愉快的事情表现出热情与积极，而对不满的事情表现出宽容与接纳。

3. 同理心

在家庭养老中，有的老人会带着家长式的口吻与我们进行交流，他们会觉得自己就是中心，是权威；也有的老人会以探寻的口气与我们交流。无论怎样，我们都应该站在老人的角度去理解和体会他们的感受。将心比心，人之常情，就是将自己当成是当事人去理解当时当地的感受。

一位老人，一到周末就打电话把孩子们都叫到身边来，如有人违背，就会大吵大闹。这时在与老人沟通的时候我们首先就要站在老人的角度去体会老人的感受"老人可能一周没有看到子女和孙子了，非常想念大家回来聚聚。老人可能一周都没有好好吃一顿自己认为可口的饭菜了，希望子女为自己做一次可口的饭菜解解馋"。这样可能在沟通的时候可能更会得到老人的认可。

4. 默默地陪伴

有的老人可能因听力和语言方面受到损伤，行动也变得不方便，他们可能很久都没有走出过家门，每天面对着枯燥乏味的家庭空间，仿佛让他们过着与世隔绝的生活，孤独与寂寞，失望与烦躁，有的老人可能是因为失独、丧偶让他们脱离了原有的人际圈子，他们因此而伤心、恐惧、失落与不满。此时我们可以默默地陪伴在他们的身边，为他们带去无声的力量。

一位老妈妈，听力下降，视力模糊，因此心里产生了社交恐惧，不愿意出去与同龄人聊天，生怕别人知道自己看不见、听不到的缺陷而嘲笑自己，整天待在家里不愿出去。当孩子们回家的时候就一直不停地在孩子们的耳边诉说在家里的种种不适。作为孩子的我们，应该理解老人的这种状态，这时候只要默默地陪在她的身边，认真地听她的诉说，她就会感到被理解与欣慰。

5. 尊重

老年人对尊重的需要更为迫切，因为他们的社会交往能力降低，心理障碍增加，会常常感到不被尊重的威胁。被人尊重包括被人认可、受重视、有一定地位和尊严、有好的印象和受人爱戴等。所以在老人面前，首先要尊重他们，主动地招呼他们，细心听取他们的意见和建议，尽力帮助他们解决所提出的问题。想办法克服他们在交流中的障碍。

6. 乐观的态度

都说一个人积极、乐观的人生态度会感染周围人们的情绪，因此与老人沟通的过程中，乐观积极的态度会为老人带去正能量，让他们产生对未来的期望和对美好生活的向往。人生在世不如意事常八九，这是一种客观规律，不以人的意志为转移。倘若把不如意的事情看成是自己构想的一篇小说，或是一场戏剧，自己就是那部作品中的一个主角，心情就会变好许多。一味地沉入不如意的忧愁中，只能使不如意变得更不如意。"去留无意，闲看庭前花开花落；宠辱不惊，漫随天际云卷云舒。"既然悲观于事无补，那我们何不用乐观的态度来对待人生，守住乐观的心境呢？为老人带去乐观积极的人生态度比为老人送去补药还要重要。

五年前，在某医院的神经内科，住进了两位中风的老人，一位乐观积极地面对医生护士的医疗与康复，家属也积极地配合，而另一位老人却整天唉声叹气，感觉生命即将逝去而自卑自怜，子女也不懂得如何营造宽松祥和的氛围，老人因此被动地接受医生护士的治疗与康复。结果乐观的老人很快出院，并在以后的生活中一直保持着乐观积极的态度，到现在还健康地生活着，而且生活基本能自理。而悲观的那位老人，在医院里住了很久才出院，出院后就一直卧床不起，没过两年就去世了。

课堂互动

1. 将班上的同学分为两人一组，其中一位同学扮演一位空巢老人王大爷，另一位同学扮演社区工作人员小刘。

2. 王大爷今天闲来无事，去到社区，一见到小刘就开始数落子女不孝，说子女一周都没有回来看他了，是不是不管他了。

3. 这时小刘开始与王大爷进行沟通。

4. 互换角色相互体验。

拓展阅读

失独老人迫在眉睫的精神慰藉：全社会要营造关爱的环境

近年来随着失独问题的逐渐凸显，失独群体的养老问题已经引起中国政府的重视。国家一直鼓励有条件的地区在养老保险基础上，进一步加强养老保障工作，积极探索为独生子女父母、无子女和失能老人提供必要的养老服务补贴和老年护理补贴。

但是，经历了"白发人送黑发人"的悲楚，步入老年的失独者要重获生活希望，最关键的还是要走出自己的记忆阴影。所以相比于物质帮扶，对于失独老人的精神慰藉更是迫在眉睫，但是目前，中国社会对于失独群体的心理救助机制几乎没有，甚至社会上还存在一些对于他们误解与歧视。

10年前，一场车祸让刘秀兰独子小伟英年早逝，然而让刘秀兰没想到的是丈夫在儿子去世半年之后就跟她提出离婚，分崩离析的家庭悲剧交织在一个中年妇女身上。

"当时甚至想过自杀，因为我觉得周围都是歧视的目光。"虽然已经过去了10年，但是提起自己的遭遇，54岁的刘秀兰还是泣不成声。

从事近十年失独群体研究的苗霞说，在她接触到的案例中也出现过很多失独者遭遇社会歧视的问题，特别是在一些农村地区，"失独妈妈"甚至会被戴上"克子""克夫"的迷信帽子。

　　幸福的家庭都是相似的，不幸的家庭各有各的不幸。失独群体中的个体差别性无疑增加了精神救助工作的复杂性，所以，在对失独者进行精神救助前，怎样保证救助工作科学有效就更显重要。

　　"很多失独者不再愿意接触社会，他们的心理变得脆弱和敏感，甚至选择自我封闭，所以要对失独者的心理进行研究，对失独者进行科学的心理干预，同时还要编写这方面的教材对基层社区工作者进行培训。"

　　苗霞认为，国家的政策不可能细致到对每个个体给予针对性的关怀，所以一方面学术界要进行专门的研究，另一方面，民间团体和社区工作者要针对失独者不同的境遇进行个性化的志愿服务。

　　"失独，已经不仅仅是哪一项政策的问题，它是个社会问题。"苗霞说，整个社会要去关注了解这个特殊的群体，给他们营造一个关爱的社会环境，人与人之间的爱心关怀才能让这个悲伤的群体走出阴霾，重获阳光。（文中受访的失独者均为化名）

　　　　　　（http：//www.chinanews.com/gn/2012/07-03/4004260.shtml）

任务三
了解居家养老

 案例呈现

吴爷爷，今年78岁，农村户口，每月只有60元养老金。有一个儿子和一个女儿均在同一个城市工作打工，经济条件都不是很好。吴爷爷与儿子一家同住，两个月前老人不慎在卫生间跌倒后右侧股骨颈骨折，在医院里治疗了十几天后回家疗养。儿子和儿媳白天都要上班，于是白天就为老人请了一名钟点工专门为老人做一顿中午饭。老人的翻身、二便以及饮水等生活只能靠自己。老人觉得这样的生活既为儿女添了麻烦，自己生活的也失去了尊严。为了不给儿女添麻烦，就拒绝进食，想早点死了后让自己和儿女都得到解脱。

知识准备

一、居家养老的概念与意义

1. 居家养老

居家养老是以"家庭养老院"的形式帮助老年人度过健康安乐的晚年生活的一种养老模式。它以社区为平台，整合社区内各种服务资源，为老人提供助餐、助洁、助浴、助医等服务。使老年人老有所养、老有所医、老有所学、老有所教、老有所为、老有所乐。这种服务模式既解决了在养老院养老亲情淡薄的问题，又解决了传统居家养老服务不足的难题，是一种介于家庭养老和机构养老之间的新型养老模式。

2. 居家养老的意义

(1)符合我国"未富先老"的社会特点

居家养老服务适合我国国情，符合我国"未富先老"的社会特点。我国人口老龄化是在经济还不够发达、物质条件尚不充裕的情况下到来的，因此，单靠政府的力量来发展养老福利事业是不现实的。居家养老服务与机构养老服务相比，具有成本较低、覆盖面广、服务方式灵活等诸多优点，它可以用较小的成本满足老年人的服务需求。更为重要的是，通过居家养老服务，可以让一部分家庭经济有困难但又有养老服务需求的老年人得到精心照料，从而对稳固家庭、稳定社会起到良好的支撑作用。

(2)适应我国老年人传统的生活习惯和心理特征

中华民族几千年形成的传统观念，就是"养儿防老""多子多福"、"金家、银家，不如自己的穷家。""生有五男二女，是前世积下的阴德。"在家享受儿孙满堂的天伦之乐；

出门有熟悉的邻里，互致问候，拉呱聊天。环境熟悉，闭着眼睛也不会走错路，闻着厨房的灶烟也能回到家。能有子女的"床前百日孝"，就心满意足了。另外，传统的居家养老在家庭原有的平台之上进行，养老成本相对比较低。

受中华民族传统的家庭伦理观念影响，我国大多数老年人不愿离开自己的家庭和社区，到一个新的环境去养老。居家养老服务采取让老年人在自己家里和社区接受生活照料的服务形式，适应了老年人的生活习惯，满足了老年人的心理需求，有助于他们安度晚年。

二、居家养老的模式

现阶段，居家养老还没有固定的模式，各地方根据自己的特点建立适合地区特色的居家养老模式。但大体上均可以概括为两种：一是根据谁购买服务可以分为政府购买服务的模式和老人或老人家庭自己购买服务的模式；二是根据服务方法不同可以分为上门服务和社区居家养老服务中心模式。

1. 根据谁购买服务分为以下两种模式

（1）政府购买服务的居家养老模式

居家养老政府购买服务，虽然是以政府为主导，但具体操作上是采用了"政府购买服务，社会化运作"的方式。这种模式主要针对三无老人和家庭困难、高龄、生活不能自理的空巢老人。这种模式是由市民政局成立的社区服务中心，中心的具体工作之一，就是为居家养老政府购买服务的对象与服务网点进行对接。为确保居家养老服务健康、持续发展，建立规范的养老服务业准入机制，中心会经过市场化筛选，确定具有较大规模、服务质量较好的家政公司作为社区服务中心的加盟服务企业。这样，一旦中心居家养老服务对象有服务需求时，中心就会给加盟企业的服务网点下单派活，由服务网点的家政服务人员上门为困难老人提供一对一的服务。家政服务人员或家电维修人员上门服务后，服务对象就按服务多少小时付给相应的服务券，家政公司凭服务券向民政部门结算费用。

（2）老人或老人家庭自己购买服务的模式

老人或者老人家庭因各种原因不能或不愿意进入机构进行养老，但又不符合政府购买服务的条件，这时候有的老人家庭或者老人本人就采取自己购买服务的居家养老模式。因为居家养老可以让老年人在自己家里和熟悉的社区接受生活照料，同时也能经常与子女团聚。这样既适应了老年人的生活习惯，满足了老年人的心理需求，有助于他们安度晚年。又对稳固家庭、稳定社会起到良好的支撑作用。

2. 根据服务方法不同可以分为以下两种模式

（1）上门服务的居家养老模式

不论是政府购买服务还是老人家庭或老人自己购买服务，都会与相应的社区服务中心对接，当他们需要某种服务的时候就联系社区服务中心，中心就会给加盟企业的服务网点下单派活，由服务网点的家政服务人员上门为困难老人提供一对一的服务。家政服务人员或家电维修人员上门服务后，服务对象就按服务多少小时付给相应的服务券，家政公司凭服务券向民政部门或者相应的派单机构结算费用。

（2）社区居家养老服务中心模式

在政府的积极引导下建立社区居家养老服务中心，这些服务中心开设老年人活动室、休息室、阅览室、健身室、便民食堂，配备了电脑、电视机、图书、康复训练器材、棋牌等，服务范围包括老年人的生活照料、家政服务、图书阅览、家电维修、膳食服务、法律咨询、娱乐休闲、文体健身、情感慰藉、扶老帮困、老年教育等多种项目，满足了不同层次、不同特点老年人的多样化需求。平时，社区老人只要拨打电话就可得到居家养老服务中心（站）提供的专业服务，做到"小事不出社区，大事有人帮扶"。

三、居家养老老人心理特点及行为

1. 感恩与乐观

居家养老既满足了老人生活照料的需要，也让老人享受了家庭的天伦之乐，同时还节约了费用；政府购买服务的老人和家庭解除了养老的经济负担、生活照顾以及精神慰藉等多种养老问题。他们因此而感恩社会，感恩政府，从而使他们建立乐观、积极的生活态度和健康的生活行为。

一位孤寡老人，因身体疾病，导致生活潦倒，衣不遮体，食不果腹，后经政府购买服务，老人在家里就能吃到可口的饭菜，有医务人员来为他治病，有家政人员上门料理老人日常生活，有志愿者上门谈心，老人一天天好了起来。好起来的老人为了报答社会的关爱，以乐观积极的态度投入到学习画画的过程中，后来小有成就。可以通过画画来满足自己基本的生活需要。

2. 自卑与倔强

居家养老服务的内容和针对失能老人的服务毕竟有限，基本职能解决简单的生活服务需要，他虽然也有专业人员，但其提供的专业养老服务与综合型的养老机构提供的专业服务存在着差距，老人深层次的需要也许得不到更好的照顾。由于经济条件的限制或者无法获取有效的养老机构的资源信息，从而使这些老人出现自卑心理，在自卑心理的驱使下，为了维护自己的自尊从而使自己的性格和行为变得倔强。

3. 依赖但也无法满足

一方面居家养老老人由于身体、心理、物资、经济等多方面都需要社会的帮助，从而产生对社会的依赖心理；另一方面居家养老的服务模式又不能很好地满足老人多方面的需要，特别是失能老人深层次的照护需要，从而又在心理上产生不满足的感觉。

一位瘫痪且二便失禁的老人，因家庭经济不是很好，综合性的养老机构进不去，只能选择居家养老。他需要1~2小时翻一次身，定时更换纸尿裤，每天擦洗身体，定时喂水、喂药和喂饭。自己购买的生活照料服务达不到这种服务需求，老人不久就出现了压疮和营养不良以及脱水的征兆。增加了老人的痛苦。为此老人内心既需要居家养老的服务，同时居家养老服务又满足不了老人的需求。

4. 孤独与自尊

老人由于其身体各系统的衰退，其思维与行动能力的减弱，导致其与外界的联系越来越少，人际交往的能力减弱，居家养老老人在其接受服务的过程中与各种服务人员进行接触，但服务人员的频繁更换可能让老人应接不暇，虽然会不断看见不同的人员进出老人家庭，虽然有不同的专业人员为其服务，表面的认识不能深入老人心里，可能会让老人更加感觉孤独。虽然每一个服务人员都会对老人客客气气，倍加尊重，但身心的衰弱让老人产生更加强烈的自尊，流水式的服务让老人觉得自己的需要更像是一种交换而没有归属感。

一位居家养老老人，今天需要做卫生，中心会派一位阿姨上门为其服务；明天老人需要买菜，中心又派一位大姐陪老人买菜或者帮老人买菜；后天老人需要洗衣服了，中心又联系一位大姐来为老人洗衣服。三天来了三个陌生的面孔，这个还没记住，又来了一个。不同的陌生面孔让老人产生了不安全的感觉，虽然每一服务人员都会对老人客客气气的，但老人可能会觉得，我怎么和她说不上两句话呢？想和人说两句话还必须向中心汇报，还要重新派个人来才成。自尊因此也容易受到伤害。

课堂互动

讨论：案例呈现中吴大爷具有怎样的心理和行为，为什么？

拓展阅读

莫道桑榆晚，为霞尚满天

每当茶余饭后，宗汉街道潮塘村的老人们总喜欢聚在一起，晒晒太阳，聊聊天，谈论谈论村里的大事小事。最近，有几位老人总是逢人就感慨道："党和政府的政策好，让我们的晚年生活有了保障。子女不在身边，以前什么事情都得自己弄。现在好了，有专门的服务人员上门帮我们打扫、洗衣服、买药、煎药，还陪我们聊天呢，而且每一星期都来好几趟，不管刮风下雨，从不间断，难能可贵啊！"

老人们口中的两位服务人员原来就是潮塘村居家养老的专职服务人员邹金凤、黄美文。邹金凤今年60岁，是潮塘村的老妇女主任，任职期间曾多次获得了宁波市、慈溪市级先进工作者，现已退休，是一名朴实又善良的阿姨。黄美文与邹金凤同岁，家底殷实，是个老板娘，平时喜欢助人为乐。照她的话说，农村老妇靠念佛积善德，她做好事也是积善德。当邹金凤得知潮塘村要开展居家养老服务时，热心肠的她便邀上同村好朋友黄美文，主动请缨，当上了潮塘村居家养老的专职服务人员。在和潮塘村村干部交谈时，我们得知了两位阿姨的先进事迹。

几年如一日，两位阿姨结伴而行，风里来雨里去，天天奔波在各个孤寡老人家里，为老人们打扫房间，换洗衣物，帮老人们置办生活用品，购买药物，陪老人们唠唠家常，帮老人们排忧解难。老人们都亲切地把她们当成了自己的儿女，有什么事情，有什么话都喜欢跟她们讲。两位服务人员更是把这些孤寡老人当成自己的父母，任劳任怨，照顾得无微不至。每每说起这两位服务人员，老人们连连竖起大拇指，称赞她们工作负责，全心全意为老人服务。

潮塘村有一位耄耋老人，名叫张天均，出生地主家庭，由于家庭变故，一直独居，性格有点古怪，不喜欢外人打扰。老人虽然年事已高，但是非常讲究生活品质，物品摆放井然有序，穿戴整整洁洁。刚开始服务人员上门，老人都是一副爱理不理的样子，不允许服务人员动他的物品，也不愿意与服务人员交谈。但是服务人员并没有因此心存芥蒂，反而增加了访问的次数。

天气渐渐转冷，老人行动有所不便。有一天，他提出要服务人员帮他去补棉鞋，棉鞋缝合处有几个破口。服务人员按照老人的吩咐去补鞋，但是修鞋的人说补鞋子的钱差不多可以买一双新的了，干脆不要补了。服务人员把这一想法告诉了老人，哪知老人却说，鞋子还能补补修修，就不要浪费材料。服务人员便拿去帮他修补好。过了一天，细心的老人发现棉鞋里还有一个小洞没补。服务人员再一次帮老人去补了棉鞋，前前后后一共跑了三趟，这才让老人满意了。

莫道桑榆晚，为霞尚满天。在宗汉街道，像潮塘村这样的居家养老先进服务人员还有很多。他们大多都是一批有威信，有爱心，有责任心的退休老师、退休干部。在晚年时，趁着自己还有精力，尽自己所能去帮助那些孤寡老人。谁说老年人不能有作为？他们凭着自己的满腔热情，兢兢业业把居家养老服务当作他们晚年的事业，同样也能干出一番作为，真正做到了新时代的老年人老有所学、老有所乐、老有所为。

(http://llw.cixi.gov.cn/art/2013/1/24/art_10157_975102.html)

任务四
掌握居家养老老年人的沟通技巧

案例呈现

> 林婆婆，83岁，有两个女儿，与老伴居住在单位分给他们的一套2居室的公房里，房子是80年代修的老房子，又是一楼，平常下雨后就比较潮湿，老人一直抱怨房子差，身上的风湿病就是住这样的房子产生的。两个女儿都愿意把两老接去同住，但老人总认为，这个房子怎么说都是单位给他们的，住这么久了有感情不想离开。而且，孩子们买房子他们两老也没帮过他们，于是就不愿搬出去和孩子们一起居住。

知识准备

一、聆听的技巧

1. 认真的倾听而不做评价

在与居家养老老人的沟通过程中认真地倾听老人的诉说，老人的诉说有时会高兴，有时会悲伤，有时会客观，有时会情绪化，这些都会与他们过去或现在的生活体验有关。有时，只需要我们安静地倾听，而不对老人的诉说进行评价，只需要我们对其表示理解与接纳。因为无论评价的好坏与否、客观与否都不是老人所需要听到的。他们只需要有人去分享他们的感受与体验。

一位居家养老老人，在向你诉说的时候，总是埋怨孩子的不孝顺，过节也不来看看自己。这时候如果你说，孩子们可能很忙，不能来看您。老人会忽然不高兴地说："我知道他们忙，不需要你来解释，你认为我是一个不通情理的老人吗？真是的。"

2. 通过提问来确保正确理解和表示尊重

在与老人的沟通时，在老人不停地诉说过程中，我们以适当的提问来表达我们对其说的内容表示理解，同时也可以让他们有被尊重的感觉。提问既可以把自己没有听到或没有听清楚的事情彻底掌握，同时也有利于老人在表达自己的看法时有所突出。通过提问也可以确定老人对所述说的事情的重要性。

一位老人在诉说的时候提道："十年前某某人的言行伤害了我，让我在众人面前觉得难堪，这件事我一想起就觉得不舒服"。这时我们问道："什么事情让您如此不舒服啊?"此时老人说："算了，都过去那么多年了，现在想起来也没什么。"通过提问，我们发现这件事情其实对老人真没有造成什么不舒服的感觉，有时只是说说而已。同时老人也发现我们对他的关心和爱护，老人表现出来的宽容也让老人感觉在我们面前受到的尊重。

3. 选择合适的沟通环境以减少客观的沟通障碍

安静、舒适、轻松的环境是与老人进行有效沟通的保障，老年人听力与视力的减弱，吵闹而紧张的环境是沟通中重要的沟通障碍。在与居家养老老人进行沟通时，我们可以选择在服务中心专门设置的接待室、可以选择在老人家里、还可以选择在空气清新的公园里等。而不宜选择在喧闹的大街上、广场上、公共活动室等。

当你在社区的活动室里，有位老人想向你说说某件事情。这时，我们不要就在活动室里展开谈话，而要选择一个相对安静的场所进行沟通。在喧闹的活动室里，老人向你诉说的事情，你不一定能听清楚、不一定能理解，就算听清楚了、理解了，我们还需要向老人进行信息的反馈，老人在那种环境里听不清楚你的解释或者意见。这样老人会觉得你在搪塞，或者误以为你不想解决问题等。

二、说的技巧

1. 说话的声音、眼神、姿势与距离

在与老人进行沟通的过程中，有的老人听力好，有的老人听力差，有的老人视力好而有的老人视力模糊。对于不同的老人我们说话的声音、眼神、姿势与距离也应有所差别。

与听力和视力都正常的老人说话时，我们可以采用社交的个人场合，即0.3～1.0米的空间距离、说话的声音高低合适、眼神柔和、姿势自如。当我们与听力与视力异常的老人进行沟通时，我们宜采取的说话方式会有所改变。

当老人有听力障碍时，我们应该面对面地与老人说话，当老人没有看见我们时我们不要说话，让他们看清楚我们面部与口型时才开始说话，说话的声音要适当提高一些，语速放缓一些，不能大声喊叫，不能着急或发怒。说话的时候配合适当的手势和面部表情或者采用写字板、卡片写字、画画、符号等。

当我们与视力障碍的老人说话时，说话的开始与结束都需要告诉老人，同时做自我介绍。说话的速度要慢一点，要给老人足够的时间反应，让他们有足够的时间进行理解与回答。说话时可以用触摸的方式表达关心和体贴，要时刻为视力障碍的老人着想。如果他们还有残余视力，这时我们就要面对老人，与他们保持较近的距离，便于老人观察非语言表达的意思。

2. 适当的称赞

每一位老人都有其人生的闪光点，我们在与老人说话的时候，要尽力寻找老人闪光的地方予以适当的称赞。真诚而适当的称赞不是奉承。称赞配上无关痛痒的批评更可信。称赞应该具体到细节。

你称赞老人是个爽快的人："你真是一位爽快的人，我们非常喜欢您。"老人回答："是吗？谢谢。"如果换个方式可能效果更佳："你爽朗的笑声让人感觉您是一个爽快的老人家，我们非常喜欢您爽朗的笑声。"相比第一种称赞，第二种称赞更加具体，也显得更真实可信。

3. 不评价

在与老人说话的过程中有时我们只需要说出客观的事实而不做评价，让老人自己去判断事实中的是非曲直。这样更有利于维护老人与家人的自尊，其沟通的效果会更胜一筹。

一位老人或者老人的家人，喜欢在晚上悄悄地将垃圾从窗户往外丢。我们去与老人沟通的时候第一种说法为："爷爷，你不要往窗户外面丢垃圾嘛，这种行为多不道德啊，请您以后不要这样了。"老人家当时就生气了："谁看见我丢垃圾啦，我就是没有丢。我吃的盐比你吃的饭还多呢，哼，还来教训我了。"很明显这样的说法就没有任何意义了。而另一种说法："爷爷，你看不知道谁往楼下丢垃圾了，昨晚某某家的小宝宝不小心踩到垃圾摔了一跤，头都摔破了，真是可怜啊。您如果看见谁往楼下丢垃圾请帮忙说一声，请他以后不能再丢了，如果是老人踩着摔跤，肯定会摔成骨折，到时候这个老人就可能在床上躺一辈子了。"老人听了脸微微一红说道："好的好的，我看见了一定说说他，让他以后再也不往下丢垃圾了。"这就是只把事实说出来，我们不给予评价，这样既达到了沟通的效果又维护了老人及家人的尊严。

4. 幽默的批评

当老人做错了事情的时候，批评只是为了让其改正错误，而不是贬低和打击对方。但是当批评别人时，会给老人带去很大的心理压力，如果采用幽默式的批评，不仅不会为老人带去心理压力还会取得更好的效果。

在社区活动室里，一位老人随手将手中的纸丢在地上，直接批评嘛，老人脸上肯定挂不住。这时，我们走过去将地上的纸拾起来，送到老人手上说："奶奶，您把您包钱的纸帕掉在地上了，如果您不要的话，就把它放在哪个垃圾桶里好吗？"老人这时会打开纸巾看看，自我解嘲地说，"没钱了，丢了算了。"然后就将垃圾纸丢在垃圾桶里了。这种间接而幽默的批评更会让老人接受。

5. 巧妙的拒绝

在为居家养老老人进行服务的过程中，我们常常会遇到老人们一些不切实际的意见、建议和要求，直接拒绝可能会伤了老人的面子，我们要怎样拒绝才比较合适呢？

一位老人向我们提出要求或者请求时，绕着弯说出他的意思，当老人说到一半的时候我们就知道了他的意图，并且清楚自己不能满足他的要求时，我们可以及时地改变话题。这样在老人还没有明确说出请求时，暗示对方避免尴尬。比如老人对你说："小王你有空吗？"小王回答："有空啊，李爷爷您有什么事情吗？"老人说："事情倒是没什么，只是觉得我医保卡里的钱取不出来用可惜了。"这时候小王知道爷爷的想法，立即转移老人的注意力："李爷爷，你身体还好吗？少抽点烟哦，抽烟又要咳嗽了，咳嗽还要吃药呢。"

巧妙的拒绝老人不切实际的要求既能起到了沟通的效果也不至于引起老人的心理不适。转移注意力的拒绝、建议式的拒绝、拒绝时表示遗憾、表达同理心后的拒绝等都有待我们去学习。

课堂互动

聊聊你身边居家养老老人的情况，并找出老人表现出的心理现象。

拓展阅读

政府要进一步加大居家养老政策扶持力度

我们国家对于老年人的保护和关心力度还是够的，目前，老年协会的专家针对于"十城市万名老年人居家养老状况调查"显示，老年人购买服务的消费理念还没有普遍形成，居家养老服务的有效需求仍然不足。报告建议，进一步加大居家养老政策扶持力度。

调查报告显示，高龄、空巢和失能老年人是居家养老服务需求较高的人群。十个城市被访对象中，仅有三成的老年人愿意接受由市场提供的居家养老服务。

在生活类服务项目中，被访者对老年餐桌和家政服务的需求比例较高；而在医疗康复类服务中，被访者对健康讲座、上门看病、康复服务、长期照料的需求比例较高。中国老龄科学研究中心副主任党俊武表示，居家养老服务目前存在的问题不容忽视。

党俊武：被访者购买服务的消费理念还没有形成，居家养老服务的有效需求仍然不足。政府直接提供居家养老服务的现象依然普遍，市场在居家养老服务中的作用还没有充分发挥，老年人需求较高的康复护理、长期照料、托老服务等供给较少。另外，服务人员队伍不完善，服务内容单一，层次较低，专业化水平不高的问题仍然存在。

党俊武认为，除了充分发挥市场在资源配置中的决定性作用，推动和鼓励企业与社会组织进入居家养老服务外，同样需要政府进一步加大政策扶持和引导力度。

党俊武说，现在很多居家养老服务是由政府来购买的，但是政府购买服务的引导性不够。比如一个月给老年人 100 块钱补助，只能做 3 次服务；今后希望有关部门调整一些政策，仍然 100 元，可以享受 5 次服务，这样引导老年人购买更多服务。

(http：//www.xywy.com/laoren/zcfg/201403/07-763101.html)

课后练习

【名词解释】

家庭养老　居家养老

【填空题】

1. 家庭养老是养老模式中的一种传统的养老模式，包含有（　　　　）、生活照顾和（　　　　）。

2.（　　　　）即指失去独生子女的老人，这里的老人可以是一对夫妇，也可以是独身老人。失去的形式多为独生子女死亡。

3. 为了避免寡居效应对老人心理产生不良的影响，我们要注意关心老人丧偶后的生活，特别是配偶去世的（　　　　），包括（　　　　）。

4.（　　　　）是失独老人最明显也是最普遍的心理特征。

5. 居家养老政府购买服务主要针对（　　　　）和家庭困难、高龄、生活不能自理的空巢老人。

【单项选择题】

1. 家庭养老模式中最主要、最根本的内容：（　　　）

　　A. 生活照顾　　　　　　　　B. 情感慰藉

　　C. 经济赡养　　　　　　　　D. 医疗支持

2. 当别人谈论孩子的时候，他们总认为是在谈论他们的孩子。总担心在与人交往的过程中提到关于孩子的事情，从而影响他们的人际交往。这种心理是失独老人什么样的心理特征：（　　　）

　　A. 抑郁与恐惧　　　　　　　B. 敏感与焦虑

　　C. 孤独与哀伤　　　　　　　D. 愤怒

3. 失独老人、寡居老人在自己失去亲人以后变得越来越不愿意接触外人，越来越害怕参与亲戚和朋友的聚会，这表现了老人什么样的心理：（　　　）

　　A. 孤僻与逃避　　　　　　　B. 依赖与不信任

　　C. 抑郁与恐惧　　　　　　　D. 绝望

4. 不论是子女还是其他的年轻人，都要在与老人的沟通中学会倾听，做老年人忠实的听众，听他们唠叨自己的过去，唠叨我们的不是，让他们唠叨完后变得心情舒畅，这体现了沟通过程中怎样的技巧：（　　　）

　　A. 同理心　　　　　　　　　B. 尊重

　　C. 乐观的态度　　　　　　　D. 接纳与倾听

5. 一位孤寡老人，因身体疾病，导致生活潦倒，衣不遮体，食不果腹，后经政府购买服务，老人在家里就能吃到可口的饭菜，有医务人员来为他治病。这种情况下，老人易表现出怎样的心理特征：（　　　）

　　A. 依赖与不满足　　　　　　B. 感恩与乐观

C. 自卑与倔强　　　　　　　　D. 孤独与自尊

6. 一位居家养老老人，在向你诉说的时候，总是埋怨孩子的不孝顺，过节也不来看看自己。这时候如果你说，孩子们可能很忙，不能来看您。老人会忽然不高兴地说："我知道他们忙，不需要你来解释，你认为我是一个不通情理的老人吗？真是的。"面对这位老人你应该怎么做：（　　　）

　　A. 认真的倾听而不做评价　　B. 巧妙的拒绝
　　C. 幽默的批评　　　　　　　D. 适当的称赞

【能力体现】

李大爷，88岁，三无老人，爱好唱歌跳舞，前几年身体康健，社区鼓励他组织社区其他老人唱歌跳舞，因此社区每个月给了老人80元钱的零用钱。现在老人身体不好了，政府为他购买了居家养老服务。老人因此非常高兴。但是李大爷由于身体日渐衰退，不能组织社区老人活动了，社区因此也取消了每个月80元钱的零用钱。为此老人感觉自己的尊严受到了伤害，还认为有人故意挪用了他的这笔钱，几经沟通无效，老人前往民政局反映此情况。

问题：李大爷具有哪些方面的心理特征与行为？在与老人进行沟通的过程中宜采用哪些沟通技巧？

参考答案：
【填空题】
1. 经济赡养情感慰藉　　2. 失独老人
3. 头三个月内　　物质和心理方面的关怀
4. 绝望　　5. 三无老人

【单项选择题】
1. C　　2. D　　3. A　　4. D　　5. B　　6. A

项目九　与机构养老老人沟通

 学习目标

知识目标

1. 了解机构养老的概念，意义和服务对象；
2. 熟悉机构养老老人的心理特点与行为；
3. 掌握与机构养老老人沟通的技巧。

技能目标

能运用各种沟通技巧与机构养老老人进行有效的沟通。

 情景导入

　　机构养老是我国现阶段养老模式的补充形式，国家提倡养老机构主要面向失能、失智老人提供专业的综合性服务。失能、失智老人生活自理能力下降甚至丧失，常常患有多种慢性病，而且病情复杂、养老风险高，养老纠纷多。加强与机构养老老人的沟通，可以更深入地了解老人的心理与行为，更好地为其提供优质服务，降低养老风险，减少养老纠纷。

任务一
认识机构养老

案例呈现

> 顾大爷，68岁，三无老人，入住某养老机构前出了一次车祸之后失去生活自理能力，由其姐姐照顾。某日其姐将老人以自费住养的身份入住某养老机构，在养老机构的关心与帮助下，办理了公费住养的手续，成为了一名国家供养的三无老人。提高了老人的生活品质，减轻了老人家人的经济负担。

知识准备

一、机构养老的概念

机构养老也叫机构照顾，是一种让老年人离开自己的家，到各种养老机构生活，其生活照料和护理由养老机构负责提供的养老方式。目前，我国的养老服务机构主要有老年社会福利院、敬老院、养老院、老年护理院、老年公寓、托老所及老年人服务中心等。

由于年龄的增长，生理老化持续损害着老年人独立生活的能力，他们需要更多的照料和服务。一般来讲，这些提供给老年人的长期支持性的照顾主要是由老年人的家庭成员所承担的，当这种持续性的照顾造成了家庭成员的心理、生理资源的过度支出，社区的支援性服务也不能满足老年人的护理照料需求时，才会由机构专业人员提供带有医疗、保健和相应的护理照料和日常生活起居的持续性服务。在老年人的长期护理服务中，机构养老是对老年人保持持续性照顾非常重要的环节。从服务内容方面来讲，机构养老服务包括医疗服务、康复保健服务、日常生活照顾和社会性服务等内容，各种不同功能的机构养老所提供的服务内容的侧重点也有所不同。

在我们的传统观念中，我们常常认为选择机构养老的老年人往往是子女无暇照顾、生活不能自理的老人，但实际上随着养老机构的不断完善和工作人员的专业化发展，机构养老也为老年人的晚年生活提供了一个很好的选择。老年人接受机构养老是因为家庭养老或社区养老服务没有办法满足老年人的需求，以及老年人在居家养老中不能保持某种程度的自主性和选择性，如在家庭饮食、生活节奏等方面。也有一些老年人是为了不给家人增加负担或缺少家庭支持而主动选择机构养老的。

二、机构养老老人的结构

1. 按国家收费政策划分：(1)自费代养老人；(2)三无老人(无劳动能力、无生活来源、无赡养人和扶养人，或者其赡养人和扶养人确无赡养或扶养能力的老人）。其中，"三无"老人的服务费用一部分由政府资助，另一部分由相关福利机构义务负担。自费代养老人的所有服务费用均由其个人或家庭成员负担。

2. 按家庭结构的完整性划分：(1)完整家庭结构的老人；(2)失独老人(唯一的子女离世的老人)；(3)空巢老人(子女离家的老人)。

3. 按照老人的年龄划分：我国将 60 岁及以上者界定为老年人。根据世界卫生组织(WHO)的标准，可将 60～74 岁划分为"年轻老年人"，75～89 岁划分为"老年人"，90 岁及以上为"长寿老人"。

4. 按老人的生活自理能力划分：自理老人、介助老人和介护老人。(1)自理老人。这类老人通常是指通过直接观察或者生活自理能力评估，其日常生活行为完全自理，不依赖他人的护理；(2)介助老人。这类老人通过观察或生活自理能力评估，属于"生活自理能力轻度和/或中度依赖"，日常活动需要他人部分具体帮助或指导的老人，其日常生活行为依赖扶手、拐杖、轮椅和升降等设施帮助；(3)介护老人。这类老人通过观察或生活自理能力评估，属于"生活自理能力重度依赖"，其日常生活行为完全依赖他人的护理即生活完全不能自理的老年人。

三、机构养老的意义

1. 养老机构能提供比较专业化的照料服务

养老机构特别是综合性的养老机构，可以提供根据老人们不同的生活习惯、饮食要求、身体状况、老年病的分类以及其他的生活、身体、心理的身心需要提供与之相适宜的饮食、专业的生活料理、康复娱乐、医疗保健甚至健康咨询与法律咨询等。特别是非生活自理的老人可以在养老机构中获得更专业、更优质的身心照料。

一中度失智的老人，在家的时候，孩子们只知道老人最近生活没有以前好了，总是丢三落四的，常常走出去就找不回来，但老人在穿衣、吃饭、睡觉甚至帮家里做家务的能力没有太多的改变。孩子们未能认识到老人已经在智力上发生了很大的改变，没有给予及时的关心与照顾。有一天，老人在过马路的时候不慎跌倒导致骨折，送医院经积极医疗出院后，老人的骨折治好了，但老人的生活能力完全丧失了。老人回家后由于其子女在照料的过程中没有相应的专业知识，很快老人就发生了压疮、泌尿系统的感染、坠积性肺炎等并发症，老人奄奄一息但孩子们还不知道老人怎么了。最后，家人把老人送去了一家综合性的养老机构，经过养老机构专业的生活照料、心理抚慰和医疗康复，才把老人从死亡线上拉了回来。

2. 机构养老能减轻子女和亲友的负担

专业分工，规模经济效应可以使家庭服务的社会供给成本低于家庭供给成本，从而减轻家庭经济负担；把亲人从繁杂的对老年人的日常照料中解脱出来，减轻他们的压力。

从经济上来计算，一方面不愿意与子女同住的自理老人其生活成本与居住成本普遍高于入住养老机构的费用；另一方面，失能老人如果在家庭中照料，最少需要请一位保姆或者家里随时需要一位家人对老人进行 24 小时的照料，其保姆或家人的生活成本、居住成本加上老人本人的生活成本与居住成本也高于现阶段养老机构的收费标准，失能老人常常发生这样那样的疾病，如果家里没有医务人员，或者没有办理家庭病床，不论老人怎么病了都要往医院里送。这样也增加了家庭的照顾成本和经济成本。特别是独生子女家庭，如果家里有一位失能失智的老人，其家庭养老成本的高昂更加凸显。

3. 有利于老人生活质量的改善

老人在养老机构中养老，可以享受专业化、全方位的服务；老人在养老机构中的各种社会活动和交往、丰富的文化生活有助于解除其孤独感，从而提高其生活品质；同时集中供养可以确保老年人的安全。

大部分进入养老机构的老年人都有一个共同的愿望，希望能在养老机构中排解孤独的心情，这些老年人一方面与子女们具有不同的生活习惯，不愿意与子女们同住、或者没有条件与子女们同住，而自己独自生活也倍感孤独与寂寞。进入养老机构，还可以碰见与自己志趣相投的老人成为朋友。另一方面，与其他老人同住一室，老人之间还可以相互照料，相互依靠。比如，其中一位老人生病了或者跌倒了，另一位老人还可以帮着呼叫护理人员、医生等。就算个人单住的老人在养老机构中生病或跌倒也能在短时间里被机构工作人员发现。而在家独居的老人如果病了、跌倒了十天半月可能都没有人知道。因此在养老机构中不论是老人的生活品质还是安全角度，都得到了较大的提高。

课堂互动

课堂分组。六人一组，小组里一人扮演养老机构的工作人员，一人扮演老人，四人扮演老人家属。

情景：老人入住两年了，入住时生活自理，费用为 1800 元/月，现在老人生活自理能力下降，需要部分帮助，养老机构需要在老人和家属增加了特殊护理费后才能为其提供相应的特殊服务，每月增加 680 元。这时候，老人和家属不愿意增加费用，认为该养老机构收费太高，他们承担不起，但是又不愿意出院。

互动。同学们轮流扮演养老机构工作人员、老人和老人家属。应用相应的知识与老人和家属算算养老成本账，让老人和家属理解养老机构收费的合理性。

拓展阅读

辛院长和他的150位父母养老院的故事

北京市民政局最新统计，截止到2006年年底，北京市60岁以上的老年人口已达220万人，而北京市的养老机构仅有332家，其中民办养老机构109家，床位总共3万多张，远远低于社会需求，市场缺口极大。

"王大妈，今天是几姑爷看您来啦？""张大爷，天凉了，多加件衣服。"辛文一边握着王大妈的手拉家常，一边又亲切地提醒从身边走过的张大爷。午后秋日的阳光下，三三两两的老人正在院里悠闲地散步。虽然辛文和这里的150位老人非亲非故，但他却把老人当作自己的父母悉心照料，虽然老人们也有儿有女，但老人们却喜欢把这里当成自己的家。

辛文，北京嘉德老年公寓的院长。2005年，辛文和爱人王岩投资400万元，兴建了嘉德老年公寓，自2006年4月开业至今，已累计投入780万元。

"我们是严格按照民政部门的要求，各项证照、手续齐全，尽管国家明文给予民办养老机构的许多优惠政策尚未到位，但我们克服了一个又一个困难，努力工作，倾尽心血，甚至变卖了住房，筹资办院，为100多位老人的晚年生活营造了一个幸福、温馨的家。"讲起兴办养老院的艰辛经历，王岩显得有些激动和无奈。"这是替千万家尽孝心的事情，希望国家有关职能部门能真正落实相关政策，呼吁民政部门监督、协调民办养老机构在土地使用上遇到的难题。"辛文一脸真诚又显急切地对记者说。

安家

易光珍，63岁，武汉交通管理学院教师。1997年，老伴去世后，远在北京工作的儿子每月飞回武汉看望她。长此以往，易老师觉得"这不是个事儿"，既耽误儿子的工作、生活，自己也难以从苦闷孤独的生活阴影中摆脱出来。2002年，易老师决定换个环境，来到北京。"儿子专门给我安排了房间，甚至打算请保姆照顾我。但我不想打乱他们小两口的生活。"在嘉德老年公寓一套平房小院的新房内，易老师对记者娓娓道来。

在充满喜气的新房内，记者看到：洁白的墙壁、漂亮的吊灯、崭新的双人床、梳妆台、衣柜、彩电、电脑、沙发、卫生间，一应俱全，让人感受到浓浓的家庭气息。来到北京，找到生活中新伴侣的易老师把家安在了嘉德。"在这住，人多、好玩、身边全是老人、没有代沟、相互尊重，护理员和我们像一家人一样亲，院长每天和我们在一起嘘寒问暖，如同这个大家庭的家长，我们过得挺开心！"易老师的老伴厉先生笑着对记者说。辛文告诉记者，类似易老师这样的养老家庭在嘉德老年公寓有6家，有老两口拿着拆迁款在这儿安了新家，也有老两口不愿连累子女，在这儿找到了新空间。总之，他们觉得住这儿舒心、省心、划算。

解忧

"我实在没法了，白天黑夜伺候不说，老爷子瘫痪在床，变得十分烦躁，动不动就发脾气，我好说，可还有媳妇、孩子呢，不是说我不孝顺，您说，时间长了，难弄！"说起当初，送老人入住嘉德老年公寓前的日子，张先生一脸无奈，"现在好了，老人住这儿，在院方精心调理下，不但病情好转，连脾气也变好了，见了人也有说有笑了，我精神上也解放了。"张先生轻松的话语中更多的是感谢:"辛院长他们几位领导对养老院的工作抓得可紧了,每项服务都有考核标准,包括几天理一次发、一天帮老人洗一次脚、擦一次身等。护理员的服务也主动热情,饭菜可口有营养。尤其这里是平房,有院,环境好,老人出入方便,轮椅可以直接推到床前。偶尔老爷子回家,住不了两天,就闹着要回嘉德。"

辛文、王岩夫妇告诉记者,嘉德老年公寓现住有150位老人,半自理和80岁以上的老人占一多半,住这儿的老人他们的家庭背后都有一个各不相同的故事,但我们对他们都一视同仁,平等看待。

呼声

北京市昌平区爱地老人颐养中心主任谷全文:希望政府职能部门对养老服务行业管理不能局限于制定政策和发布政策,应该对这些政策的有效落实也要负起责任。

北京市大兴区泰福春老年公寓院长崔艳玲:希望养老院老人的医保问题早日解决、养老机构的合同范本早日出台、十一部委出台的有关优惠政策早日实现。

北京市昌平区歇甲田园风光养老院院长闻亿:国家对社会办养老院土地使用有明文优惠政策,但往往难以落实,使民办养老院难以持续发展。国有养老院可以得到财政拨款补贴,民办养老院和他们不在同一起跑线,缺乏竞争力。

(http://yanglao.wanxia.com/index/info/caf6d2f0-68a2-11df-ba03-001e0b4ba2d2.html)

任务二
了解机构养老老人的心理特点与行为

案例呈现

> 　　孙大爷，78岁，入住于某养老机构快三个月了，某天孙大爷说想回家，不想继续住在养老机构，问其原因，老人回答说："菜太咸了，口味不好；想吃稀饭；同室老人晚上看电视看得太久，声音太大；想看书，这里没有书；冬天怕冷，衣裤鞋袜不好穿。"
>
> 　　当我们告知孙大爷这些都不是难题，我们都可以想办法解决的时候，孙大爷终于说出了自己的真实想法："孩子们把我丢在了养老机构不管了，我想回家"。

知识准备

　　老人入住养老机构时的主观意愿和心理状态，将直接决定老人在机构居住的生活状态和心理状态。主动选择住进养老机构的老人，对机构内的集体生活有心理准备，有的在入住前在家属的陪同下实地参观了解情况，这样即使入住后出现一些问题也能够客观看待。而被动住进养老机构的老人，可能就会适应能力较差，比较消极，不容易融入集体生活。老人的各种心理状态会反映到他们在养老机构内的现实生活中，比如，有些被动住进养老机构的老人可能产生被抛弃感，这就会导致很多负面的表现，如悲观、排斥他人、失落等。

　　但无论是哪一类，入住老年机构这样一种重新安置的结果都会给老年人带来生活环境的变化。这种变化将会给老年人带来心理上的困扰，也会对老年人的身心健康造成影响。

　　住进养老院的老年人，他们经受了一个"角色变换"的过程。在这个角色变换过程中，倘若老年人处理不当，不能很好地认同及适应自己的新角色，就会产生许多心理和生理问题。而这些在角色转变过程中出现的心理不适应问题，经常可以在刚刚进入养老院生活的老年人身上看到，有时甚至在已经在养老院生活了很长一段时间的老年人身上也可以发现。

一、养老院老年人的角色变化

（一）养老院老年人的角色转型

1. 主体角色变为依赖角色

老年人随着年龄的增长，身体逐渐衰老，行动有所不便，身体状况特别差的老年人还需要别人对他的日常起居精心护理。另一方面，老年人的记忆力、学习能力也有所衰退，老年人扩大认识世界范围的能力逐渐减弱。进入老年期后，老年人的生活越来越需要其他人的帮助，需要借助别人来完成以前自己能胜任的任务。于是，老年人逐渐从"主体角色"过渡为"依赖角色"。

从婴儿到成人，人是在逐渐摆脱依赖过程中长大的，可是到了老年期，几十年习惯于自己对自己负责，自己的事情自己做主，现在不得不时时指望别人，老年人难免有些沮丧，对自己感到失望，这种经常依赖于他人的感觉是老年人难以习惯的。

2. 有配偶角色变为单身角色

入住养老院的老年人大多是在不幸失去老伴以后，为了缓解痛失老伴的悲伤，选择一个新的环境，来到养老院的。这样的老年人，进入养老院后，经历着一个从"有配偶的角色"到"单身角色"的转变。常言道："少为夫妻老来伴。"一旦痛失老伴，对老年人的打击无疑是沉重的，这种心情是令人同情和理解的。失去老伴住进养老院后，改变了旧的环境和生活程序，其实是有利于人的内外环境相互适应的。在养老院这个新环境中，老年人更容易建立新的心理平衡。养老院的工作人员可多培养老年人的兴趣和注意力，让老年人把主要精力放在关心自己现在的生活和关心他人方面，使老年人在思念老伴的同时，振作精神继续开始新的生活。

3. 居家生活角色变为集体生活角色

没有入住养老院的老年人离退休后的主要活动场所是家庭，老年人扮演的是一个"居家生活的角色"。进入养老院后，老年人相应地就从居家生活角色转变为长住养老院的"集体生活角色"。养老院的日常生活与在家的生活有许多不同之处。养老院是一个大集体，往往是几个老年人共同居住在一个房间，一般的生活护理都由护理人员完成。在这个新环境下，有的老年人对于新的集体生活不适应。原来在家基本凡事都能自己做主，可进入养老院后，养老院集体生活往往需要成员之间的迁就和包容，这样才能融洽相处。

4. 工作角色变为闲暇角色

工作角色是指有一份工作，担任一个职务，承担一项社会义务；老年人在家里承担的家务，如做饭、带孩子等家务都可以算作是一种工作。单位的工作角色往往能给人带来成就感，工作上的成功又可以增强人的自信心。一个把工作视为生活重心的人在卸任离退休住进养老院后，往往会产生一种很强烈的失落感。家庭的工作角色同样会给老年人带来安慰感。从事家务劳动，是间接地为社会做贡献。有些老年人视做家务为一种乐趣。可到了养老院后，一切工作都不需要做了，连最起码的家务也由护理人员代替。习惯于做家务的老年人对于这种"闲暇"会觉得不舒服。这个阶段，老年人正在经历一个从"工作角色"向"闲暇角色"过渡的过程。如何正确引导老年人顺利度过这一过程。心理学家认为，闲暇的真正意义在于发展人性、发展人体内大量潜藏的可能性，进行创造性的自我发展。简而言之，闲暇可以使人能主动地、比以前更自由自在地选择对自己更有意义的活动，老年人就应该充分把握闲暇时间充实自己的生活。

（二）养老院老年人常见的角色错位

在日常生活中，我们每个人都在特定的情景下扮演着某个特定的角色，并受到这个角色"规范"的制约，它影响着我们的行为方式，从而硬性规定了我们的心理。对于养老院的老年人来说，他们经受的角色转变对其心理错位和生理上都会产生很大的影响。一些老年人入住养老院后常常会出现角色错位，常见的角色错位有以下几种：

1. 养老院老年人的角色混淆

在养老院里，常常会看到这样的情景：离退休前从事领导工作的老年人经常会无意识间流露出以前"当官"的做派，摆出"当官"的行为举止。在养老院里，别的老年人生活上很节俭，对养老院的水、电都倍加珍惜；而这样的老年人在生活上却大手大脚，经常倒剩菜剩饭，夜晚，房间里的灯光经常彻夜不熄。甚至，对周围的护理人员或其他老年人也常常指手画脚，就像对待以前的下属，一旦别人稍有懈怠就严厉批评。因此，这样的老年人常招致周围老年人的不满，也给养老院的管理带来不便。显然，这种行为是不合时宜的，这样的老年人往往没有意识到自己所处的位置及社会环境已经发生了改变；也许有些意识，但还没有在行为上加以改变，还在扮演着以前的"官"的角色。这种老年人不合时空条件和情景氛围，在选择角色行为上的混乱和错位，心理学上称之为"角色混淆"。

2. 养老院老年人的角色期待

老年人在进入养老院之前都会对自己的养老生活有一个设想或是憧憬，同时，他人也会对老年人在集体的生活和行为有一个期待。当多数人和个体自己对属于某个社会位置上的角色和行为方式提出某个共同期望时，这便叫作"角色期待"。当老年人现在的生活、行为方式与他原先所期待的角色的生活方式相差甚远时，就难免会产生失望、失落和沮丧的情绪。

有一位老人，曾经是一位高级工程师，生病前，即使已经退休，但找他咨询、指导、检查监督工程的人仍然很多。但当他生病后即使出院了，也没有人去找他了，老人因此感到失落与失用，性格也发生了改变，变得烦躁不安，动辄斥责家人，家人虽不厌其烦，但老人变得越来越不适应。最后老人自己主动要求入住养老机构。当老人住进养老机构不久，又感觉与自己想要的生活方式相去甚远，他想按照自己的生活方式生活，对养老机构的管理制度，工作流程极不适应。于是又提出出院的想法，但家人一直不同意，老人因此出现了有时情绪低落、拒绝饮食；有时情绪暴躁、骂人现象；有时还拨打110报警称被子女遗弃。

3. 养老院老年人的角色失范

有些老年人进入养老院后，由于不知道该怎样打发时间，整天三个饱一个倒，无所事事，既打不起精神也提不起兴趣，结果身体急剧衰退下去，心理健康也大大失去了旧的行为规范和标准，又不知道该如何去建立新的行为规范和准则去顺应新的生活方式的状态，可以称为"角色失范"。处在"角色失范"状态，人就会觉得很迷茫，没有方向感，同时会感到自己的精力、活力逐渐在流失，这种感觉是十分痛苦而又无奈的。人是具有社会性的个体，要生存发展，与人交往是必然的。人的一生中要与各种各样的人打交道，建立起各种各样的人际关系。这种人际关系，既有正向的、积极的关系，也有负向的、消极的关系。这就像有的人你很愿意与他交往，感到两人在一起时心情愉快，而面对另一些人就会不由自主地感到压抑或厌恶。因此，人际关系的协调与否对人的心理健康有很大的影响。养老院的老年人正处于角色转换之中，人际关系的变动甚大，因而良好和谐的人际关系及具有一定的社交能力对老年人的今后生活将有重要的影响。

有一位老人，入住养老机构前精神还不错，入住养老机构以后身体与精神状况一天不如一天，养老机构工作人员认为老人生病了，经过仔细的检查、交流与沟通，老人道出了自己的真实想法"到这里来的人就是等死了"。就是这个想法，让老人对生活失去了希望，让自己以后的人生变得迷茫，不知道自己该怎样去面对以后的生活，心理上倍感痛苦、无奈与无助，觉得自己很快就会死去。这就是典型的角色失范的例子。

二、养老机构老年人的心理变化特点

机构养老是老年人养老模式中的一种，选择合适的养老方式进行养老是老年人及其家人安排家庭生活的一部分，同时也是家庭生活幸福与否的影响因素之一。无论什么原因，无论老人自愿与否，老年人从熟悉的家庭环境到陌生的养老机构进行养老，或多或少的都会出现心理的变化。进入养老机构养老的老年人其心理变化有正性的、也有负性的。

1. 正性心理变化特点

（1）归属感

归属感或称隶属感，指个人自己感觉被别人或被团体认可与接纳时的一种感受。心理学研究表明，每个人都害怕孤独和寂寞，希望自己归属于某一个或多个群体，如有家庭，有工作单位，希望加入某个协会、某个团体，这样可以从中得到温暖，获得帮助和爱，从而消除或减少孤独和寂寞感，获得安全感。

老年人离退休后远离社会生活，儿女长大离开家使老年家庭空巢，加上自己行动不便，与亲朋来往减少，这种人际交往的改变是老年人孤独感产生的主要原因，在失去配偶时孤独和寂寞表现更加明显。除了这些客观因素外，还有老人主观上的原因，有些老人除了吃饭睡觉便是看电视，没有自己的兴趣爱好，更容易感到孤独。

有的老人入住养老机构以后，看见那么多同龄人一起生活在一个院落，有的唱歌跳舞、有的舞剑、有的打球、还有的琴、棋、书、画，个个生活得有滋有味。即使失能老人也总能看到护理人员精心喂水、喂饭、喂药、擦身、洗头，娓娓交谈的情景。老人因此能感受到被这个老年团队所接纳，安全感、幸福感、温暖的感觉油然而生，爱与被爱都能在这里获得。

有一位老人入住某养老机构前，整天感觉自己无所事事，连说话的人都没有，早上起床就盼着孩子们快下班，孩子们下了班也累了，没有更多的精力与时间陪老人说说话、聊聊天，老人总是抱怨孩子们大了翅膀就硬了，不理他们了。有一天，老人一家到某养老机构去看望一位亲戚，一下子就被养老机构里的生活所吸引。由于养老机构床位紧张，老人经过几番周折很不容易地入住了进去。入住养老机构以后，老人非常高兴，逢人便说我终于找到"家"的感觉了。

（2）满足感与幸福感

满足感是指个体通过自我满足达到某种精神或物质层面的需求后，大脑所回馈的类似奖赏的终极美好感受。可以说它就是欲望的终点目的地。一个欲望的完成反馈一个满足感。它可以是附加产品，但也可以成为最终极的追求产品。满足感既然是一种心理感受，就必然会根据个体需求程度种类的不同而不同。所谓幸福感，就是人们根据内化了的社会标准对自己生活质量的整体性、肯定性的评估，是人们对生活的满意度及其各个方面的全面评价，并由此而产生的积极性情感，占优势的心理状态。

有一位失能的孤寡老人，进入某养老机构之前，穿不暖吃不饱，全靠左邻右舍接济度日，经社区领导与某公办养老机构联系后入住。入住某养老机构以后，护理人员细心周到的护理，机构提供的可口的饭菜，温暖的衣被，一下子就把老人的心填得满满的，幸福感与满足感油然而生。

（3）优越感

优越感是一种自我意识，大多数人都会不同程度地拥有某种优越感，比方说职业优越感、长相上的优越感等。一般指自以为在生理方面（体形、相貌或体力等）、心理方面（智力、知识、技能等）以及其他方面长于别人、强于别人的心理状态。

在这里，所讲到的优越感，是指养老机构中有的老年人所特有的一种自我意识，这种意识对老年人的养老具有积极的作用，因此在这里，将优越感归纳于机构养老老人正性的心理变化特征。

为什么养老机构中有的老年人会有优越感呢？因为现阶段，养老资源的缺乏，养老床位供不应求的现象，将大部分老人的养老都推向了家庭与社区。能住进养老机构，特别是能住进综合性的优质养老机构的老人在老年人中占有的比例极少。因此能入住养老机构的老人都可以认同他们的优越感。优越感的产生会让老人更加珍惜稀有的养老资源，更加顺利的融入机构养老的生活中去。让他们自觉地去改变自己适应养老机构的生活。

有一位老人，他的孩子们都很忙，无暇照顾他的日常生活。老人在家倍感孤独与难受，平常就时不时地向孩子们发发小脾气。于是自己就想去养老机构过集体生活，一方面可以有新朋友，另一方面也减轻了孩子们的压力。但是自己看得上的养老机构床位非常紧张，自己跑了很多次，排了好久的队才获得一个床位。老人接到养老机构可以入住的通知后非常高兴，很快就入住了。虽然养老机构中同室老人有些缺点，但老人觉得自己能入住这个心仪的养老机构已经比很多老人都幸运多了，因此倍加珍惜这个床位，让自己尽快适应养老机构中的集体生活。

(4)自我实现与成就感

自我实现是指人都需要发挥自己的潜力，表现自己的才能；只有当人的潜力充分发挥并表现出来时，人们才会感到最大的满足。成就感是愿望与现实达到平衡后产生的一种心理感受。

老年人由于退休，离开了人生的核心舞台，人生观与价值观的体现受到了限制而感到无用、失用、被社会抛弃。当老人来到养老机构，养老机构中为他们搭建了自我展示才华的舞台，让他们重拾信心，重新体现了生命的意义。

某养老机构中，一年一度的晚霞艺术节让老人们倍感兴奋，早早就准备了才艺以在艺术节的舞台上一展风采。有的老人还因为没有机会展示而伤心流泪。

(5)爱与被爱

在养老机构中的老年人，来自不同方面的关心与爱护，子女的探视、机构领导的关心、服务人员的嘘寒问暖、医务人员的巡诊、老人间的相互问候、青年志愿者的关爱等都会让老人感到自己被爱包围。同时，老人在养老机构中养老也会减轻其孩子们工作与生活的压力，也是老年人对孩子们爱的体现；养老机构中老人间的相互照顾与关爱，对养老机构工作人员的尊重与爱护，对养老机构的珍惜与爱护体现了老人们的一种无私的大爱。爱与被爱让老人们的晚年生活更加幸福。

在"常回家看看"入法的调研过程中，养老机构中很多老人被问及："您的孩子们经常来看您吗？您想孩子们吗？"很多老年人都会这样说："孩子们忙，不需要他们经常来看我们，我们在这里生活得很好，我们不想他们。"但是，很多人没有看到，当然也没有体会到，每逢节日的时候，多少老年人嘴上说不用来看他们，但他们渴望被亲人看望的眼神暴露了他们思念亲人的心理。这就是爱，同时他们也能感受到来自四面八方的关爱。

2.负性心理变化特点

(1)渴望亲情

老年人无论是自愿或者非自愿来到养老机构，都离开了原来熟悉的生活环境和人际环境，生活环境的变化、生活习惯的改变、养老机构制度的遵守、人与人之间的关系重建都需要让老人去学习、去适应，学习能力、适应能力差的老人在这个陌生的环境中会感到没有安全感，渴望亲人的帮助与关爱，渴望在亲情中找到安全感。

有一位轻度老年痴呆老人，入院时家属介绍，老人在家里生活基本能够自理，偶尔需要提醒一下。老人入院后不久护理人员就发现老人悄悄哭泣说要回家。问她原因才知道老人的生活能力很差，饿了不知道在哪里吃饭，想上厕所不知道怎么上，自己的衣服不知道放在哪里了，手脏了怎么办呢？这里一个人都不认识害怕走丢了。

（2）强烈的自尊心、好胜心

有一部分老人入住养老机构的时候，对养老机构有抵触情绪，认为进养老机构养老的老人都是孤寡老人或者被子女抛弃的老人，这种想法让老人感觉自己很没有自尊，怕被别人瞧不起，为了维护自己的自尊心，为了让别人瞧得起自己，处处都会表现出"逞强"现象，高估自己的能力，常与其他老人或工作人员发生争执。有的老人怕养老机构提高自己的护理等级增加费用，但又不愿表现出不愿花钱的心理，什么事情都不愿意让护理员做，自己最终做不好但还不愿意承认自己没有做好。

有位老人入院时，当看见评估人员对其评估时，立即表现出十倍的精神状态，说话声音洪亮、铿锵有力，走路时气势雄伟，问起生活起居都被告知完全自理。入院后，才发现老人的生活能力与生活习惯都非常差。当护理员为其提供服务时，老人总是说不用，我自己能做。但最终自己没办法做。

（3）被抛弃感

失能老人入住养老机构的目的都是希望能够得到更专业的护理服务，希望身体能够得到康复后再次回到家里。他们由于生活自理能力丧失，完全依靠外界的帮助，入住养老机构以后再回家的机会非常少，当他们想家，想回家而被拒绝的时候，被抛弃的感觉便会非常强烈。

有位老人入住某养老机构两个月后想回家小住几天，当老人把这个想法告诉给孩子们后，孩子们经过商议最后决定没有能力接老人回家住几天。从此以后老人情绪低落，拒绝进食，甚至打110报警，声称孩子们抛弃自己，虐待老人。

（4）排斥与抵触

一方面，失能失智老人不能决定或不能表达自己进与不进养老机构的愿望，只能被动地接受入住养老机构，当孩子们违背老人的意愿将老人送进养老机构养老的时候，孩子们自己可能觉得这是在为老人着想，是尽孝，但老人可不这么想，他们会认为，现在他们不中用了，你们就嫌他累赘了，迫不及待地把他送走。这样的想法让老人在养老机构中产生排斥和抵触的心理变化，因此在护理人员的服务过程中表现出拒绝与不配合。

有一位失能且中度失智老人，入住养老机构时被动接受家人的安排。入住后，护理人员给他喂水时，老人一挥手就把水杯打翻，直向护理人员吐口水，护理人员认为老人有精神症状，对她们有攻击行为，拒绝护理该老人。管理人员经过仔细地观察与沟通后发现了老人的心理与行为属于抵触与排斥的情绪所导致。

（5）被束缚感

老人进入养老机构以后，都要学习和遵守养老机构的规章制度，适应养老机构的工作流程，很多老人，特别是生活不能完全自理的老人会有被束缚的心理，他们总想寻找机会挣脱这种束缚，重新找回家庭中的"自由"感。

有一位轻度失能失智的老人，入住某养老机构时，家人与养老机构签订了不允许老人外出的协议，按照规定，养老机构就没有向这位老人发放出门卡。几天过后，这位老人想去大门外看看，被门卫拦了回来，老人为此深感不满，吵着嚷着要出去，天天缠着管理人员给他开请假条。甚至撒泼打滚，风雨无阻。

(6)焦虑与抑郁

老人入住养老机构以后，由于养老机构有统一的管理模式和规范，有的老年人不知道如何安排自己的生活以及打发空余的时间，失望落空感油然而生。虽然身边来来往往很多老年人，但有的老人不善于结交新朋友，孤独落寞感觉往往会加剧，因此常常容易出现无故发怒，夸大自身疾病，甚至出现疑病倾向或导致焦虑、抑郁状态。

有一位老人，入住某养老机构以后，从来就不与其他老人说话，也不与其他老人休闲娱乐，不参加任何的活动，每次看见她的时候都是形单影只地独自看风景。更换房间后行为异常，老人常喃喃自语我不知道该怎么办了。

(7)恐惧不安

养老机构中，失能失智老人离开了熟悉的家人和环境，本来就没有安全感，当他们面对疾病和死亡时便会表现出强烈的恐惧感与不安的状态。

失能失智老人常常会将上肢紧紧抱于胸前，下肢弯曲、蜷缩于腹部，抓住什么东西就不放，颤抖等这些就是常见的、典型的没有安全感、恐惧不安的表现。

(8)忌医

养老机构中，有的老人生病了不愿意去看医生，怕麻烦、怕花钱、怕没人照顾，就这样小病拖成了大病。

某养老机构中，有位平常生活能自理的老人，由于天气降温，感冒诱发肺炎，精神食欲很差。医生诊断后准备给予静脉用药治疗，但老人不愿意输液，只让医生开了口服药服用，结果效果不理想，几天后病危转医院救治。

三、机构养老老人的行为特征

不同的老人入住养老机构以后，具有不同的心理变化，从而也表现出不同的行为特征，有积极的行为，也有消极的行为。

1. 积极行为

(1) 良好的适应

良好的适应表现为老年人入住养老机构之后，能快速融入到集体生活中去、结交到新朋友、没有孤单寂寞感、被排斥被抛弃感、能主动解决问题等。

(2) 积极参与活动

老年人入住养老机构以后能积极地参与老年人的各项活动是机构养老老年人积极的行为特征之一。不论老人是否具有某方面的特长，只要老人主动参加活动，就是他们积极行为的表现，对于这种行为，养老机构的工作人员应该鼓励和支持，不能说三道四，更不能诋毁与妄谈。

(3) 主动咨询

入住养老机构的老人，当他们碰到问题的时候能主动去找有关人员进行咨询，或者告知家人，以便能及时处理。

老人入住养老机构以后，会主动去问什么时间在什么地方进餐，有什么问题该找谁解决，请假回家怎么办理手续，生病了怎样请医生等。

(4) 渴望被关注

老年人入住养老机构以后，他们希望被工作人员重视，希望被关注，渴望工作人员能在最短的时间里认识并记住自己。为此他们会主动与工作人员和其他老人进行沟通与交流，积极地把自己的兴趣爱好介绍给工作人员和其他老人。

(5) 自爱与关心他人

养老机构的老人关爱自己与关心他人都是积极的行为，关心自己但不过分关注自我，关心他人但不打扰他人，生病了能积极就医，天气变化能主动增减衣被，同时能在其他老人生病或碰到困难时给予积极的关心与照顾。有的丧偶老人甚至会产生黄昏恋，面对这样的老人，养老机构的工作人员要积极引导，不能直接干预，更不能嘲笑、讥讽老人。

有两位丧偶的老人，在某养老机构中邂逅，彼此欣赏爱慕，最后发展成为了一对黄昏恋人。有的工作人员、老人对此表示不理解，背后谈论，说笑话，这些都是不正确的言行。面对这样的情况，我们可以真诚地向他们表示祝福与祝贺，但善意地提醒他们处理好双方家庭子女的关系。

2. 消极行为

(1) 适应能力减弱

适应能力减弱是与积极行为——良好的适应能力相对应的消极行为。

(2) 功能退化

为什么说功能退化是老年人消极的行为表现呢？

老年人进入养老机构之前生活尚能自理，入住养老机构以后由于不适应环境的改变导致其自理能力的下降，有真性功能退化和假性功能退化之分。真性功能退化，是由于老人的不适应导致的生活自理能力下降甚至丧失；假性功能退化，是指老人认为进入养老机构是来享受生活的，所有的生活料理都应该由护理人员去完成，只需要自己张张口、说说话就行了。

有位老人入住某养老机构时，经评估，将老人的护理级别确定为介助一级，并按相应的护理级别收取相应的护理费。老人入住后前两天，还能遵守相应的规定接受相应的护理。几天后就开始嚷着：护理员给我倒水，我要喝水；护理员给我穿衣服；护理员给我洗脚。老人觉得自己入住养老机构是交了钱的，是来享受服务的，自己不想做的事情都应该由护理员做。结果他忘记了自己享受的是有偿服务，交多少的费用享受多少的服务。

（3）行为叛逆

也许大家要问，叛逆行为是青春期孩子的行为，怎么老年人也有叛逆行为呢？是的，老年人也会出现叛逆行为。养老机构里失能失智老人如果不愿意继续住养，他们便会出现叛逆的行为以引起工作人员的重视，从而让家人满足自己的愿望。

（4）挑剔与挑事端

同样，养老机构里，如果老人对服务突然出现挑剔甚至惹是生非的情况，要注意老人的心理发生了变化，这时候要仔细观察老人的心理与行为，老人可能是想家人了。

养老机构里有一位老人，平常都很喜欢某位护理人员的工作方式，突然有一天无缘无故的向这位护理员发火，一会儿说这里给他擦痛了，一会儿说饭菜少了或者多了，咸了淡了，反正就是没有一样满意的。当工作人员将老人的这种行为电话告知老人家人的时候，其家人表示尽快来探视老人。其家人探视老人后，老人的行为又变得正常了。

（5）拒绝

养老机构中自理老人或者非失智老人出现拒绝的行为，我们可以通过交流与沟通去了解老人的想法。当失能失智老人出现拒绝的行为时，就要认真地去分析产生拒绝的原因：①失能失智老人突然拒绝饮食时，老人生病的可能性很大，此时应该及时请医生，同时要积极的观察老人的生命体征和精神状态。②失能失智老人如果对某项服务或某人员挥手或吐口水拒绝，表示老人对某项服务或某人不满意或感觉不安全。

（6）排斥他人

排斥他人的行为在养老机构中自理老人和非失智老人中表现较为多见，有的老人当自己先入住空房间时，想一个人占用空间，但是又不愿意多付费用，往往会对后入住的陌生老人产生排斥心理与行为。

（7）自伤、自杀与伤及他人

当老人的焦虑抑郁心理得不到控制，任由其发展，有的老人最终会出现绝望的心理，导致其自伤、伤及他人或自杀的行为。

课堂互动

对照文中知识，两人一组相互体会养老机构中老人怎样的心理和行为是正性的积极的心理与行为？怎样的心理与行为是负性的消极的心理和行为？

积极的人生，积极的工作

一、不找任何借口来推诿

1. 借口，无能者的托词。

2. 借口导致惰性。

3. 借口等于拖延。

二、落实行动，执行第一

1. 成功的第一要素——行动。

2. 自动自发。

3. 激发潜能迎接挑战。

4. 坚持，远离借口。

三、责任重于生命

1. 好像没有明天似的工作。

2. 责任感让你全力以赴。

3. 永远比别人领先一步。

四、用勤奋代替借口

1. 薪水不是最重要的。

2. 每一件事都值得我们去做。

3. 关注细节打造零缺陷。

4. 机会来自于苦干。

五、敬业，让你如此美丽

1. 认真工作是对自己负责。

2. 工作，生命的第一选择。

3. 专注的人最容易成功。

六、远离寻找借口的思想

1. 不屈不挠——获得成功的秘诀。

2. 做自己思想的主宰。

3. 笑看失败。

4. 在工作中获得满足。

5. 工作上的敬重。

七、为成功找办法

1. 善于将目标"化整为零"。

2. 为创意留下空间。

3. 敢于去尝试。

4. 让自己忙着。

（http：//blog. xxt. cn/showSingleArticle. action？ artId＝2222906）

任务三
掌握机构养老老人的沟通技巧

 案例呈现

> 杨大爷，82岁，失能、失智、卒中后遗症老人，在某养老机构住养，长期口服降脂降压药。一天，老人的药服完了，养老机构工作人员电话通知其家人带药来，其家人非常不高兴地说，为什么不早点告知呢？今天没空，带不来了，你们做的什么工作呀？过了一段时间，其家人为老人带来的药老人又快要服完了，养老机构工作人员提前打电话告知其家人带药来，其家人说："我上次带了一个月的药怎么就服完了呢？你们是不是把药给老人服错了？你们要给我一个说法。"请问，在这个案例中出现了什么样的沟通问题？

知识准备

与机构养老老人的沟通方式、步骤与技巧

1. 机构养老老人的沟通方式

（1）面对面直接沟通

面对面直接沟通是与机构养老老人进行沟通最主要的方式。面对面沟通根据不同的情况采用有声语言、书写、图片、肢体语言以及一些特殊语言如哑语、触摸等进行。

某养老机构中，一位婆婆生病了，经养老机构的医生诊断后发现：该老人的病在养老机构中将会得不到有效的治疗，需要转综合性医院进行进一步诊断与治疗。但老人觉得自己的病是老毛病了，只要是医生都能诊断和治疗，于是不愿意转医院。因此与这位老人进行沟通的时候首先要采用面对面直接沟通。

①有声语言主要是以说的形式表现出来，如开会、面对面讨论等。

②书写、图片、肢体语言。与有听力障碍的老人进行沟通时常采用书写的方式；与没有文化不识字的老人进行沟通时常采用图片或画图、肢体语言进行沟通；与听力、视力障碍均有障碍的老人采用触摸的方式进行沟通较为妥当。

③养老机构中还有一部分特殊的老人——先天性的聋哑老人，对于这样的老人宜采用简单的哑语进行沟通。

面对面直接沟通有其优点：可以立即澄清不清楚的情况，减少误解，容易达成一

致；可以通过情绪的感染力说服老人；可以让老人的注意力都集中在具体的重点上；可以让沟通者双方看见彼此的面部表情，听见彼此的声音，增强沟通效果；可以迅速得到反馈。

面对面沟通有其缺陷：浪费时间、容易受外界的干扰、沟通的内容容易被转换主题而变成了闲聊等。

(2)通过第三人或媒介的间接沟通

间接沟通也是与机构养老老人进行沟通的一种重要的方式。主要有通过第三者——老人家人进行的间接沟通，以书信、便条、文件、广播、内部报刊、宣传栏、意见箱、举办活动、网络等为媒介进行间接沟通。

①通过老人家人进行的间接沟通是与机构养老老人进行间接沟通的最常见的方式。在上面的案例中，如果通过与老人进行面对面的沟通不能达到良好的沟通效果，则需要采用通过第三者即家人进行间接沟通。

②在养老机构里，内部报刊、宣传栏、广播、意见箱、举办活动等间接沟通的方式也很常见。

养老机构里的老人总觉得社会不关心他们，机构不重视他们。于是养老机构就可以通过内部报刊传递信息，意见箱收集意见，与社会组织联办活动等方式来体现对老人的关心。

③以书信、便条为媒介的间接沟通方式在养老机构里虽然用得较少，但仍不失为一种有效的沟通方式。

当与老人进行面对面沟通失败以后，老人对直接沟通产生了抵触情绪，这时可以采用书信或者便条的方式与老人进行间接的沟通，以减少对老人的刺激，对稳定老人情绪具有良好的效果。

间接沟通的优点：节约时间，能为双方增加思考和弱化老人情绪的时间，以减少直接冲突的发生；以书信为媒介的沟通可以永久的保存。

间接沟通的缺陷：信息传递不完整；沟通目的表达不清楚甚至相去甚远；反馈不及时等。

2.与机构养老老人进行沟通的步骤

(1)事前准备

事前准备就是在沟通前的准备工作，沟通前的准备工作做得越充分，沟通成功的可能性就越大，反之，盲目地沟通，不但达不到预期的目的，有时还会激化矛盾，与沟通的目的背道而驰。

沟通前的准备主要包括的内容有：了解和分析沟通对象的情况；明确沟通的目标；制定沟通的计划；预测可能的异议和争执。

①了解和分析沟通对象的情况。

沟通之前我们要去了解老人，了解他最近怎么了，发生了什么样的事情，老人有什么特殊的表现和举动，有什么样的想法和目的，说了些什么，做了些什么？其家属有什么想法和举动等。然后对这些现象进行分析，发现需要通过沟通来解决的问题。

②明确沟通的目标

我们在与老人进行沟通之前，一定要确定一个沟通的目标，也就是通过沟通想达到什么样的预期效果。

③制订沟通的计划

在与老人进行沟通前我们有了沟通的目标，也了解了老人的具体情况，我们就要对沟通的过程进行计划，决定选择什么样的沟通环境、采用什么样的沟通方式、先说什么、后说什么等一系列具体的问题。

④预测可能遇到的异议和争议

在沟通过程中遇到异议和争议是很正常的事情，如果在沟通前能正确预测出这些异议和争议，预先做好各种应对的准备，我们就可以在较短的时间内迅速而妥善解决这些问题。这样做一方面可以增强我们在沟通中的主动性，另一方面也利于在较短时间内使沟通顺利地进行。

（2）确认需要

确认需要是指在沟通过程中要确认沟通双方的需要，明确双方的目的是否一致。

我们在沟通过程中首先要确认对方的需要是什么，如果不能确认需要就无法通过沟通达成一个共同的协议。要明确彼此的需要：就需要在沟通过程中采用问、听、说、观察等方法去获得。首先，其中提问是非常重要的一种沟通行为，因为提问可以帮助我们了解更多更准确的信息，同时提问还能够帮助我们控制沟通的方向、控制谈话的内容。其次要积极聆听。要设身处地地去听、用心和脑去听，以理解对方的意思。最后要及时确认。当你没有听清楚或者没有理解对方的话的意思时要及时提出，一定要完全理解对方所要表达的意思才能达到有效沟通的目的。

（3）表达信息

表达信息就是要向沟通对象发送和表达自己的思想、情感、信息。怎样才能把自己的信息更好地表达出来，发送给对方，这是沟通中非常重要的环节。也就是我们把我们的想法和意思说完了，对方是否听到了，听到了是否理解了，理解了是否能够接受，接受了是否有能力去完成。因此在表达信息的时候我们要选择合适的沟通环境、适合老人的沟通方式，采用让老人容易理解和接受的沟通技巧等。例如，我们的沟通对象的听力受损，你说的话可能只有三分之一能听到或听懂，但他有文化，可以通过书写的方式进行交流。这时与这样的老人进行沟通就需要选择一个相对比较安静的环境进行，可以采用语言沟通与图片、书写沟通相结合的多元化的沟通方式，以确保沟通的有效性。

（4）处理异议

沟通中出现异议或者争议表示对方不认同自己的观点，或者不认同自己某些方面的观点。这个时候我们应该如何处理呢？在后面的沟通技巧中我们会做一些介绍。

（5）达成共识

有效的沟通需要沟通双方在某方面达成共识或协议，但共识的达成往往不是一次两次沟通就能达成的，有时需要反复地沟通，多次的沟通才能达成共识，而沟通的结束也意味着新工作的开始。

（6）共同实施

达成共识是有效沟通的结果，但是在工作中，任何沟通的结果意味着新工作的开始。沟通双方要按照所达成的共识去实施，如果一方没有实施，或者没有完全按照共识去实施，彼此间的信用将受到考验。所以我们一定要注意，信任是沟通的基础，如果彼此失去了对方的信任，那么下一次沟通将变得非常困难。

（7）信息反馈

当沟通达成某项共识后，双方会共同去实施，其实施的效果如何，是否达到了最终的目标，这就要求双方进行信息反馈。不断进行信息的反馈才能检验沟通的目的正确与否，沟通的过程畅通与否，此次沟通是否有效。

3. 与机构养老老人进行沟通的技巧

（1）听的技巧：①耐心的倾听能表达对老人的尊重和诚恳的态度，从而获得老人的信任；②此时无声胜有声的倾听是老人倾诉的需要；③以开放的心态和积极的态度去聆听，不仅能听到自己所需要的信息，还能容易跟上老人说话的节奏；④眼睛是心灵的窗口。在聆听的过程中要注视对方的眼睛以表示"我在认真地听您说话"；⑤倾听时可以不同意老人的看法，但要接纳老人的话语，点头并不时说"原来如此""我都不知道呢"等，鼓励老人继续说下去；⑥开放性的动作和姿态代表接受、容纳、尊重和信任，如倾听的过程中真诚的表情、感兴趣的语言、信任的肢体动作（如用手托着下巴倾听）等能显示出倾听者诚恳的态度，让老人感受到支持和信任；⑦赞许的点头、恰当的面部表情与积极的目光接触相结合，表明你在认真倾听，皱眉迷惑不解的表情给老人提供准确的反馈信息以提示及时调整；⑧应用复述如"我听你说……""你是否是这个意思""你刚才说的……"等方法证实自己听到的与老人说的意思是否相符；⑨适当的提问和控制争论的念头，做到多听少说。

听的过程中要注意：打断老人说话时要注意时机，不要随便打断老人说话；在倾听过程中不要东张希望、左顾右盼，这表示对老人不尊重；避免不必要的争执，争执会让老人打消继续说下去的愿望。

（2）说的技巧详见"项目四、任务五"老年人沟通中"说的技巧"。

（3）实现共鸣的技巧、巧妙的建议、意见和批评、拒绝与安慰老人技巧、避免冲突的沟通及反馈技巧、与听力视力障碍老人进行沟通及特殊的沟通技巧，请详见项目四、任务六、任务七、任务八、任务九、任务十。

（4）通过第三者进行间接沟通的技巧：①通过家属进行间接沟通时要注意沟通的目的要明确，一次表达一个意思和目的，避免目的众多导致沟通遗漏；沟通的语言要简单明了避免因理解错误而导致沟通失败；运用同情心去沟通容易得到老人家人的支持与配合。

需要建议老人转医院治疗的沟通中，老人不愿意转医院治疗，家属也觉得老人没必要转医院治疗，这时候的沟通需要站在老人和家人的角度去理解他们想法，同时要运用专业的知识让老人和家人理解老人转医院治疗的必要性和紧迫性。

②运用宣传栏作为媒介进行间接沟通时要注意：宣传栏的选址要灵活，什么地方最合适就选什么地方；栏目的设计要能吸引老年人的眼球；采用彩色的图案易引起老人感兴趣，同时可以强化其记忆和自觉性；宣传的语言要简洁、生动、同时不失委婉；字体要常规化，字体大小合适，太小老人看不清楚、太大感觉不协调。

某养老机构六楼活动室内有一个窗户，老人经常从这个窗户吐痰到室外，导致窗户内外的玻璃、地面、栏杆常常布满污渍。有的管理人员天天给老人说不要从那里吐痰，但老人还是照吐不误。有一天，另一位管理人员用一张A4打印纸，用彩笔在纸上画了一个微笑的娃娃脸谱，脸谱上简洁地写着"亲爱的爷爷奶奶，请别向我吐痰，我怕脏"，然后将其贴在窗玻璃上。同时让工作人员把之前的污渍清理干净。从贴上宣传画面以后，再也没有老人从那里吐痰了。

图 9-3-1

③采用意见箱作为间接沟通的方式要注意：意见箱的位置要合适，高度以离地面90厘米高度为适宜，这样既能让自理老人能够使用意见箱，同时半自理老人可以借助轮椅活动向意见箱内投放意见和建议；意见箱的选址要从保护老人的角度出发，当老人想向意见箱内投放自己的意见稿时如果轻易就被有利害关系的工作人员看见，老人会因此而感到不安，从而放弃投放意见或建议的想法，这样的意见箱就形同虚设；要定时从意见箱内取出意见建议稿，同时要及时对意见和建议进行分析，并采取适当的方法给予反馈。

二、机构养老老人常见主题沟通的案例

案例1　关于老年人跌倒问题的沟通

跌倒纠纷案例

田某，女，89岁，入住某养老机构特护科。某日晨，该老人起床时跌倒于床边，

经养老机构医务人员简单检查后疑似左股骨颈骨折，养老机构立即通知其家属送老人去医院做进一步检查确诊和治疗。老人在医院照 X 片后显示：左股骨颈骨裂。医生考虑老人年龄大，建议回养老机构行保守治疗。老人家属将老人送回养老机构后，根据其生活自理能力评估结果调整了护理级别，增加了护理内容，家属表示无异议。一个月左右，家属接到养老机构的电话要求其将老人送医院治疗，主要原因是老人出现了三到四期的压疮并有感染，老人生命受到了威胁。家属将老人送医院住院治疗后发生了上万元无法报销的医疗费，况且还需要继续治疗，究竟需要多少费用才能治好是个未知数。于是家属对养老机构提出了包括医疗费、护理费、营养费、精神损失费在内共 30 余万元的赔偿，并诉诸于法律。经法院调解后最终养老机构赔偿老人家属近 7 万元的医疗费、护理费及营养费。

跌倒沟通成功案例 1

张某，男，88 岁，入住某养老机构疗养科，某日晨，老人起床后如厕，不慎跌倒于卫生间。养老机构通知家属送医院检查后，老人被诊断为"腰椎压缩性骨折"。医生建议回养老机构保守治疗，加强护理。一个月后，老人能起床站立和走几步。家属为此而表示感谢。

沟通过程：1. 老人跌倒于卫生间后，护理人员立即请值班医生予以检查和处理，行政值班通知家属建议转医院进一步诊断治疗。2. 养老机构在短时间内将老人跌倒的原因调查清楚后告知了老人家属。3. 老人回养老机构后，所在科室管理人员立即启动了对该老人实行个性化管理模式。同时将管理过程、护理服务方法以及在这期间可能会发生的并发症与预后详细地向老人家属进行解释。4. 向老人及其家属讲解养老机构在接下来的服务过程中可能会碰到的困难和需要老人及其家属进行配合的方方面面。同时表示希望得到老人和家属的配合与支持。老人的康复需要由养老机构、老人及其家属共同配合来完成。5. 对于养老机构做得不让人满意的地方向老人及家属诚恳地表示歉意。6. 虚心地接受老人及其家属提出的意见和建议，有则改之、无则加勉。

跌倒沟通成功案例 2

某养老机构某天新收了一位老人，入住当晚，老人如厕时跌倒后导致骨折，老人和家人一致认为不是养老机构的责任，他们会妥善处理老人进一步诊治和养老的问题。

沟通过程：1. 老人入院时养老机构工作人员对老人进行了"跌倒危险因素评估"，评估结果为高危。2. 工作人员对老人及其家人详细讲解了老人存在的跌倒产生的原因；养老机构将采取怎样的防范措施；老人及其家属应该采取怎样的生活方式和防范方法与技巧；老人与护理人员怎样进行配合等。3. 经过沟通后老人及其家人表示认可并在评估结果上做了签字确认。

跌倒是老年人最常见的症状，指突发、不自主的、非故意的体位改变，倒在地上或更低的平面上。老年人跌倒的发生并不是一种意外，而是存在潜在的危险因素。老年人跌倒发生率高、后果严重，是老年人伤残和死亡的重要原因之一。

养老机构中，老年人跌倒引发的纠纷与经营风险非常常见，现阶段已经成为了养老机构中不可承受之痛。养老机构如何降低老人的跌倒几率、减少因跌倒引发的纠纷和经营风险？扎实的工作和有效的沟通便是行之有效的方法。

1. 跌倒前预防

跌倒前的预防工作可以在很大程度上降低老人跌倒的几率，跌倒前的预见可以让老人和家属认识到养老机构工作的前瞻性与周密性，从而为以后的沟通做好铺垫。

①老年人跌倒危险因素评估：对老年人进行跌倒危险因素评估可以清楚地知道老年人在哪些方面可能存在跌倒的危险，新入院评估时工作人员与老人及老人家人或平常管理老人最多的保姆同时进行评估。已经入住的老年人要根据老人的身体状况和年龄进行实时评估。

②将评估结果告知老人和老人家人，让老人和老人的家人知道该老人的跌倒危险因素是哪些，而且这些危险因素是老人自身存在的，不以任何人的意志为转移。在日常生活中老人和老人家人针对跌倒危险因素应该做好哪方面的防范措施，养老机构工作人员将做好哪些防范老人跌倒的工作。

③老人和老人家人表示知道后签字认可。

2. 跌倒时的紧急处理

老人在养老机构中跌倒后要及时正确地处理，并在第一时间将处理的方式和建议告知老人和老人家人，同时做好记录。

3. 老人跌倒后的善后

养老机构中老人跌倒后，老人和老人家人决定对老人采取怎样的措施后，养老机构针对不同的措施做好善后工作。①老人转医院治疗：养老机构要随时与老人家人取得联系，一方面关心老人的身体状况，另一方面了解老人家人对老人跌倒后的想法，以判断是否存在纠纷的发生，做好处理纠纷的准备。②老人在养老机构保守治疗与疗养：养老机构要做好个案化护理，预防并发症的发生，如预防再次跌倒、压疮、坠积性肺炎、尿路感染的措施。

案例2 关于烫伤、烧伤问题的沟通

叶婆婆，89 岁，半失能老人，在某养老机构住养，2011 年的冬天异常寒冷，为了取暖，养老机构已经给出了优惠政策，空调取暖，增加老人用电基数。但是老人和老人家人还是不顾危险采用取暖器、热水壶、热水袋、暖宝宝等进行保暖，针对这些危险取暖物品(对老人危险)，养老机构反复检查其安全性、反复向老人和老人家人指导正确的使用方法和注意事项。但是，老人还是违规使用，造成烧伤。经过治疗，老人痊愈。由于老人烧伤前养老机构做了大量的沟通工作，即使老人发生了烫伤，由于属于老人个人的问题，也没有因此而造成纠纷。

养老机构中烫伤和烧伤的问题也是常见的。同样，扎实的工作和有效的沟通才是化解矛盾、降低危险的有效措施。

案例3　关于老年人之间矛盾的沟通

某养老机构同寝室的两位老人，某天早上甲老人起床后就问乙老人："昨天晚上你在干啥呢，把我都吵醒了，害得我一晚上都没有睡好？"乙老人说："你没睡着关我啥子事呢？"两位老人然后就你一句，我一句地吵了起来。上班后甲老人就去找管理人员诉说："乙老人欺负我，晚上半夜三更的专门把我吵醒，还骂人，我的水杯盖子不小心掉在地上也被乙老人捡来丢了。乙老人骂我不要紧，还骂我子孙，太坏了，要求将乙老人换走。"

养老机构中的老年人处在一个群体的生活状态，人与人之间的生活习惯、成长环境、家庭背景的不同造成了养老机构老年人之间的差异。误会、矛盾、冲突不可避免。促成老年人之间的有效沟通，与误会、矛盾双方的老年人进行有效的沟通是养老机构工作人员的日常工作。养老机构中，老年人之间有时为了很小的事情导致误会就发生争执，为了消除误会与争执，促成老年人之间的有效沟通是关键。

面对争执的情况我们如何沟通呢？

1. 认真的倾听甲老人的诉说，让其把心中的委屈吐出来；

2. 平息老人的情绪，告诉甲老人，将对她说的情况进行了解后给她一个答复；

3. 待老人情绪平静后引导式提问：(1)"您觉得乙老人为了什么目的把您从半夜里吵醒？"

4. 待老人回答问题(1)后再提问：(2)"您觉得乙老人把您的水杯盖子丢了对乙老人来说有什么好处呢？"

5. 待老人回答问题(2)后再提问：(3)"您觉得乙老人是坏人，主要表现在哪些地方呢？"

6. 给老人一个思考的时间和空间；

7. 向同室老人了解发生的情况和想法；

8. 促成两位老人对发生的事情进行沟通和澄清达成谅解。

对这两位老人的沟通不是一次沟通就能达到效果，往往需要反复多次进行沟通，才能让彼此达成谅解。

案例4　关于老年人与家人超服务要求的沟通

唐婆婆，85岁，在某养老机构住养，几天前，唐婆婆与其家人将主管她的护理人员告到机构领导那里，原因是主管护理员向她要钱。唐婆婆与其家人都要求严惩这位护理人员。机构领导就相关工作人员进行调查发现：唐婆婆入院评估与所缴纳的相关费用相对应的是介助一级的服务内容，唐婆婆与其家人都是很清楚的。但唐婆婆要求其主管护理人员为其提供介护一级的服务，其主管护理员就告诉她要多交钱才能做。于是唐婆婆与其家人一气之下将其主管护理人员告到机构领导那里去了。

作为养老机构的工作人员面对这种情况应该如何与老人及其家人进行沟通呢？

1. 掌握老人与养老机构签订的服务项目；

2. 深入了解老人的身体状况和需求是否与签订的服务项目相符；

3. 当老人及其家人提出超服务要求时，认真听取老人及其家人的真实想法，根据老人的真实想法给予合理的解释与沟通。

4. 向老人及其家人宣传养老机构所提供的服务是有偿服务，同时告知老人及其家人所购买的服务内容有哪些，养老机构怎样为其提供相应的服务。如果老人需要更深入的服务，请老人与其家人商议确定后通过正式的渠道申请。

5. 向老人及其家人解读养老机构的相关政策和规定，护理人员不能随便违反养老机构的相关规定进行工作，非特殊情况下，任何多提供与少提供服务都是违反规定的行为，请老人及其家人予以谅解。

案例5　关于老年人生病与医疗问题的沟通

安婆婆，88岁，有结石性胆囊炎病史。一天下午，安婆婆出现腹痛、发热，体温38.8℃，经医生检查初步诊断为：慢性结石性胆囊炎急性发作。医生为其处理后电话通知家人，同时建议家人转院治疗。其家人告知在外地，不能赶来将老人转院，医生说不行，如果不转院可能有生命危险。家属为此非常恼火，在电话里与医生吵了起来。科室管理人员立即接过电话与老人家人进行沟通，最后平息了这场纠纷。

在养老机构中常常出现这样的现象，老人生病后，养老机构内设医疗机构及时为老人的疾病进行了诊治，但是老人家人不知情，最后不愿意缴纳医疗费。因老人家人不愿缴纳医疗费产生纠纷后，养老机构内设医疗机构就不愿意为老人诊治疾病了，每当老人生病的时候就要求老人家人转医院治疗。这样老人及其家人对养老机构的行为又非常不满，认为老人生病是常有的事，动不动就叫转院，怎么叫方便养老呢？

科室管理人员是这样与老人家人进行沟通的：

1. 告知老人家人。老人现在的状况、医生的诊断以及医生的处理措施。并向其家人表示将对老人进一步的观察，如有什么变化将及时告知他们。养老机构内设医疗机构的条件有限，不能对老人做进一步的检查和治疗，鉴于老人年龄高龄，将可能发生许多不可预见的危险，届时如果发生不可预料的后果还请家人予以理解。

2. 征求老人家人的意见。在详细告知老人情况以后，征求老人家人意见，看是否转院。

经过上述沟通，老人家人立即平息了情绪，表示立即赶回来将老人转医院治疗。

另外，当老人在养老机构生病以后，养老机构工作人员一方面要及时告知老人家人，老人家人能及时对老人进行关心，另一方面要告知：老人生病以后，养老机构内设医疗机构对老人进行医疗产生了医疗费用，老人家人知道后自然明白该怎样处理医疗费用的问题。有时老人家人不是懊恼为老人用了多少医疗费用，而是觉得老人在养老机构里生病了，作为子女的他们却不知道，没有向老人表示关心而内疚，然后将内疚的原因归咎于养老机构没有告知，最后闹出不愿意结算医疗费用的纠纷。

案例 6　关于老年人入住养老机构后，短期内去世问题的沟通

纠纷案例

患病老人张某入住老年公寓 16 天后死亡，其两个女儿李燕和李颖诉老年公寓未及时送医治疗。此案在××法院山后法庭开庭审理，原告要求被告返还缴纳的费用及支付违约金共 73787 元。此案未当庭宣判。

庭审中，原被告双方都"亲自"上场，其中，原告由李燕夫妇及另一名家属出庭，被告是老年公寓的院长出庭。李燕称，她的母亲于××年 10 月 19 日午后入住益福寿老年公寓，当年 11 月 5 日早上 8 点多接到母亲去世的消息。"我们赶到时发现母亲已被穿上寿衣，化好妆，躺在冰棺里，我们对此不能谅解。"李燕说，她们并未授权被告做出这样的有偿处理。另外，老年公寓并非医疗机构，发现老人身体不适应该及时送医院治疗，而不是擅自处理，最终导致老人死亡。

老年公寓院长李江奇在庭上多次表示，老人的去世和其自身患有小脑萎缩、冠心病和糖尿病有关，这在双方签订的"免责条款"约定范围内，所以公寓方无需承担责任。未送医是因为 11 月 5 日凌晨 4 点 40 分左右发现老人有异常后，一直联系不上原告姐妹俩，再加上老人是猝死，所以没有时间送往医院。"后来考虑到时间一长不好给老人穿衣服，就处理了这事，我们是善意的。"李江奇说。

李燕表示，行动不便的母亲平时由妹妹照顾，但因妹妹要做手术，才临时把母亲送到老年公寓。"想着过几天就把母亲接回家，没想到是这样的结果。"李燕哭着说，"老年公寓一直说多次联系我们，但为什么就不打一个急救电话呢？"

沟通成功案例 1

2015 年 11 月，患病老人夏某入住某养老机构 20 天去世，其两个儿子和一个女儿对养老机构的工作表示认同，同时对护理人员的精心照料表示感谢。其认为，养老机构的照料让老人减轻了痛苦，获得了尊严。

背景：邓大爷入住某养老机构时，表面看起来精神很好，普通体检报告未显示严重疾病，基本评估为"生活基本自理"。入住当晚，老人就表现为：失眠、不能平卧、大小便失禁、不能自行更换衣物、身体卫生不能自行清理。表现为生活自理能力低下。

沟通过程：1. 家属办理入住手续时告知家属在联系方式栏里按与入住老人的亲疏关系尽可能多地记载联系电话、联系地址，以确保及时联系家人。2. 告知老人及家人，老人对陌生的环境需要适应，因此老人有一个观察期。观察期内，也是老人最容易急发老年病的时候，可能严重也可能不严重，也有的甚至出现生命危险，我们会按照相关规定予以处理。并向其告知处理程序，将处理方式载入入住协议里，家属认可签字。3. 当老人表现出生活自理程度与入院评估不相符且有生病迹象时，及时与老人及家属进行沟通，采取相应措施，调整护理方法，并向家属提出转院诊治建议。4. 及时将老人的身体变化情况、养老机构所采取的措施、意见和建议向家人汇报，争取老人及家人的配合与支持。5. 老人去世后，及时通知家人，告知老人去世后的处理方案并让其

选择。

　　对比两个案例：纠纷案例中存在的沟通问题有：(1)在办理老人入住手续时，没有充分地预见和告知老人家人其入住养老机构后可能出现的问题，以及老人出现问题后的解决方式。如：老人生病后怎么办，老人有生命危险时的处理方式，老年公寓联系不上家人时该怎么办等。(2)患病老人入住后，养老公寓没有及时将老人在老年公寓的变化与其家人进行沟通。(3)老人突然去世前后的处理方式欠妥，如果老年公寓没有医疗机构，养老机构即使发现老人为猝死，也应该叫急救。如果养老机构设有医疗机构，医疗机构应该有相应的抢救措施和过程记载。

沟通成功案例2

　　1998年7月，老人黄某入住某养老机构4天后去世。

　　老人黄某入住某养老机构后，养老机构对新入住老人进行常规体检。其中心电图检查报告为：急性前壁心肌梗死演变期。养老机构立即联系其家人，告知其这一检查结果，建议将老人转医院进一步检查治疗，如果老人不转医院可能会出现生命危险的不良后果，养老机构在这一不良后果发生后将没有任何有效措施予以挽回。家属表示商量后决定。最终导致老人在入住养老机构4天后去世。其家人也表示养老机构在这一问题上没有过失。

课堂互动

　　三人一组，分别扮演养老机构工作人员、老人和老人家人，练习以上主题沟通。领悟沟通中的技巧与方法。

拓展阅读

养老机构的沟通细节很重要

　　某老年公寓在今年发生了一例因沟通不到位或错位导致老人及家属的不满意，而使老人纠缠不休，连续多次故意在公寓晨会交班时，大放厥词的批评与评论，甚至恶语相加，造成极为不好的负面影响。

　　据了解，事情经过是这样的：一李姓老人夫妇入住公寓某一护理区域后，由于感到多有不便，向公寓方提出调整护理区域。入住时由于有熟人介绍和关照的原因，公寓方及时做出了调整方案，经老人自己现场查看其将要入住的护理区域环境和房间床位布局，并满足了老人提出的整改意见，取得其认可后，次日即主动搬迁入住，入住后在每天的查房与巡视中，老人也未提出疑问和其他要求。但在次月的费用结算时，公寓按照调整后的标准收费，老人不同意，提出费用必须按原标准执行，并说："搬家时，我问过费用是不是一样的，你们说一样的"。为此出现了开头的一幕。实际差异

251

为：床位费误差 200 元/人·月，空调费误差 40 元/人·月，合计 2 人共误差 480 元/月）。后通过介绍人和委托人认可，老人子女同意并按调整后标准交清所有费用。老人知道后依然不依不饶，坚决不同意缴纳费用，并与委托人和子女反目。迫于人情，老人子女虽有不满的表露，又不便即时而发，唯恐影响和再刺激老人，但其内心充满着极大的不悦。万般无奈下，子女将误差的钱款另交公寓方，由老年公寓退还给老人后，才告一段落，事态平息。

仔细分析其事情的缘由，探究其工作的过程与细节，笔者看法是：姑且不论老人的做法有无不妥，但公寓方确实存在着做事草率、简单，沟通不及时、不到位，工作安排有疏忽、有缺陷。从整个程序上可以发现存在如下欠缺或问题：其一，在调整护理区域及床位时，未清楚告知或答复老人调整后的各项变动情况，特别是费用的增减问题；其二，想当然的认为，老人知道费用是随着护理区域和床位的变动而变化的，对老人当时提出的疑问，采取随口一答，事后也未认真对待和过问；其三，老人在公寓内的居住区域发生变化未及时通知委托人或者家属子女，做好沟通工作，并记录在案；其四，老人变更护理区域后，各护理区的主管负责人和护理组长没有参与其中，或者说，未办理任何交接手续或情况介绍与说明，物品和老人日常生活用品等也未登记入册；其五，未按规定办理《入住协议书》的变更确认，等等。

笔者认为，此老年公寓存在管理不规范、规章缺失、制度乏力、人浮于事，大而化之，不重视细节管理，更没有体会到养老服务与管理的细节决定其养老机构的服务质量、名誉，乃至成败与兴衰。笔者建议，凡是从事养老服务与管理者，尤其是养老机构的负责人，应该在抓规范上下工夫，在管理上抓重点，在制度上抓兑现，在服务上抓成效，在护理上抓质量，在环节上抓接口，在细节上抓落实。突出一个安全，营造一种文化，创造一种氛围，打造一支队伍，提供舒适、愉悦的养老环境，为社会贡献一份力量。

（http://www.yanglao.com.cn/article/6507.html）

课后练习

【名词解释】

机构养老

【填空题】

1. 机构养老老人的结构按国家收费政策划分为(　　　　)、(　　　　　)；按老人的生活自理能力划分为(　　　　)、(　　　　)和(　　　　)。

【简答题】

简述机构养老的意义。

参考答案：

【填空题】

自费代养老人　　　三无老人　　　自理老人　　　介助老人　　　介护老人

项目十　与老年人社会支持网络沟通

 学习目标

知识目标

　　熟悉老年人社会支持网络的概念和内容，掌握与老年人社会支持网络进行沟通的方式步骤与方法。

技能目标

　　学会选择与老年人社会支持网络进行沟通的方式，领悟与老年人社会支持网络进行沟通的步骤与方法，学会与老年人社会支持网络进行沟通。

 情景导入

　　　　日常生活中，每一个老人都拥有自己一定的社会支持网络，社会支持网络是老人生命过程重要的组成部分，它可以帮助服务老人解决生活中的问题。一个老人所拥有的社会支持网络越强大，就能够越好的应付各种来自环境的挑战。在日常生活与工作中我们不仅要学会怎样与老人进行沟通，也要学会如何与老人的社会支持网络进行沟通。这样，老人的社会支持网络才能长期、持续有效的对老人进行支持。

任务一

认识老年人的社会支持网络

 案例呈现

> 　　某养老机构中一位老人在夜间上厕所的过程中不慎跌倒，经机构值班医生检查，初步诊断为：右侧股骨骨折，需要家属立即送老人去医院做进一步的检查、诊断和治疗。这时，你作为机构服务人员应该怎样与老人的支持网络进行沟通？

知识准备

　　社会支持网络指的是一组个人之间的接触，通过这些接触，个人得以维持社会身份并且获得情绪支持、物质援助和服务、信息与新的社会接触。

　　依据社会支持理论的观点，一个人所拥有的社会支持网络越强大，就能够越好地应对各种来自环境的挑战。个人所拥有的资源又可以分为个人资源和社会资源。个人资源包括个人的自我功能和应对能力，后者是指个人社会网络中的广度和网络中的人所能提供的社会支持功能的程度。以社会支持理论取向的社会工作，强调通过干预个人的社会网络来改变其在个人生活中的作用。特别对那些社会网络资源不足或者利用社会网络的能力不足的个体，社会工作者致力于给他们以必要的帮助，帮助他们扩大社会网络资源，提高其利用社会网络的能力。

一、老年人社会支持的概念

　　老年人社会支持是由社区、社会网络和亲人为老年人所提供的感知的和实际的工具性和表达性支持。社会网络只是个人可以直接接触的一些人，包括亲戚、同事、朋友。亲人是与个人生活有紧密关系的人，如爱人、子女，孙子女、兄弟姐妹以及兄弟姐妹的子女等。关系中的人认同和期待彼此负有责任。工具性支持指运用人际关系作为手段以实现某种目标，如看病挂号、借钱、购物、做饭等；表达性支持可以是手段也可以是目的，它涉及分享感受、发泄情绪和挫折、寻求对问题或议题的了解、肯定自己和他人的价值与尊严等。工具性支持包括引导、协助、有形支持与解决问题的行动等。表达性支持包括心理支持、情绪支持、自尊支持、情感支持和认可等。

二、老年人的社会支持网络

　　老年人的社会支持网络，指的是老年人在自己的社会关系网络中所获得的，来自他人的物质和精神上的帮助和支援。

一个完备的老年人支持网络包括亲人、朋友、同学、同事、邻里、老师、上下级、合作伙伴、社区等，还包括由陌生人组成的各种社会服务机构。所以说老年人的"社会支持网络"是他们健康生活的重要保障，当他们处于逆境之下，良好的"社会支持网络"可以给他们信心和能量；当他们处于顺境之中，"社会支持网络"同样可以带给他们快乐和充实。

老年人的社会支持网络是外界提供给他们的，但由于老年人每个人的性格和心理差异，也决定他们对"社会支持网络"的感受度和利用度存在差异。但无论这个感受度和利用度是多少，我们都深知"社会支持网络"对于他们的重要意义。

但是，老年人的社会支持网络绝不是庸俗的关系网。庸俗的关系网是基于功利而无真诚的信任，如酒肉朋友，舍去酒肉，朋友即不成。而前者则是积极意义的人际关系，是一种"双赢"的社会网络，在这个网络中，彼此信任支持，共同成长进步。一项项接踵而至的个人成功可能在某种程度上使我们获得内心补偿，但更高的目标、更强的竞争对手仍让我们望而生畏，与其用不断取得的个人成功来逃避孤立无援的不安全感，不如先学习从良好的人际关系中，在积极的社会支持系统中获得温暖、爱、归属和安全感，因为这是我们内心深处最需要的慰藉。不管遇到什么困难，你都能获得最有力的支持，还有什么比这种感觉更能充实我们的人生？

三、影响老年人社会支持网络支持程度的因素

1. 发展因素

从发展的观点来看，老年人对关系的看法是其个人的内在特质和外在环境交互作用的结果。对关系的不同看法会直接影响老年人关系的建立。

2. 个体因素

个体因素是指每个老年人的人格因素、身体健康因素对发展和使用社会支持的影响。一般情况下，低自尊的老年人对于建立关系具有不利因素，而高自尊的老年人可能会获得比较高的社会支持度。一个老年人的自我评价越高，越容易被人接受。另外，老年人的身体越健康，对发展社会支持网络越有利。社会性高的老人可能会获得更高的社会支持，更有利于利用社会资源以满足自己的愿望，以此也更容易建立更广泛的社会支持网络。而自主性高的老人则更倾向于自己解决问题，利用社会支持网络的倾向也不高。

3. 社会生活环境

不同类型的社会生活环境在个人的社会支持网络形成中的作用是不同的。在开放的社会生活环境中，老年人更容易建立自己的社会支持网络，也更利于利用社会支持网络；相反，在封闭的社会生活环境中，老年人对社会支持网络的利用就会相对减少。

四、老年人的需求与社会支持网络的矛盾

1. 老年人的需求

马斯洛理论把人的需求分成生理需求、安全需求、爱与归属的需求、尊重需求、

和自我实现需求五类，依次由较低层次到较高层次排列。老年人也具有这些需求，但老年人的需求的层次性不那么明显。很多时候当老年人最基本的生理需要都得不到满足的时候，他们仍然具有强烈被尊重的需要、社交的需要和安全的需要，特别是来自家庭安全的需要。这与老年人的人生经历和生活阅历是紧密相连的。各层次的需要具有不同的基本含义：

（1）生理需求

这是一切需求中最基本、最优先的一种需要。它包括人对食物、水、空气、衣服、排泄及性的需要等，如果这一类需要不能得到满足，人类将无法生存下去。老年人也有这些基本的需要，以满足其生存，但老年人的生理需要有其特殊之处。在服装方面，老年人需求与自己年龄相符的服饰，讲求宽松、轻便、保暖、透气和适用；在食物方面，老年人更注重保健，对饮水和空气环境的需求也更讲求洁净、新鲜、卫生；由于其身体机能的衰退，老年人更需要方便、舒适、无障碍的卫生间。

（2）安全需求

在人们的生理需要相对满足后，就会产生保护自己的肉体和精神，使之不受威胁、免于伤害、保证安全的欲求。如防御生理损伤、疾病，预防外来的袭击、掠夺、盗窃，避免战乱、失业的危害，以及在丧失劳动力之后希望得到依靠，等等。老年人的安全需要较之其他人群更为迫切，尤为集中在医、住和行这三个方面。在医疗康复保健方面，老年人希望老有所医、老有所乐、健康长寿。一旦生病，希望能及时得到治疗，能就近看病和看好病；还希望生病期间身边有人护理和照顾；另外就是希望有人指导他们加强平时的健康保健，使其不生病或少生病。老年人的居室要求稍宽敞一些，以便于行走和活动，室内要求通风、干燥、透光；内部设施要便于老年人使用和行动，比如卫生间要有扶手和坐便器之类，楼道要安装栏杆和扶手，以防其摔倒；居住楼层不宜太高，以便于老年人进出和下楼活动。老年人出行的安全尤其重要，一般需要有人伴护，以防途中摔倒或犯病，公共场所和交通工具也需设老人专座或老人通道，保障老年人出行的安全。

（3）爱与归属的需求

一个人在社会生活中，他总希望在友谊、情爱、关心等各方面与他人交流，希望得到他人或社会群体的接纳和重视。如交结朋友、互通情感，追求爱情、亲情，参加各种社会团体及其活动，等等。老年人的这些需求也是强烈的。首先，他们需要家庭的温暖，子女的孝顺，享受天伦之乐；其次，老年人也需要参与社会活动，渴望与邻里、亲朋好友的接触和交流，害怕孤寂；还有，老年人也有爱情需求，特别是一些丧偶老人，希望能有一个伴侣与之相濡以沫，共度晚年。

（4）尊重需求

一个人在社会上总希望自己有稳定、牢固、强于他人的社会地位，需要自尊和得到他人的尊重。老年人特别爱面子，自尊心强，特别需要别人对他的尊重，对于他人对自己的态度尤为敏感。这种尊重需求往往也会延伸为老年人注重自己在知识和修养方面的提高，对自身形体、衣着装扮的关注，等等。

（5）自我实现需求

人们希望实现自己的理想和抱负，充分发挥个人的聪明才智和潜在能力，取得一定的成就，对社会有较大的贡献。老人年也希望为社会做一些力所能及的事情，充分发挥自己的潜能和余热，实现自身的价值或未完成的心愿，从中体验到成功的喜悦和满足感。面对滚滚而至的银发浪潮，根据对老年需求的分析，我们不仅要提供解决供养、医疗等问题的经济保障，更需要提供大量的日常生活照料和帮助。在这种情况下，借鉴世界上一些福利型国家和地区的经验，结合我国的国情，开展和加强社区养老助老服务，满足老年群体的多方面需求，已经成为当务之急。

2. 现阶段我国老年人社会支持网络的不足

随着我国人口的老龄化，老年人因衰老，其体力、心力和健康每况愈下，获得需求的能力日趋减退，对社会支持网络的依赖日益增加。面对需求日益增长的老年人，其社会支持网络存在的不足也日渐显示了出来：

（1）人们对老龄化观念的认识不足

面对我国人口老龄化的挑战，一些职能部门和社区管理与服务部门对开展和加强社区养老助老服务的重要性和迫切性认识不足，观念落后，服务意识差。

（2）基础设施差，硬件设备和服务水平落后已经不能满足老年人日益增长的需要

目前老年医疗保健匮乏，医疗费用高，有病不能医、不敢医；老年人购物困难，合适的商品不仅数量少，而且品种单一；老年文化体育设施缺乏，老年人没有地方休闲，精神没有寄托；而现有的养老设施使用率又相当低。

（3）为老年人提供专业服务的团队缺乏，专业的志愿者队伍尚待建立

目前活跃在养老助老服务一线的大部分是一些仅凭人道主义和经验而工作的人，没有接受过相关的专业教育或有关老年服务知识的培训。这不仅影响了养老助老服务的质量，而且也制约了养老事业的发展。

（4）家庭养老压力大

现阶段我国经济相对不发达，国家养老只能基本维持三无老人、部分困难失能群体老人的养老。大部分老人养老的经济来源只能依靠养老金、住房以及家庭其他成员的支持，依靠家庭其他成员进行生活料理；特别是农村老年人，当他们丧失劳动能力时，基本上只能依靠家庭成员的经济支持和生活料理，从而增加了家庭成员的精力、经济压力。另一方面，半失能、半失智；失能、失智老人需要专业的照料与护理，然而家庭成员因不具备专业的护理技能可能会在照料的过程中为老人带来痛苦甚至再次伤害，从而增加了老人和家人的精神压力。

五、与老年人社会支持网络进行沟通的作用

1. 与老年人社会支持网络进行沟通可以更好地去了解老年人的个性化需求，从而可以为老人提供个性化、整体化的服务，以提高老年人的生活质量和幸福感。

老年人由于老化，身体、心理都变得脆弱，随着社会生活水平的日益提高，粗犷的服务模式已经无法满足老年人日常生活的需要，他们在追求更高更精细的服务，与老年人社会支持网络进行沟通，可以更深入地了解老年人各方面的需要，从而为其提

供更深入的服务提供依据。

2. 与老年人社会支持网络进行沟通可以了解其社会支持的程度和支持方向。

与老年人社会支持网络进行沟通可以了解其社会支持网络的组成结构，了解其社会支持网络能对老年人提供哪些方面的支持、能支持到什么样的程度，从而让老年人明确什么样的需求能得到满足，什么样的需求只能面对现实。

3. 养老机构与老年人社会支持网络进行沟通，可以让其知道老年人在养老机构中的生活动态，对建立和谐的养老合作关系具有重要意义。

老年人在养老机构中养老，机构要经常与其社会支持网络进行沟通，一方面让其知道老人在养老机构中的生活动态和身体适应与身体健康状况。另一方面也让老人社会支持网络知道老人的心理需求、知道怎样配合养老机构为老人提供更好的服务。

4. 养老机构经常与老人社会支持网络进行沟通，可以减少养老纠纷的发生。

养老机构经常与老人社会支持网络进行沟通可以让其了解机构为老人提供了什么样的服务；老人的状况怎样；哪些方面需要社会支持网络的配合与支持；哪些困难是机构无法解决的；哪些问题是机构、老人与老人的社会支持网络需要共同面对、共同解决的问题。这样可以让老人的社会支持网络对老人在养老机构中的养老行为有了正确的认识和理解，从而对意外事故的防范、事故纠纷的解决起到重要的作用。

课堂互动

讨论：案例中老人的社会支持网络的组成有哪些？老人跌倒后，养老护理员第一时间应该与谁取得联系并进行沟通？养老机构此时应该与老人哪些社会支持网络进行沟通？沟通的目的和意义是什么？

拓展阅读

几根稻草的温暖

国与国之间有海隔着，家与家之间有墙隔着，人与人之间有秘密隔着。对同样一件事情，国人说：仁者见仁，智者见智；西谚说：一千个观众眼里就有一千个哈姆雷特的形象。人心隔着肚皮，看法不一致，这就需要人与人互相沟通，增进了解，消除误解，窗不擦不亮，话不说不明。

北宋时期有个理学家邵雍，精通易学，有一次在山里给人家看风水，迷了路，两天了，滴水未进，又饥又渴，疲惫不堪。好在遇到了一村妇，邵雍就向她讨口水喝，顺带问问出山的路径。村妇听完邵雍说明来意，把邵雍引进家里，从自家的水缸里舀出了一瓢水递给邵雍。邵雍接过水瓢正准备一饮而尽的时候，却发现水瓢里漂着几根干草，觉得自尊心受到了极大的侮辱，气愤难当，却又不好当场发作，两天了，嗓子要冒烟了。尊严和清水，邵雍当然选择了清水，小心地慢慢喝完了瓢里的水。

随后，村妇摆上山肴野蔌招呼邵雍吃饭，虽然算不上美味佳肴，但对邵雍来说，已是非常难得的了。风卷残云一番饭饱后，邵雍心头的疑惑始终不解，试着问村妇："这位大嫂，之前为何在水瓢里放入干草？"村妇听了一愣，继而大笑起来："没别的意思。你可能误会了吧，当时你气喘吁吁，又饥又渴，如果我直接把水瓢递给你，你大口地喝凉水，那会呛到你的呀！"邵雍听了，满脸通红，为自己误解了村妇而羞愧，也为误解得以消除而释然。

灯不挑不亮，话不说不明，沟通能够消除误解，交流能够增进了解。

同样的道理，老年人与服务者之间、老年人与其社会支持网络之间以及服务者与老年人社会支持网络之间对同一件事、同一种行为，因站在不同的角度，其看法就有所不同，甚至背道而驰，由此误会。如果不及时沟通，不及时消除误解，必然会导致纠纷的发生。

任务二
与老年人社会支持网络沟通

案例呈现

> 老人跌倒去医院治疗结束、回到养老机构，老人家属认为该机构对老人的跌倒应该负有责任，应该承担相应的医疗费用及后期康复与护理费用。这时你作为机构的相关管理人员又怎样与家属进行沟通？

知识准备

一、与老年人社会支持网络进行沟通的方式

与老年人社会支持网络进行沟通的方式根据沟通是否需要第三者的传递，可划分为直接沟通和间接沟通。直接沟通与间接沟通各有优势，直接沟通方便人与人之间情感的交流，而间接沟通则更加方便和快捷。

1. 直接沟通

直接沟通是指发送信息与接收信息无需第三者传递。如面对面谈话，电话直接对话等。在与老年人社会支持网络的沟通方式中最常用的就是直接沟通。

（1）面对面沟通

面对面沟通，顾名思义就是沟通双方（或多方）直接地、面对面地就沟通内容进行磋商和洽谈。日常生活中，大到每日电视、广播和报纸报道的国际国内各类谈判，小到推销员上门推销，售货员向顾客介绍商品，顾客与小商贩的讨价还价等，这些都属于面对面沟通。同时，无论沟通各方围坐在谈判桌旁，还是随便坐在一起，或是站在走廊上，甚至边走边谈，只要是面对面沟通，沟通各方总是可以直接对话，不仅是语言的直接交流，而且各方均能直接观察对方的仪表、手势、表情和态度，正是这些构成了面对面沟通独具的优势。不仅如此，由于面对面沟通是人与人之间所作的直接的磋商和洽谈，所以受人的个性、需要、动机和直觉的影响最大。

尽管面对面沟通方式是最古老、最广泛、最经常使用的沟通方式，具有较多的优点，但是面对面沟通方式的缺点也是存在的，所以，与老年人社会支持网络进行沟通方式的选择应以充分发挥面对面沟通方式的优势为原则。一般来说对比较正规、重要、大型以及沟通各方都认为面对面沟通效果较好，方式较佳，及本次沟通最为适宜时宜采用面对面沟通。

（2）电话直接对话沟通

电话直接对话沟通的表现形式就是直接电话交谈，电话直接对话沟通时要掌握一定的时机，要避免在吃饭的时间里与之联系，如果把电话打过去了，也要礼貌的征询对方是否有时间或方便接听。

与老年人社会支持网络进行电话直接沟通前要做好心理准备，在我们拨打每一通电话之前，都必须有这样一种认识，那就是我们所拨打的这通电话很可能就是我们这一生的转折点或者是你的现状的转折点。有了这种想法之后我们才可能对你所拨打的每一通电话有一个认真、负责和坚持的态度，才使我们的心态有一种积极动力。

图 10-2-1

与老年人社会支持网络进行电话直接沟通前要做好内容准备，在拨打电话之前，要先把你所要表达的内容准备好，最好是先列出几条在你手边的纸张上，以免对方接电话后，自己由于紧张或者是兴奋而忘了自己的讲话内容。另外和电话另一端的对方沟通时要表达意思的每一句话该如何说，都应该有所准备必要的话，提前演练到最佳。

在与老年人社会支持网络进行电话直接沟通注意两点：一是注意语气变化，态度真诚；二是言语要富有条理性，不可语无伦次前后反复，让对方产生反感。

如果是老年人社会支持网络主动电话沟通时，我们在电话接通后，要先问好，并自报家门，确认对方的身份后，再谈正事。另外我们需要对电话直接对话进行沟通的内容进行记录。

（3）直接沟通的优点是直观真切、便捷快速，不但能够听到语意还能感知多方面体现出的情感。

（4）直接沟通的缺点是有时受个人情绪影响较大，系统性较差，沟通常常会受对方所左右，难以体现信息的对等，比较适合于熟悉的人之间对分歧不大和比较简单问题的快速交流，同时对实际情况摸底调研沟通也很合适。

2. 间接沟通

间接沟通是指人们通过中间人或借助中介技术手段如书信、文件报告式、个人媒介，电视、广播、报刊、网络等大众媒介而进行的相互沟通。间接沟通也有其优点：如比较冷静理智、沟通交流观点比较系统、相对比较委婉、不太容易受感情和氛围因素影响等。但间接沟通具有缺少情感交流的缺点。因此间接沟通在与老年人社会支持网络的沟通中运用较少。

二、与老年人社会支持网络沟通的步骤

1. 与老年人社会支持网络进行沟通的背景

全国老龄工作委员会办公室 2006 年 2 月 23 日发布的报告显示，我国人口已经进入快速老龄化阶段，人口老龄化的压力开始显现。《中国人口老龄化发展趋势预测研究报告》指出，21 世纪的中国将是一个不可逆转的老龄社会。大量老年人的涌现，为养老产

业的发展带来机遇的同时也带来了挑战。社会经济发展不平衡、老年人生活水平需求高、养老信息不对称以及养老服务水平低下导致养老产业与老年人及老年人社会支持网络之间的矛盾与纠纷出现，养老机构与老人及老人家属发生的养护纠纷层出不穷。沟通是解决矛盾最好的办法，在养老产业中沟通也是解决问题最好的方法。当我们需要与老年人社会支持网络进行沟通的时候，我们应该知道与老人之间发生了什么？可能会发生什么？预期的结果怎么样？在这样的背景下决定是否与其社会支持网络进行沟通？怎样去沟通？沟通的目的是什么？沟通的效果怎样？等等。

2. 明确沟通的目的

在与老人社会支持网络进行沟通之前，要明确沟通的目的是什么？为什么要进行沟通？没有目的的沟通算不了正式有效的沟通。

养老机构中一位老人的自带口服药很快就要服完了，为了不影响老人继续服用，同时也为了让老人家人有足够的时间去准备。于是与老人的支持网络进行直接的电话沟通。也许有人会说直接告知家人带药就是了，还需要什么沟通呢，这不是自找麻烦吗？为此我们就这个问题分析一下为什么要进行沟通。纠纷一：老人的自带药今天中午服完了，晚上没药了，机构直接电话告知家人老人晚上没药服了，请在晚上服药之前带来。这时，家人立即不高兴了："怎么不早说呢，现在说了我怎么有时间去买药，就算买到药了，机构离家那么远我怎么来得及啊？你们的工作怎么啦，为什么那么让人操心啊？"脾气小的就说两句而已，脾气大的可能因不满意而更换养老机构。纠纷二：老人的药还有几天才服完。护士不说明原因就让管理人员提前打电话让家人带药。家人可能会很不高兴的质问"我上次为老人带了一个月的药，为什么现在就没有了，你们是不是把老人的药怎么了？你们要赔偿。"等，甚至因此来机构大吵大闹。这种现象是经常发生的。因此，有时看似问题很小，但最后引来的纠纷却很多。有一次因机构与老人的家人就老人的贵重药品保管问题没有沟通好，最后机构发生了赔偿责任事故。

因此，在沟通中需要对可能出现的问题提出预见，需要将相互之间的疑问说清楚，让彼此之间都能明白产生疑问的原因和后果，最后达成解决问题的方案，完成沟通的过程。在上面的例子中，我们不仅要告诉老人家人老人的药快要服完了，还要告诉他们为了让老人的服药不中断，同时又要为老人家人留有充足的时间去准备和送达，所以要提前告知。这样就达到了沟通的效果，老人家人会感觉机构工作的仔细，同时还处处为其家人着想，当然愿意与这样的机构长期合作了。

3. 了解沟通对象的情况

当需要与老人社会支持网络进行沟通的时候，还需要对沟通对象的情况进行了解。

（1）沟通对象与老人的关系，不同事情，不同的问题需要与不同的对象进行沟通。事情重要的、问题较严重的或紧急的事情需要与老人的直系亲属进行沟通，而一般问题或不紧急事情则可以与其他的社会支持网络进行沟通。

（2）了解沟通对象与老人的密切程度

沟通对象与老人的密切程度越高，对老人的生活习惯、身体状况越了解，在与其对老人的问题进行沟通的时候越通畅，问题也越容易得到解决。比如：某养老机构新入院一位老人，入院时老人的某些问题未表现出来，入院后逐渐发生了这样那样的问题，这时候需要与其社会支持网络进行了解与沟通，如果沟通的对象与老人的关系越密切就会对老人的情况越熟悉，沟通便会更顺利。

（3）了解沟通对象的文化修养、性格特征

沟通指的是为了特定的目标，把信息、思想和情感在个人或群体间传递的过程。而情绪、情感的传递往往会被大家所忽视，所以也就给沟通过程造成了种种困难和阻碍。同时，我们不仅是在传递信息，还希望对方能够接受这些信息。可是对方如何才能心甘情愿被说服呢？这就需要我们对沟通对象的文化修养和性格特征有所把握。不同的文化修养和性格特征对沟通的敏感性也是不同的。例如热心型的人，他们的沟通关键词是情绪；合作型的是耐心；领导型的是尊重；分析型的则是资讯。如果我们能敏锐把握对方的沟通关键词，也就是对方特别在乎的点，就能用对方习惯的方式进行沟通，并能达到沟通的目的。

（4）沟通对象的其他情况

在与老人社会支持网络进行沟通的时候对沟通对象的情况了解得越多，沟通的有效性就会更高一些，沟通对象的其他情况如年龄状况、经济条件、工作状况、时间状况等。

4．选择合适的沟通方式

与老年人社会支持网络进行沟通宜选择常用的直接沟通的方式，如面对面沟通、电话直接通话沟通，但有时候沟通一次两次可能会达不到预期的沟通效果，需要采用多次甚至间接的沟通方式，如书信、微信，以及第三者的传达等。

5．消除沟通障碍

消除沟通障碍，达到沟通效果。在与老年人社会支持网络进行沟通的过程中，一定要注意选择合适的沟通环境，采用合适的沟通方法，尽量消除沟通中的障碍以达到有效沟通。

6．进行沟通与处理异议

在沟通过程中要正确运用文字语言，使用对方易懂的语言，意思要明确，注意力要集中，感情要真挚，组织设计要精干有效，还要巧妙地处理各种沟通异议。

7．达成协议

在与老年人社会支持网络进行沟通后达成了共识即完成了沟通的过程，但共识的达成并不意味着工作的结束，而是沟通的结束，是另一工作的开始。例如：上面说的与老人家人进行沟通为老人带药的事情，当达成共识：老人家人同意在老人的药物服完之前及时带来。这就意味着另一工作的开始：老人家人抽时间去药店或医院购药，抽时间将药送到养老机构交给医护人员。养老机构的管理人员要向医务人员进行反馈沟通的信息，并再次确认药物服完的确切时间等，当老人家人把药送来后要及时联系医务人员将老人的药物分装并指导护理人员发药喂药。

8. 共同实施与反馈问题解决的效果

沟通结束后达成了共识，达成了协议，这时就需要沟通双方共同去完成协议的内容，解决沟通需要解决的问题，同时反馈问题解决的效果。如果沟通双方不按照协议的内容去实施，问题也就得不到解决。这时就要进行为这个问题进行再次沟通。既浪费时间、精力还使双方的信任度降低，为下一次的沟通留下了困难。

三、与老年人社会支持网络进行沟通的注意事项

在与老年人社会支持网络进行沟通的过程中要注意：

1. 做好沟通前的准备工作

沟通前的准备工作是否充分直接影响到沟通的效果，准备工作越充分，沟通效果越好；反之，沟通效果就会越差。

2. 沟通具有针对性

沟通的内容要具有针对性，不能这个问题还没解决就谈到其他的问题上去了，这样没有针对性的沟通产生不了任何效果。

3. 根据沟通的目的与程度选择合适的沟通方式

在与老年人社会支持网络进行沟通的时候，要根据不同的沟通目的或问题轻重缓急选择不同的沟通方式，能采用电话直接对话沟通的就不需要将其叫来面对面的沟通，能面对面解决的问题就没必要采用公函等文件形式进行解决。这样既能充分为沟通对象考虑也能提高工作的效率。

4. 灵活的掌握听、说、问、商议与谈判、电话沟通及处理异议的技巧

沟通需要沟通人员掌握听、说、问、商议与谈判、电话沟通及处理异议等各方面的技巧，才能在沟通的过程中掌握主动，才能将所要解决的问题解决好。

5. 做好相应的记录或签订协议

沟通结束后，要及时记录沟通的过程和达成的协议或异议，以便查阅和统计。特别是有纠纷或涉及赔偿预期的沟通，更需要详细记载。如果达成了某项协议，沟通双方还需要进行签字确认。

 课堂互动

案例呈现中，当老人治疗归来时，老人的家人认为养老机构应该对老人的跌倒负责，需要承担相应的医疗康复和护理费用。但养老机构认为，他们已经尽到了责任，老人跌倒是由老人自身的原因引起的。

讨论：1. 养老机构与老人的社会支持网络进行沟通的目的是什么？2. 宜采用什么样的沟通方式？3. 沟通的步骤怎样设计？

拓展阅读

有效沟通预防事故纠纷

事故背景：在养老行业里，老人跌倒是事故纠纷里最常见的现象。老人跌倒意外也是养老行业里不可避免的问题。跌倒意外很容易演变成跌倒事故后的跌倒纠纷。如何将跌倒意外从跌倒事故、跌倒纠纷中化解出来，沟通就是最好的方法。

2014年8月22日早上9点，某养老机构与往常一样进行大交班。交班时，值班医生提到某科室老人早上在床前跌倒，经检查后未发现老人受伤。因此没有告知家属老人跌倒的事情。之后的三天也没发现老人有什么异常。8月26日上午。发现老人的左眼周围出现淤血现象，护理员很紧张，马上告知科室负责人。

科室负责人知道情况后也查看了老人的情况，判断老人左眼周围出现的淤血现象是老人于8月22日早上跌倒后前额受伤后发生的缓慢皮下出血导致的，老人没有其他的问题。虽然如此，但第二天是周末，老人家人或其他的社会支持网络成员可能会前来探视老人，由于老人跌倒后没有在第一时间将老人跌倒的事实告知老人家人或其他社会支持网络成员，科室负责人预见老人家人探视老人后会发现老人跌倒的事情，这样必然会造成老人家人的疑问和不信任，甚至可能导致事故纠纷。

科室负责人立即电话联系家人，告知老人跌倒的事实、为什么没有及时告知家人的原因以及老人现在的状况。家人接到电话后非常着急，立即带着一大家人赶往养老机构，老人家人看了老人的情况后非常生气。于是科室负责人坐下来仔细地与每一个家人进行沟通，并就没有及时告知家人这一现象表示歉意。同时诚恳地倾听家人的意见和建议。最后得到了家人的谅解与理解。

老人家人告诉我，如果今天没有及时进行沟通，第二天他们来探视老人时发现了这个问题，肯定会找养老机构将老人送医院做进一步检查诊断和治疗。并要求养老机构给个相应的说法。因为沟通化解了矛盾、也因为沟通预防了跌倒纠纷的发生。

课后练习

【名词解释】

老年人社会支持网络

【填空题】

1. 老年人社会支持网络包括（　　　　）、（　　　　）、（　　　　）、（　　　　）邻里、老师、上下级、合作伙伴、社区等等，还包括由陌生人组成的各种社会服务机构。

2. 老年人的需求包括：生理的需求、（　　　　）、（　　　　）、尊重的需求、（　　　　）。

3. 与老年人社会支持网络进行沟通最常用的沟通方式有（　　　　）、（　　　　）。

【单项选择题】

1. 现阶段我国经济相对不发达，国家养老只能基本维持（　　）的养老。

　　A. 离休老干部　　　　　　　B. 三无老人、部分困难失能群体老人

　　C. 退休工人　　　　　　　　D. 农村老人

2. 与老年人社会支持网络进行沟通的方式不包含：（　　）。

　　A. 直接沟通　　　　　　　　B. 书信沟通

　　C. 间接沟通　　　　　　　　D. 以上都不是

3. 现阶段我国老年人社会支持网络的不足没有以下哪项：（　　）。

　　A. 基础设施差，不能满足老年人养老的需要

　　B. 人们对老龄化观念的认识不足

　　C. 具有丰富的、专业的养老服务团队

　　D. 家庭养老压力大

4. 在与老年人社会支持网络进行沟通的过程中要注意：（　　）。

　　A. 根据沟通的目的与程度可以随意选择沟通方式

　　B. 沟通具有针对性

　　C. 不用做相应的沟通记录

　　D. 可以不用做沟通前的准备工作

【能力体现】

某养老机构中一老人突然生病了，需要立即送医院治疗，但120来后发现没有家人陪同而不愿冒风险将老人送往医院。

模拟养老机构的行政值班人员，找出该老人此时需要的社会支持网络成员，拟出怎样与该老人社会支持网络进行沟通。

参考答案：

【填空题】

1. 亲人　　　朋友　　　同学　　　同事

2. 安全的需求　　　爱与归属的需求　　　自我实现的需求

3. 面对面沟通　　　电话直接通话沟通

【单项选择题】

1. B　　　2. D　　　3. C　　　4. B

参考文献

［1］http：//126163. com. cn/a/126kaixinyike/4940. html

［2］http：//baike. sogou. com/v165685. htm

［3］http：//baike. sogou. com/v37024660. htm

［4］http：//baike. sogou. com/v4786. htm

［5］http：//baike. sogou. com/v59597551. htm

［6］http：//baike. sogou. com/v71017036. htm

［7］http：//baike. sogou. com/v73896490. htm

［8］http：//baike. so. com/doc/5359668. html

［9］http：//baike. so. com/doc/5706339. html

［10］http：//blog. sina. com. cn/s/blog ＿ 57425c8601015y13. html

［11］http：//blog. sina. com. cn/s/blog ＿ 6783afe60100zit3. html

［12］http：//glgczz. com/lwen/1612. html

［13］http：//jingyan. baidu. com/article/a501d80cc6b4f0ec630f5ea5. html

［14］http：//new. 060s. com/article/2013/09/03/795666. htm

［15］http：//res. hersp. com/content/3758934

［16］http：//t. qq. com/p/t/2746120320821

［17］http：//wenku. baidu. com/view/22d4e22d4b35eefdc8d33308. html

［18］http：//wenku. baidu. com/view/32e3f9ffaef8941ea76e05ee. html

［19］http：//wenku. baidu. com/view/5451ea4ef7ec4afe04a1df9d. html

［20］http：//wenku. baidu. com/view/789a2ad333d4b14e85246811. html

［21］http：//www. baobao88. com/bbstory/ertonggushi/12/17122877. html

［22］http：//www. baosteel. com/baosteelpc/supplement/ShowArticle. asp？ ArticleID ＝74169

［23］http：//www. docin. com/p-524276549. html

［24］http：//www. douban. com/group/topic/20008922/

［25］http：//www. fx120. net/elder/txlr/lrgs/elder ＿ 839701 ＿ 2. html

［26］http：//www. hzins. com/study/detal-34913. html

［27］http：//www. jhnews. cn/jhrb/2010-07/20/content ＿ 1137361. htm

［28］http：//www. managershare. com/wiki/％E7％9B％B4％E6％8E％A5％E6％B2％ 9F％E9％80％9A

［29］http：//www. xsbhalma. com/article/3421. html

［30］http：//www. xywy. com/zthc/ztzt/jbls/20070703/154423. html

［31］http：//www. ybf100. com/ciju/50430/78082. html

[32]http：//www.zuowen.com/e/20120314/4f60088365070.shtml

[33]http：//zhidao.baidu.com/question/443334466

[34]安航涛．微沟通．北京：机械工业出版社，2014 年 1 月，第 1 版

[35]国际老年痴呆协会中国委员会，北京老年痴呆防治协会，享寿科技(北京)有限公司，海滢英利国际文化传媒(北京)有限公司编著．关注老年期痴呆中国享寿工程．开封：河南大学出版社，2010

[36]韩恩吉，王翠兰主编．实用痴呆学．济南：山东科学技术出版社，2011

[37]郝伟主编．精神科疾病临床诊疗规范教程．北京：北京大学医学出版社，2009

[38]化前珍．老年护理学．北京：人民卫生出版社，2000 年 12 月，第 1 版

[39]化前珍．老年护理学．北京：人民卫生出版社，2010 年 11 月，第 2 版

[40]黄耀明，陈景亮，陈莹．人口老龄化与机构养老模式研究．长春：吉林大学出版社，2012

[41]冷晓红．人际沟通．北京：人民卫生出版社，2010 年 6 月，第 1 版

[42]李红，陈秋华．老年专科护士实践手册．北京：化学工业出版社，2014 年 8 月，第 1 版

[43]宋洁，陈惠珍．老年护理学．北京：中医古籍出版社，2009

[44]孙国庆．老年护理学．南京：江苏科学技术出版社，2008

[45]孙颖心．老年心理护理与康复咨询．北京：经济管理出版社，2006

[46]王思斌．社会工作综合能力．北京：中国社会出版社，2007

[47]吴华，张韧韧．老年社会工作．北京：北京大学出版社，2011

[48]谢红霞．沟通技巧．北京：中国人民大学出版社，2011 年 8 月，第 1 版

[49]赵美玉．老年护理学．郑州：郑州大学出版社，2011

[50]周郁秋．护理心理学．北京：人民卫生出版社，1999 年 8 月，第 1 版